Emagrecimento

100 PERGUNTAS E RESPOSTAS

Título do original em francês: ***Réponses à 100 questions sur les Régimes***

Gerente editorial **Otacília de Freitas**
Editora-assistente **Gabriela Dias**
Edição e copidesque **Valentina Nunes**
Projeto gráfico **Estúdio Ivanov**
Adaptação de projeto e capa **Victor Aragão**
Diagramação **Alves e Miranda Editorial**
Infográficos **Mário Guilherme (Mabuya)**
Revisão **Agnaldo A. Oliveira e Sonia de Castilho**
Produção gráfica **Cíntia M. da Silva**
Imagens de capa **Olho de Falcão – Corbis/Stock Photos**
Agradecimentos **Dra. Stella Marina Pinto Ferreira**

Dados Internacionais de Catalogação na Publicação (CIP)
(Câmara Brasileira do Livro, SP, Brasil)

Robert, Hervé
Emagrecimento / Hervé Robert ; prefácios do Dr Jean-Marie Bourret e do Dr. Marcio Mancini ; consultoria Tânia Rodrigues e Heloisa Guarita ; tradução de Dra. Stella Marina. — São Paulo : Larousse do Brasil, 2003. — (100 perguntas e respostas)

Título original: Réponses à 100 questions sur les régimes

1. Dietas para emagrecer 2. Emagrecimento 3. Obesidade 4. Perguntas e respostas 5. Saúde - Promoção I. Bourre, Jean-Marie. II. Título. III. Série.

03-5925 CDD-613.25

Índice para catálogo sistemático:
1. Emagrecimento : Regimes : Promoção da saúde 613.25

ISBN 2-263-03460-9 (edição original)
ISBN 85-89030-86-5

1ª edição brasileira: 2003

Direitos de edição em língua portuguesa, para o Brasil, adquiridos por
Larousse do Brasil Participações Ltda.
Rua Afonso Brás 473, 16º andar – São Paulo/SP – CEP 04511-011
Tel. (11) 3044-1515 – Fax (11) 3044-3437
E-mail: info@larousse.com.br
Site: www.larousse.com.br

Emagrecimento

100 PERGUNTAS E RESPOSTAS

Dr. Hervé Robert

Consultoria
Tânia Rodrigues e
Heloísa Guarita
Nutricionistas

Tradução
Dra. Stella Marina Pinto Ferreira
Ginecologista, obstetra e
homeopata

LAROUSSE
Cultura para todos

Sumário

CAPÍTULO 3
Como emagrecer?

O QUE FAZER COM OS QUILINHOS A MAIS

OS MÉTODOS PARA EMAGRECER

CAPÍTULO 4
Agora é com você

ESTRATÉGIAS PARA EMAGRECER

ALIMENTAÇÃO E BOA FORMA

COMO ADMINISTRAR OS PERÍODOS DE TRANSIÇÃO

CAPÍTULO 6
Os problemas de peso na infância

APÊNDICE - GUIA PRÁTICO

Prefácio da edição brasileira

É motivo de satisfação poder colaborar com a editora Larousse no prefácio da edição brasileira desta importante fonte de informação sobre obesidade e emagrecimento.

Obesidade é uma epidemia mundial. Os dados do mundo todo apontam para um crescimento marcante no excesso de peso registrado desde o final da Segunda Guerra Mundial. A epidemia explodiu nos últimos 15 anos. Hoje, nos Estados Unidos, é mais comum ter excesso de peso do que ter peso normal, e quase metade dos brasileiros apresenta peso acima do normal.

Embora a obesidade seja, há um bom tempo, considerada uma ameaça à saúde, apenas em 1985 foi oficialmente reconhecida como uma doença pelo Instituto Nacional de Saúde, dos Estados Unidos, (*National Institutes of Health* – NIH). Na mesma ocasião, foi recomendado o tratamento de todos os indivíduos cujo peso corporal excede os limites normais (para isso, basearam-se naquelas tabelas de peso normal para estaturas que foram utilizadas pelas companhias de seguro e planos de saúde)! Mesmo os excessos de peso menores receberam, a partir dali, recomendação para tratamento quando coexistiam doenças como hipertensão, diabetes ou colesterol elevado.

A obesidade começou a ser enxergada como uma das maiores doenças nutricionais da sociedade moderna. E, se englobarmos aí as doenças que se associam a ela, torna-se então um dos maiores riscos de saúde.

Muitos fatores influenciam o desenvolvimento de obesidade, que depende de um delicado balanço entre a energia que as pessoas consomem e a energia que gastam no dia-a-dia. Cada um desses fatores recebe influências de vários outros fatores individuais, refletindo a base genética do indivíduo e o meio ambiente social onde esse indivíduo vive.

Nossos ancestrais, ao longo de milhares de anos, foram adaptando-se a uma condição em que a escassez de alimento e as longas jornadas em busca desse alimento eram a regra. A abundância de alimento era então a exceção. Da adaptação a essa situação dependeu a sobrevivência do ser humano até os dias atuais. Só que hoje esse ser humano depara com um ambiente de características opostas: abundância de alimento por vezes densamente calórico e oportunidade de longas jornadas de sedentarismo.

Outros fatores ambientais colaboram para o crescimento da obesidade: a urbanização, com conseqüências como a diminuição da área de casas e apartamentos, um maior confinamento das pessoas causado pela violência urbana, a globalização de costumes (uso de *videogames* pelas crianças e idas freqüentes a redes de *fast-food*), falta de áreas de lazer para prática de atividade física, uso crescente do automóvel, automação das indústrias etc.

O tratamento parece ser um assunto de abordagem simples. O indivíduo apenas teria de reduzir a ingestão de calorias abaixo do limite de gasto de energia corporal para perder peso. No entanto, o tratamento do paciente obeso é freqüentemente frustrante. Muitas pesquisas têm sido feitas e, aos poucos, substâncias e mecanismos outrora desconhecidos se revelam. Muitos ainda, porém, permanecem obscuros. A aquisição e a manutenção de um peso normal ainda é um verdadeiro dilema terapêutico.

Nesse sentido, informações sobre uma alimentação saudável e sobre como é regulado o peso corporal são sempre bem-vindas. Quanto mais bem informado o indivíduo estiver, maior a chance de obtenção de sucesso no tratamento de emagrecimento.

No capítulo 1 deste livro, o dr. Robert versa sobre o excesso de peso do ponto de vista populacional. No capítulo 2, ele aborda o excesso de peso do ponto de vista individual, respondendo a questões simples, tais como "quanto devo pesar?", ou "que erros alimentares me fazem engordar?". O capítulo 3, ilustrado com exemplos de mulheres que apresentam problemas específicos e a resposta da medicina a cada uma delas, informa "como emagrecer" recorrendo a um texto bastante claro e completo, que discorre sobre os vários tratamentos: desde o tratamento clínico, passando pelas cirurgias plásticas, até as cirurgias de estômago e intestino.

No capítulo seguinte, há uma rica fonte de informação prática para o indivíduo que se dispõe a identificar e modificar hábitos: o foco é a alimentação. Finalmente, os capítulos 5 e 6 abordam períodos específicos da nossa vida, como infância, adolescência, climatério e as relações do peso com outros fatores como estresse e fumo. Ao final do capítulo 6, há uma relação com informações sobre algumas pesquisas realizadas no Brasil.

A forma de apresentação deste livro, em perguntas e respostas, permite que o leitor satisfaça dúvidas específicas, possibilitando tanto a consulta aleatória quanto a leitura de uma só vez. Ao final, um guia fornece ainda endereços úteis e sites da internet para consultas adicionais.

Recomendo esta obra para aqueles que apresentam excesso de peso, mas também para os que querem prevenir o seu desenvolvimento, como fonte de informação séria, atualizada e científica, numa linguagem clara e de fácil entendimento.

Dr. Marcio C. Mancini
Médico do Grupo de Obesidade e Doenças Metabólicas do Serviço de Endocrinologia e Metabologia do Hospital das Clínicas da Faculdade de Medicina da Universidade de São Paulo (USP)
Ex-Presidente da Associação Brasileira para o Estudo da Obesidade (ABESO)

Nota editorial

Esta obra foi preparada e redigida com todo o apuro e cuidado. Em razão da amplitude dos temas abordados, pode conter alguma falha. Os editores não são responsáveis pelas conseqüências de qualquer interpretação errada do texto. Deve-se lembrar, sempre, que os livros constituem fontes de referência importantes, mas nenhum texto escrito pode substituir a consulta a um médico. Evite a automedicação.

Prefácio da edição original

É evidentemente um prazer, para mim, escrever o prefácio deste notável livro do dr. Hervé Robert. Da parte dele, este convite é uma demonstração de amizade, o que me toca de maneira especial. E ainda mais se considerarmos o fato de ele ser um apreciador da boa cozinha, mas também um guloso e um especialista em nutrição.

Nenhum campo dessa vasta disciplina, portanto, lhe escapa: da prática cotidiana à teoria. Suas qualificações médicas, aliadas às suas aptidões para a comunicação, fazem dele um autor adequado para dialogar com o leitor que vive a se questionar, já que ele pode trazer respostas claras a todas essas perguntas.

Convém lembrar as grandes qualidades médicas, científicas e humanas do dr. Hervé Robert, cuja formação é eclética. Seu livro está à altura de seus conhecimentos, ou seja, é completo. Ele passeia pelos vastos terrenos relacionados ao problema do excesso de peso e da obesidade, da genética aos distúrbios de comportamento.

O leitor apreciará a leitura deste livro, que é clara, leve, mas também precisa. Corretamente construído em seis capítulos, seu maior interesse, entretanto, reside na escolha das 100 perguntas. Vale dizer que a seriedade deste livro ignora qualquer método dogmático, como, infelizmente, existem muitos por aí. Aliás, o título do quarto capítulo é exemplar a esse respeito: "Agora é com você", o que exclui a pressuposição de estar se dirigindo a leitores passivos.

Cada um poderá, portanto, se encontrar em algum ponto deste livro. E isso porque ele foi concebido para justamente responder às interrogações dos leitores. Qual é a sua pergunta? Qual é seu problema? Como encará-lo? Aqui não existe nenhuma verdade absoluta, nenhuma idéia preconcebida, nenhuma linguagem rígida e estereotipada, nenhuma prescrição autoritária; mas, sim, a preocupação em estar o mais perto possível do leitor, de informá-lo, de ajudá-lo.

Os exemplos citados são absolutamente pertinentes, saem do conformismo habitual e da rédea social do "dieteticamente correto" com freqüência imposto àqueles que querem emagrecer, aliás, muitas vezes desconsiderando os homens, o que esta obra justamente não faz: ela não os esquece, dedica-se a todos.

Os diferentes capítulos que compõem este livro se articulam muito bem. A primeira pergunta busca restabelecer o contexto social dos problemas de peso, já que é quase sempre a sociedade que impõe as normas: o gordo, antigamente invejado, hoje seria malvisto.

As perguntas seguintes buscam definir o que é excesso de peso. Uma vez assimiladas essas noções fundamentais, o segundo capítulo ajudará o leitor a estabelecer seu perfil, o que, claro, é imperativo, mas deve ser feito com critério: por isso este capítulo mostra como fazer. Logicamente, o capítulo que se segue explica como emagrecer, com qual "método".

Uma das originalidades deste livro se encontra no quarto capítulo, que incita o leitor a participar: agora é com você... Depois, são abordados os principais períodos da vida, os quais apresentam risco em relação a ganho de peso, alguns tocando especificamente as mulheres: puberdade, gravidez, menopausa, abandono do cigarro, estresse etc.

Enfim, o último capítulo trata de maneira notável do problema de crianças acima do peso, problema esse que não se poderá mais ignorar no futuro.

Este livro extraordinário conhecerá o sucesso que merece, pelo bem daqueles e daquelas que se questionam a respeito de seu excesso de peso.

Dr. Jean-Marie Bourre
Membro da Academia de Medicina, diretor de Pesquisas do INSERM (Institut National de la Santé et de la Recherche Médicale) neurotoxicologia e neurofármaco-nutrição

Introdução

"Se eu fosse médico diplomado, a primeira coisa que faria seria escrever uma boa monografia sobre a obesidade; em seguida, estabeleceria meu império nesse nicho da ciência; e desfrutaria a dupla vantagem de ter como pacientes as pessoas de melhor comportamento e ser assediado todos os dias pela metade mais bela da espécie humana – pois ter peso na medida certa, nem demais, nem de menos, é para as mulheres a meta de suas vidas."

ANTHELME BRILLAT-SAVARIN,
Fisiologia do Gosto, meditação XXI

Por que outro livro sobre emagrecimento, se a cada ano surgem mais publicações sobre o tema?

Provavelmente, porque, sendo médico nutricionista, fico atento a todos esses lançamentos... e eles nunca me satisfazem por completo! De fato, na maioria das vezes, seus autores enfocam somente parte do problema do excesso de peso, sem vê-lo de modo abrangente. Uns, por exemplo, falam apenas da nutrição e ocultam os distúrbios do comportamento alimentar. Outros tratam de modo admirável o aspecto psíquico, mas negligenciam a orientação nutricional... Tudo isso deixa uma impressão de coisa incompleta. Pois bem: parece-me importante que toda pessoa que se interesse pelo problema do excesso de peso – ou porque sofra disso ou porque se preocupe com algum ente querido – possa encontrar numa mesma obra o conjunto de informações necessárias para enfrentá-lo.

Por outro lado, a leitura desses diversos lançamentos de que mencionei não se faz sem uma pontinha de irritação: muitas vezes, o estilo é convencional, quase "oficial", e o desejo de chegar a um consenso beira o conformismo. Com freqüência, tem-se a impressão de que o autor, embora pudesse ter dito coisas mais originais sobre o assunto, ateve-se apenas àquilo que se esperava ouvir dele – pois professor de medicina não é panfletário, nem tem vocação para criar polêmica ou levantar hipóteses iconoclastas...

Então, eu quis que este livro fosse simplesmente diferente dos outros, sem, no entanto, ter a pretensão de afirmar que seja necessariamente melhor. É o livro que eu gostaria de ler se me visse com excesso de peso ou se meu peso me criasse um problema qualquer. Incluí tanto fatos científicos comprovados quanto hipóteses originais que, espero, levem você a refletir sobre sua real necessidade de emagrecer. E, além de trazer o que é informativo e pedagógico, pareceu-me necessário denunciar certas aberrações, já que, no campo do emagrecimento, alguns absurdos merecem de fato ser apontados.

Mas falar de emagrecimento é também se mover em meio a incoerências, entre as quais depois fica difícil de encontrar.

Em primeiro lugar, é preciso falar da atitude contraditória de determinadas pessoas com – ou sem – excesso de peso. Muitas vezes, homens acima do peso, potencialmente sujeitos a diversas complicações, não consultam um médico; por isso, são vítimas de acidentes cardiovasculares que parecem sobrevir de maneira inesperada, como um raio, mas que, na realidade, poderiam ter sido evitados. Em contrapartida, freqüentemente bastam três quilinhos a mais para que uma mulher de massa corporal normal se ponha a seguir uma dieta severa... e injustificada. Pois bem, embora o que vou dizer agora já esteja cientificamente mais que provado, nunca é demais repetir: esses períodos de dietas muito freqüentes acabam levando à verdadeira obesidade.

Em seguida, convém lembrar certas incoerências das revistas femininas. Estando a serviço das mulheres, espera-se que trabalhem para o bem delas. Mas diversas vezes, entre um suplemento de receitas e uma entrevista com algum *chef* badalado, tais publicações espremem esta ou aquela matéria sobre emagrecimento, falando da última moda em dieta. Pretendendo mostrar a maior gama de informações possível, mencionam-se todas as abordagens; algumas, contudo, não são muito sérias ou não passam de fenômeno de mídia. Só que o excesso de peso não é coisa fútil: merece ser tratado com o mesmo rigor que outros temas médicos mais graves!

Quando será que irão adotar um código de ética para falar da obesidade, doença que, no Brasil, é responsável por 80 mil óbitos por ano; na América Latina, por 200 mil por ano e, na França, por 180 mil óbitos por ano?

Enfim, lembremos a atitude contraditória de certos médicos. Ainda que o conhecimento atual sobre o tema evolua sempre, alguns teimam em recomendar métodos de emagrecimento que, hoje sabemos, conduzem quase inevitavelmente ao fracasso.

Se a informação nova é corroborada por numerosos trabalhos, por que se prender a práticas ultrapassadas? Por que continuar prescrevendo dietas hiperprotéicas ou dietas hipocalóricas de menos de 1.500 kcal, quando se sabe que, cinco anos depois, a taxa de insucessos terá sido de 95%? Por que insistir em recomendá-las, quando está comprovado que levam à restrição cognitiva, verdadeiro distúrbio do comportamento alimentar? Por que se calar diante de certas práticas, se tal tolerância deixa o campo livre para os gurus da "magritude"?

Por fim, assinalemos as incoerências da atitude do Estado em face desse problema. Todos sabem que as despesas públicas com saúde aumentam perigosamente, o que nada tem de surpreendente, já que a cultura médica está centrada na prescrição de medicamentos. Os esforços de prevenção são demasiado recentes, provavelmente porque é difícil prever as economias futuras que essa política poderá ocasionar. Contudo, a nutrição está na base de um número significativo de patologias que constituem autênticos problemas de saúde pública: afecções cardiovasculares, diabetes, osteoporose, alcoolismo e cânceres. Saudemos, portanto, as iniciativas de saúde pública de teor preventivo – pois evitar o ganho de peso é mais fácil que tentar emagrecer.

Espero que este livro permita que você se veja livre dessas contradições, para que possa se orientar com facilidade ante os obstáculos que a tentativa de emagrecer apresenta e, assim, adotar um comportamento alimentar adequado – o que, afinal, só lhe fará bem.

CAPÍTULO 1

Excesso de peso e peso social

"Ó meu corpo, meu querido corpo, eu amo só a ti..."
PAUL VALÉRY,
Fragmentos de Narciso

Sejam esbeltos! Eis o que a sociedade atual nos impõe. Mas será que essa obsessão pela magreza sempre correspondeu à definição de "corpo bonito"?

A fim de melhor compreendermos o olhar que hoje se lança sobre o peso, é importante voltarmos ao passado para traçar rapidamente a história desse fenômeno.

Peso e padrões

1 O corpo ideal sempre foi esbelto?

Nos tempos da pedra talhada

Quando os homens representaram o corpo humano pela primeira vez, foi o corpo da mulher que eles entalharam, modelaram ou esculpiram na pedra. Seios generosos, ancas largas, ventre proeminente, coxas e glúteos salientes: esses mesmos cânones de beleza caracterizam, por exemplo, as *Vênus* pré-históricas de Laussel e Lespuge (França) e a de Willendorf (Áustria). As representações dessas Vênus calipígias (isto é, donas de belas nádegas) provavelmente celebravam a força original e geradora, ou seja, a função reprodutora da mulher.

Pois bem: naquela época, a gravidez era perigosa e, assim como o aleitamento, necessitava de uma reserva suficiente de gordura, única garantia verdadeira contra os períodos de privação. A espécie humana só conseguiu sobreviver graças a tais reservas energéticas, preciosas nos tempos difíceis.

Na Grécia antiga

A estética grega se caracterizava pelo feliz casamento das proporções. Para esculpirem moças sensuais, cheias de frescor e sensualidade, os artistas se apoiavam numa verdadeira ciência da harmonia. Mas, se as representações do corpo humano se submetiam a regras muito precisas, estas ganhavam vida nas mãos deles, e a beleza se individualizava.

Os gregos gostavam de mulheres vitais e musculosas, até atléticas, tal qual os homens. Médicos e filósofos estavam então convencidos de que somente o cuidado corporal e o exercício físico proporcionavam "mente sã em corpo são".

Entre os romanos

Basta recordar a descrição do banquete de Trimalcião (no *Satiricon*, de Petrônio) para entender que o romano abastado era um hedonista, mais para guloso do que para *gourmet*.

Em Roma, a magreza era suspeita, evocando a miséria, a doença e até, mais tarde, o ascetismo preconizado pelos primeiros cristãos. A gordura era sinal exterior de riqueza, inspirando respeito e confiança.

Embora a plebe nem sempre conseguisse matar a fome, os imperadores se entregavam a verdadeiras orgias: Tibério gastava tamanha fortuna com suas refeições, que o Senado se viu obrigado a restringir o número de pratos que podiam ser servidos por vez!

Na Idade Média

Observando as estátuas dos portais das catedrais góticas, somos levados a concluir que naquela época dominava a esbelteza: a mulher é comprida e grácil, e seu corpo, frágil.

Tal representação correspondia a uma idéia de amor idealizado, em que o sentimento adquiria tons místicos: a beleza terrena traduzia a beleza divina.

Um único ponto destoava nessa linha fluida: gostava-se dos ventres bojudos, provavelmente para lembrar que a função social básica da mulher continuava a ser a maternidade. Por isso, as muito franzinas, para deixarem o ventre mais proeminente, vendiam gato por lebre: usavam barriga falsa.

Se nas representações da época as mulheres são graciosas e longilíneas, os monges freqüentemente aparecem grandes e gordos – e talvez fossem assim mesmo... Aliás, eles alternavam os dias de jejum e de abstinência com os dias de festa. Contudo, jejuar não queria dizer o mesmo que emagrecer. Isso não apenas porque o ano podia ter até 160 dias de festa, mas também porque a alternância de privações e banquetes só podia favorecer a obesidade: o corpo privado de comida se apressa a reconstituir as reservas de gordura tão logo pode.

Na Renascença

Em 1553, o casamento de Henrique II com Catarina de Medici sinalizou a conquista definitiva da França pela Itália renascentista. A nova rainha introduziu certo refinamento nos modos da corte... o que, entretanto, não impedia essa nobreza de ter um apetite feroz, segundo os cronistas da época. Entre os ricos, os excessos – diários – eram tais que os convivas se queixavam de não conseguir sentar suficientemente perto da mesa, dificultados pelo tamanho de suas barrigas! O arcebispo da cidade francesa de Sens criou então a *table échancrée*, ou "mesa recortada", que lhes possibilitava se instalar com mais conforto.

A corpulência, portanto, retornava à moda... A beleza era bem definida, e os olhares se voltavam preferencialmente para as gordinhas. Mais de um escritor daquele tempo – como o filósofo Montaigne, por exemplo – fez o elogio desse desabrochar do corpo.

No século das luzes

Apesar dos clisteres, sangrias e purgas maciçamente receitados pelos médicos de então, as francesas deviam se manter rechonchudas, porque era disso que Luís XIV gostava... Cúmplice dos refinamentos de sua época, o pintor François Boucher soube traduzir as delícias do amor que inspiraram essas mulheres, as quais ele retratou carnudas e sensuais.

Madame de Montespan, amante que deu oito filhos a Luís XIV, era obesa aos 40 anos. Madame de Maintenon, que a superou no coração régio, ficou famosa pelo busto generoso...

Pouco antes de terem eclodido as revoltas populares que marcaram o começo da Revolução Francesa, a rainha Maria Antonieta, dona de uma cinturinha bem fina, deu o tom de um estilo diferente. As mulheres, para se parecer com ela, adotaram o espartilho de barbatanas, que realçava o busto. A própria rainha censurava o marido pela gula, que dava a esse soberano uma barriga proeminente.

Por oposição às figuras femininas valorizadas pela aristocracia, os revolucionários do povo veneraram as mulheres musculosas, rudes, quase viris, que trabalhavam ou combatiam ao lado dos homens. O corpo devia então expressar uma imagem enérgica.

No século XIX

Na França napoleônica, o imperador controlava tudo. Disso não escapavam a moda e a silhueta feminina, pois a totalidade das coisas devia estar a serviço do Estado. Nos trajes, o luxo era essencial, sendo um dos símbolos do governo imperial francês e um maravilhoso meio de propaganda.

Napoleão gostava das mulheres atléticas, mas não favorecia aquelas cuja silhueta lhe parecia demasiado magra. Era o retorno da moda antiga, do "belo ideal" teatral. Os nus acadêmicos do pintor Jacques-Louis David louvavam a perfeição e a beleza musculosa dessa mulher combatente.

Contudo, por volta do final do reinado napoleônico, as mulheres se libertaram daquele modelo greco-romano para se tornarem as musas graciosas e lânguidas do romantismo. Pois, se por um lado Brillat-Savarin e outros escritores contribuíam para restaurar o prestígio da gastronomia e os homens eram de bom grado obesos (isso constituía sinal de saúde e de triunfo social), por outro apreciavam-se as mulheres gráceis, delgadas e melancólicas, quase doentias, das quais a personagem Dama das Camélias (do romance homônimo de Alexandre Dumas Filho) foi o arquétipo.

De 1900 a 1950

Na representação da figura feminina, a arte do começo do século XX oscilava entre a esbelteza das pinturas de Mucha e o erotismo bem construído dos quadros de Renoir ou Malliol.

Desde longa data, o espartilho servia para ocultar os torsos deformados pelo raquitismo ou os seios prejudicados pela tuberculose. Contudo, o progresso da medicina e da higiene o tornou obsoleto, e as mulheres redescobriram um corpo mais saudável. Então, em 1912, Paul Poiret lançou a moda da *planche à pain*, ou "tabuinha". Agora, o corpo se veria livre de todo e qualquer entrave... enquanto permanecesse esbelto.

A Primeira Guerra Mundial veio consumar essa transformação. Para as mulheres, muitas das quais substituíam nas fábricas os homens que estavam nas frentes de batalha, esse foi o ponto de partida da verdadeira emancipação, simbolizada pelo estilo *à la garçonne* ou "rapazinho". Elas cortaram o cabelo bem curto e adotaram roupas leves e práticas.

O excesso de peso não estava em voga e certos periódicos (como, por exemplo, *L'Illustration*, um dos semanários mais lidos daquele tempo) traziam anúncios que apregoavam os méritos de miraculosos produtos para emagrecer.

A época contemporânea

Na arte, em menos de um século, a evolução dos cânones da beleza feminina foi das mulheres gordinhas de Renoir às esqueléticas de Giacometti, para entrar numa era em que reina aquilo que poderíamos denominar "mania de magreza".

Após a Segunda Guerra Mundial, os corpos, que durante o conflito haviam sofrido por um longo período com a privação e a falta de comida, recobraram a plenitude. Já não era mais preciso racionar e os rostos rechonchudos e felizes da publicidade serviam de testemunha desse retorno à abundância.

Nas décadas de 1950 e 1960, foram as *pinups* e as atrizes americanas que encarnaram a mulher ideal. As curvas exuberantes de Rita Hayworth e Marilyn Monroe enchiam os homens de fantasia. Na França, Brigitte Bardot arrebatava a preferência do público. No Brasil, tínhamos Odete Lara, Norma Bengell...

Nos anos 70, o movimento feminista veio reivindicar uma silhueta a um só tempo delgada e andrógina. Na Inglaterra, viva Twiggy, "O Graveto", modelo que teve sucesso mundial! E, na França, viva a atriz e cantora Jane Birkin!

Depois, a década de 1980 valorizou um corpo que continuava esbelto, mas cujo busto era mais generoso. O *status* social da mulher mudou: graças à pílula, ela assumiu o controle de sua sexualidade; e, na maioria das vezes, também trabalhava. Ativa, seu corpo devia ser musculoso: nascia o *fitness*.

Durante os anos 90, as estrelas de Hollywood foram pouco a pouco destronadas pelas *top models*, novos ícones da beleza feminina. Seus corpos descarnados (as medidas dessas moças eram de embasbacar!) se tornaram referência para as mulheres, sobretudo as adolescentes: Kate Moss tinha 1m70 e 44 quilos; Joddie Kidd, 1m88 e 57 quilos; e a brasileira Shirley Mallmann, 1m80 e 56 quilos!

Contudo, as modelos pagaram o preço dessa magreza, tanto no âmbito físico quanto no psíquico: dependência de drogas, diversos distúrbios de saúde, intervenções cirúrgicas com maior ou menor freqüência etc. O estilista Azzedine Allaïa, numa edição que a revista *Elle* francesa dedicou ao tema, em 1996, deplorou essa tendência da moda: "As jovens magras nunca fizeram os homens sonhar e as ossudas estão longe de serem cânones de beleza. Do que gosto na mulher são suas formas, sua voluptuosidade. [...] O mais importante é tirar proveito de sua personalidade".

Apesar dos protestos que se faziam ouvir, tal tendência se acentuava ainda mais, atingindo o auge em 1998: era o reinado do *junkie chic*, ou seja, da magreza extrema, quase cadavérica, realçada pela maquiagem lívida. Alguns anunciantes reagiram, ameaçando tirar sua publicidade das revistas de moda. Uma marca francesa de cosméticos, ainda mais combativa, não hesitou em apelar para *outdoors* nos quais a estrela era uma modelo de corpo cheio ao estilo do pintor flamengo Rubens (1577-1640), com o seguinte *slogan*: "Há 3 bilhões de mulheres. E somente oito *top models*".

Até mesmo a boneca Barbie ganhou medidas mais "realistas"... embora conservasse uma plástica mais próxima da de Cindy Crawford do que a das mortais comuns.

Também em Hollywood observou-se uma mudança: as novas estrelas do cinema mundial, como a cantora e atriz Jennifer Lopez, por exemplo, assumiam um físico cheio de curvas. A personagem Bridget Jones, interpretada pela atriz Renée Zellweger, tinha uns quilinhos a mais... ainda que achasse difícil aceitá-los.

Essa evolução foi tanto mais necessária porque a morfologia das mulheres mudou. Os especialistas do ramo das confecções calcularam que, na média, a cintura das francesas aumentou cerca de 6,0 cm em 40 anos: as medidas eram 95-62-95 em 1956, passaram a 87-65-93 em 1983 e chegaram a 90-68-95 em 1997. Hoje, 40% das mulheres francesas usam manequim 42. No Brasil não existem estudos semelhantes, mas acredita-se que, em média, elas usem manequim 44.

Mas, então, a tendência neste começo do século XXI será finalmente a vingança das rechonchudas?

Mesmo se, cada vez mais, o excesso de peso também é malvisto nos homens, a verdade é que as pressões da moda são exercidas principalmente sobre as mulheres. As dietas continuam a ser destaque nas revistas femininas; as publicações masculinas que surgiram nos últimos anos tendo aquelas como fonte de inspiração se preocupam menos com o peso do que com a musculatura. Se tanto o excesso de peso quanto a magreza parecem ausentes nos modelos masculinos, estes oscilam entre o tipo andrógino ambíguo e o sedutor de corpo viril, musculoso, trabalhado. Segundo as revistas, o homem moderno é adepto do *fitness*, sem, contudo, ser uma caricatura de Rambo... Mas, se não é magricela, também está longe de ser gordo.

Em todo caso, esse rápido panorama nos mostra que, conforme a época e a cultura, o que "acreditamos ser belo" não tem nada de imutável... A história da representação do corpo, feita de alternâncias, não é mais que um eterno recomeçar. A moda muda – por isso, é inútil tentar se submeter a ela! Decerto não será dali que deveremos esperar soluções; antes, precisaremos procurá-las em nós mesmos. Pois, gordos ou magros, talvez já esteja na hora de cada um finalmente aceitar o próprio biotipo.

2 Como se apresenta o excesso de peso no mundo?

Qual o perigo que nos ameaça?

Durante muito tempo, a obesidade não foi mais que um sintoma entre outros, que o médico observava junto com a palidez, a tosse ou as varizes... Mas, de tanto ser tratada como um simples sintoma, a obesidade viu sua incidência aumentar e os epidemiologistas (ou seja, os estudiosos que analisam a difusão e a propagação das doenças) acabaram por acionar a sirene de alerta. Em 1998, a Organização Mundial da Saúde (OMS) publicou as conclusões de pesquisas sobre a obesidade; seus relatórios confirmaram que esta deveria começar a ser encarada como um grave problema de saúde pública. Chegou-se, então, a diversas conclusões:

- A obesidade não deve mais ser considerada um simples sintoma e sim uma doença propriamente dita. Deverá ser até mesmo classificada entre as *pandemias* (termo geralmente reservado às epidemias infecciosas muito contagiosas). A preocupação que seu avanço desperta deve ser ainda maior porque as crianças, cada vez mais, também são afetadas pelo problema.
- Ano a ano, crescem o número de mortes prematuras (devido às doenças cardiovasculares e a certos tipos de câncer relacionados

a ela) e as complicações múltiplas (sobretudo os casos cada vez mais numerosos de diabetes).

- Além das doenças que propicia, a obesidade coloca em perigo o bem-estar psicológico e social de quem sofre do problema.
- Levando-se em conta a elevada porcentagem de obesidade na população mundial (causa da mortalidade e das doenças), ela é uma afecção que custa muito.
- Os tratamentos atuais da obesidade oferecem poucos resultados eficazes. Portanto, é necessário optar por políticas preventivas que visem a populações inteiras, em especial às crianças.

A obesidade é uma doença que apresenta o risco de afetar um número crescente de pessoas. Tendo em vista o impacto dos tratamentos a ela relacionados, sua prevenção deve ser priorizada.

Qual é a situação no mundo?

Em 1998, quando a OMS disparou o alarme, a obesidade afetava de 5 a 10% da população mundial. Ou seja, mais de 250 milhões de pessoas. Hoje, esses números já foram bastante ultrapassados: estima-se que haja 700 milhões de pessoas com excesso de peso. E 350 milhões de obesos. Em outras palavras, mais de 1 bilhão de pessoas estão acima da faixa de peso ideal.

Excesso de peso e obesidade

O excesso de peso e a obesidade correspondem a definições clínicas muito precisas e não a uma avaliação subjetiva que tenha sido estabelecida em razão de um hipotético peso ideal.
A ferramenta utilizada para determiná-las é o Índice de Massa Corporal (IMC; ver páginas 45-47). O IMC é igual ao peso, em quilos, dividido pela altura, em metros, elevada ao quadrado:

$$\text{IMC} = \text{peso (em kg)}/\text{altura}^2 \text{ (em m)}$$

Fala-se de "excesso de peso" quando o IMC da pessoa está entre 25 e 29,9 e de "obesidade" quando o índice é igual ou superior a 30. Neste livro, porém, usamos "excesso de peso" para designar tanto quem se enquadra na definição mais estrita (IMC $\leq$ 29,9) quanto os que são propriamente obesos. Incluímos, portanto, todas as pessoas cujo peso está acima do considerado ideal. (Para mais detalhes, ver pergunta de nº 6.)

Ao contrário do que se poderia pensar, o problema da obesidade não atinge apenas os países mais ricos, já que afeta, por exemplo, até 40% das mulheres em certos países da Europa oriental, a parte pobre do continente. A obesidade também não é necessariamente típica das nações mais desenvolvidas ou ocidentalizadas, pois na ilha de Nauru (um minúsculo país da Micronésia) 70% das mulheres e 65% dos homens apresentam excesso de peso. Em 1997, a porcentagem de obesos na população européia era a seguinte:

País	Homens	Mulheres
Reino Unido	13%	16%
Alemanha	11%	12%
Irlanda	10%	15%
Espanha	10%	15%
França	4%	9%
Holanda	4%	6%
Itália	3%	14%

Os últimos números sobre a obesidade no mundo, fornecidos pela *International Obesity Task Force* (organismo que coleta os estudos mais recentes), são os seguintes:

País	Homens	Mulheres
Samoa (Polinésia)	58,4%	76,9%
Papua-Nova Guiné	36,3%	54,3%
Polinésia Francesa	36,3%	44,3%
Estados Unidos	33,0%	36,0%
México	14,8%	25,1%
Rússia	10,0%	25,0%
Grécia	29,0%	28,0%
Inglaterra	19,0%	21,0%
Austrália	18,0%	18,0%
Canadá	11,8%	13,7%
Suécia	10,0%	12,0%
França	9,8%	9,5%
Japão	1,9%	2,9%

São números preocupantes, é verdade, mas ainda mais assustador é o avanço implacável da doença: em dez anos, o número de casos aumentou 50% no Canadá, 70% nos Estados Unidos e 200% no Reino Unido. No Brasil, segundo o Consenso Latino-Americano em Obesidade, de 1999, ao se comparar os dados de 1974-75 com os de 1989, registrou-se um aumento de 53% no número de casos de obesidade.

Nos Estados Unidos, onde vivem 40 milhões de obesos, a situação é tão preocupante que o governo federal, para estimular seus cidadãos a emagrecer, prevê desde 2000 benefícios fiscais para os obesos hipertensos que perderem peso!

Há pouco tempo, a televisão alemã lançou um *reality show* chamado *Big Diet*. A idéia é simples: seis homens e seis mulheres, todos com excesso de peso, ficam trancados 105 dias numa mansão luxuosa, onde são filmados 24 horas por dia. O objetivo: emagrecer o máximo que puderem, apesar das tentações alimentares a que são submetidos.

Qual é a situação no Brasil?

No Brasil, segundo dados do Ministério da Saúde, 40% da população se encontra acima do peso: 32% têm sobrepeso e 8% são obesos (o que significa dizer que existem no país 70 mil obesos).

E na França, qual é a situação?

Para a França, os últimos números disponíveis são os do estudo ObEpi, realizado em 2000, tendo como foco as pessoas de 15 anos ou mais:

	População total	Homens	Mulheres
Excesso de peso	29,4%	36,7%	22,7%
Obesidade	9,6%	9,8%	9,5%

O mais alarmante é a progressão, observada entre o estudo ObEpi de 1997 e o de 2000: nesse último ano, o excesso de peso e a obesidade, juntos, afetavam 17 milhões de franceses; a obesidade, por si só, caracterizava 4,2 milhões de habitantes em 2000, contra 3,6 milhões em 1997; ou seja, um avanço de 17%.

A obesidade aumentou principalmente entre as mulheres: mais 20%.

Em três anos, os franceses ganharam em média 800 g, ao passo que sua estatura permaneceu inalterada.

Estudos provam que certos fatores favorecem o excesso de peso e a obesidade. Na França (não existem dados semelhantes no Brasil), por exemplo, essas pesquisas também mostram que a obesidade é mais freqüente:

- Entre os 55 e os 64 anos (15,2%) do que entre os 36 e os 44 (8,4%).
- Entre os aposentados (12,1%) do que entre os trabalhadores em atividade (5,8%).
- Entre os trabalhadores braçais (10,8%) do que entre os altos executivos e os profissionais liberais (5,8%).
- Entre as pessoas em situação econômica precária (12,5% das mulheres que se encontram nessa situação há menos de um ano e 27,1% das que estão incluídas em tal grupo há mais de um ano).
- No Nord (12,7%) do que na Provença-Alpes-Côte de Azur (6,4%) e na região de Paris (6,7%).
- Nas aldeias (9,4%) do que nas cidades com mais de 100 mil habitantes (7,7%) ou na região de Paris (6,6%).

3 Quais são as conseqüências sociais do excesso de peso?

"Pessoa roliça, bem fofinha, fortinha" etc. Tantas perífrases para designar de maneira menos ou mais indireta aquilo que o médico chama pura e simplesmente de excesso de peso. Só a palavra "obeso" parece tabu. Sua conotação é negativa: pode-se até reconhecer que se está um pouco gordo, mas jamais obeso!

Contudo, o excesso de peso não é apenas objeto de eufemismos. Ele também provoca comentários menos ou mais cortantes. Entretanto, para além das palavras, há igualmente a punhalada permanente que o olhar dos outros representa para a pessoa obesa: sair de casa, esse casulo protetor, torna-se às vezes um verdadeiro calvário.

Qualquer escadinha já faz o obeso suar em bicas, ele não pode se acomodar em muitos assentos (pequenos ou frágeis demais), viajar na classe econômica é um suplício etc. Tudo se torna problema. Quem é portador de alguma deficiência física pode deparar com o mesmo tipo de obstáculo... O deficiente, porém, costuma despertar compaixão, pois não é responsabilizado por seu estado. Já o obeso não. Sua obesidade lhe é imputada: ele só pode ser culpado de desleixo.

Diante de tal raciocínio, a pessoa obesa experimenta um grande sofrimento e tem a impressão de viver num mundo hostil, que a julga e rejeita o tempo todo. Esse sentimento de exclusão, de incompreensão, deve-se à intolerância não apenas social, mas às vezes também médica, da qual o obeso é vítima. Sentindo-se malquisto, ele acaba por não aceitar a si mesmo e sua falta de autoconfiança vai se refletir na sua visão de vida. A baixa auto-estima é quase constante entre os obesos.

Nossa sociedade é "lipófoba": não gosta de gordura. Na busca de emprego, por exemplo, os "gordinhos" costumam encontrar mais dificuldade do que as outras pessoas. Os empregadores preferem as silhuetas esbeltas e dinâmicas!

Não é novidade que o peso seja sinal de distinção. No século XIX, porém, apreciava-se a corpulência nas classes "superiores": a gordura, até a obesidade, era mesmo símbolo de riqueza e sucesso para o homem, pois provava que ele estava longe da pobreza.

Também hoje, o culto ao corpo esbelto não é apenas de ordem estética. Ele tem significado social: é a marca de uma pessoa ativa, dinâmica, que sabe administrar a própria vida. O corpo esbelto se tornou sinal de êxito, até de certa riqueza.

Em virtude da pressão social, assim como de sua própria angústia, a pessoa que sofre de um excesso de peso considerável tem muitas vezes a "necessidade" de ser ouvida, e se possível compreendida, antes de querer saber de números. Com freqüência, se ela toma a iniciativa de consultar o médico ou um nutricionista, só lhe falam de medidas, quilos, porcentagens, calorias, número de refeições, *x* quilos a perder em *y* meses, quando, na realidade, o que o emagrecimento implica é um processo muitíssimo mais complexo.

4 Por que se submeter à ditadura da magreza?

Nos Estados Unidos está surgindo um poderoso movimento, que se chama *Fat Acceptance*. Seu objetivo é ajudar quem renunciou à dieta a aceitar o excesso de peso. Na falta de conseguirem perder peso, essas pessoas se acomodam a ele e tentam viver em paz com isso. Esse tipo de associação ainda não existe na França, provavelmente porque não corresponde ao temperamento dos franceses. No Brasil também não há notícias de que tenham sido criadas. Não obstante, será mesmo necessário aceitar a ditadura da magreza imposta pelas revistas femininas e pelas representações do corpo veiculadas pela moda, pela publicidade e pelo cinema?

Paradoxalmente, embora vivamos num mundo de opulência alimentar, parece que nunca estivemos tão preocupados com o que comer.

Será que minha vontade de emagrecer não é influenciada pela mídia?

A mídia, mesmo defendendo-se desta acusação, tem grande responsabilidade pela mania de magreza que tomou conta da sociedade: o endeusamento das modelos, a glorificação do corpo esguio, a moda feita para as esbeltas. Ler uma revista feminina é trocar a realidade pela fantasia. Afinal, a realidade não ajuda "a vender".

As reportagens sobre celulite, por exemplo, nunca mostram fotos de quadris afligidos por covinhas antiestéticas. Ao contrário: só exibem ancas lisas e firmes, sem aquela aparência de "casca de laranja".

Por meio da imagem, as revistas sustentam o mito da perfeição, que joga com as inevitáveis deficiências das leitoras e as faz comprar este ou aquele "número especial sobre dietas". Tanto na França quanto no Brasil, edições anuais dedicadas ao assunto costumam vender mais do que todas as outras.

Ademais, do ponto de vista financeiro, o tema é uma mina de ouro para as editoras e as agências de publicidade, tanto que ele se faz presente o ano inteiro, e, assim, novas dietas e fórmulas milagrosas vão se sucedendo.

Certas revistas resolveram contribuir para a luta contra o tabagismo, evitando mostrar as modelos e estrelas de cigarro na mão, para não estimular as jovens a fumar. Publicações de moda também se comprometeram a não publicar mais fotos de modelos esqueléticas. Então, por que as revistas femininas e as revistas de saúde não se dispõem a prestar de fato um serviço a suas leitoras (e leitores) veiculando sobre o assunto apenas artigos aprofundados, com informações sérias? Algumas já tomam esse caminho, pois hoje é mais fácil encontrar entrevistas com médicos mais sensatos do que anos atrás.

Insistir no papo fútil sobre o excesso de peso só prejudica o tratamento de um problema que, por outro lado, é bem real: o da obesidade. Não esqueçamos que todo ano, na França, essa doença provoca diretamente 55 mil óbitos e indiretamente outros 180 mil, pelas complicações a ela relacionadas. No Brasil, como já vimos, a obesidade responde por 80 mil óbitos por ano.

Um código de ética

Seria desejável que os meios de comunicação, ao falar do excesso de peso ou da obesidade, enfim se comprometessem a abordar o tema de modo sério, assinando, por exemplo, um código de ética.

Devo emagrecer? De que maneira eu vejo meu corpo?

Com freqüência, quem tem apenas uns quilinhos a mais já se considera disforme e, quando lhe é pedido para desenhar a si mesmo, traça no papel uma silhueta que está longe de corresponder à realidade. Algumas pessoas evitam se confrontar com a própria imagem, fugindo de espelhos e fotografias, e às vezes nem querem olhar para si quando lavam o rosto ou fazem a barba! Uma boa refeição ou uma ligeira flatulência lhes causam de imediato a sensação de terem se transformado em monstros.

Na verdade, a imagem que temos de nosso próprio corpo é oscilante: ela depende de um grande número de variáveis, entre as quais nossa moral, nosso estado emocional e nossos relacionamentos sociais.

Os homens parecem menos obcecados pela própria silhueta do que as mulheres, as quais, no todo, estão insatisfeitas. Uma pesquisa feita pela revista *Glamour*, com 33 mil francesas, revela que 75% delas se julgam gordas, ao passo que, segundo os "parâmetros clínicos", apenas 25% apresentariam excesso de peso.

Por que essa tirania insensata da norma?

Diversas razões explicam por que procuramos a todo custo nos submeter a esse modelo físico ideal que a sociedade impõe. "Ideal", e não "normal", porque um dos paradoxos mais curiosos, em matéria de peso, é que a norma não está determinada pela maioria...

Hoje, exibe-se o corpo, ele se tornou ferramenta de comunicação e relacionamento. Na infância, mimam-no, instruem, civilizam; seu desenvolvimento é monitorado. Na adolescência e na idade adulta, é paparicado, maquiado, trajado, afagado, amado. Nossa sociedade normativa oferece múltiplas soluções para moldá-lo na fôrma que ela promove: cosmética, dieta alimentar, ginástica, fórmulas farmacêuticas, cirurgia e tratamentos estéticos.

Nessa sociedade, o corpo não se desvela apenas na intimidade: ele se expõe nas academias e nas praias. A nudez, banalizada, invadiu a mídia. O corpo esbelto e a sedução, considerados indissociáveis, vêem-se privilegiados, à custa da personalidade e das qualidades humanas.

Por fim, esse corpo, objeto de desejo, é o agente da sexualidade – de onde nossa vulnerabilidade em face da maneira pela qual acreditamos que ele seja visto. Para quem sofre de excesso de peso e se acredita desprovido dos atributos necessários a seduzir alguém, é grande o risco (dado que se associa a "beleza" à elegância) de desconfiar que seu parceiro ou parceira deseja outra pessoa, mais esguia. Conclui-se, então, que, para conservar o amor, é preciso emagrecer de qualquer jeito.

A fim de combater os efeitos perniciosos dessa corrida à beleza, o ideal seria fazer com que aqueles ou aquelas que têm apenas alguns quilinhos a mais se conscientizassem de que não precisam desenvolver nenhuma fixação – e de que a essência é muito mais importante do que a aparência, pois ninguém irá negar que a personalidade prevalece sobre a imagem que o corpo transmite.

Contudo, fica a pergunta: tal discurso seria assimilado pelo adolescente frágil, cuja personalidade ainda não se afirmou bem, ou mesmo pelo adulto que perdeu a confiança em si mesmo?

Quando procuramos emagrecer, precisamos, antes de tudo, tentar determinar nossas verdadeiras motivações. Será que nos concentramos no peso para não querer pensar em nossos problemas de fato? Em lugar de tentarmos emagrecer quando isso não parece imperativo (ou seja, quando não é clinicamente necessário), seria melhor fazermos uma introspecção, refletirmos sobre o que somos, procurarmos alcançar certa coerência conosco. Infelizmente, adquirir uma sabedoria assim costuma exigir muitos anos... ou muitas dietas sucessivas!

Portanto, tal tomada de consciência ainda está longe de ser efetiva, e um bom número de pessoas continua a se submeter a regimes restritivos. É preciso compreender que essa não é uma iniciativa inofensiva, pois, se mal conduzida, pode acarretar riscos para a saúde e levar ao círculo vicioso do peso sanfona (alternância de perdas e ganhos de peso), a distúrbios da personalidade (anorexia-bulimia), à depressão e até a problemas mais graves.

Eis por que a perda de peso, para se justificar de fato, deve ser clinicamente necessária e não apenas esteticamente desejada.

Os médicos não têm outra opção senão se opor à promoção de um ideal de magreza que é causa de anomalias do comportamento alimentar, desequilíbrios nutricionais, distúrbios psicológicos e, a longo prazo, obesidade pura e simples.

CAPÍTULO 2

Seu perfil pessoal

Existem diferentes critérios para julgar o peso de uma pessoa: o da sociedade de consumo que impõe *sua* própria norma estética, a qual corresponde a um ideal de magreza mais ou menos realista; o da pessoa que, julgando-se sofrer de excesso de peso, gostaria de voltar ao peso que considera "ideal" (peso esse que ela costuma idealizar, muito ou pouco); e, enfim, o do médico, que tem seus próprios critérios para definir a composição corporal de um paciente.

Como se situar em meio a todos esses critérios? Primeiramente, saiba que antes de começar um regime, todo candidato a perder peso deve saber o que quer até mesmo para estabelecer objetivos concretos e realistas – e assim conseguir mantê-los.

O que você deve saber sobre o peso

5 Quanto devo pesar?

Pode-se falar em peso ideal?

"Peso ideal" é um conceito que deve ser esquecido de uma vez por todas! Ele foi criado por volta de 1950, por companhias de seguro norte-americanas, a fim de elaborar tabelas de prêmios para seguros de vida. Para isso, basearam-se em estatísticas um tanto quanto vagas, as quais relacionavam a expectativa de vida ao peso dos indivíduos.

A noção de peso ideal é, portanto, uma invenção que não tem parâmetros médicos. Alguns médicos como H.A. Lorentz tentaram, no entanto, elaborar fórmulas matemáticas para determinar esse tão falado peso ideal. Mas essas fórmulas não levaram em conta a idade do indivíduo, nem a espessura de seu esqueleto e muito menos sua morfologia. E, ainda, negligenciaram totalmente as respectivas partes de cada um dos constituintes do organismo (massa magra/massa gorda) na composição total.

É por isso que a noção de peso ideal, por mais clássica que ainda seja, precisa ser definitivamente abandonada: paradoxalmente, a balança se revela pouco confiável quando se trata de definir a composição corporal!

Na verdade, o peso total de uma pessoa de 25 anos é composto da seguinte maneira:

- Líquidos (água* mais sangue) 25%
- Músculos 32%
- Pele + esqueleto 15%
- Vísceras + órgãos 8%
- Gordura 20%

* *Trata-se da água extracelular, não contida na pele, músculos, órgãos e vísceras.*

Quando nos pesamos, o que obtemos? Uma cifra única que cobre a soma dos diferentes elementos, mas que não leva em conta suas respectivas proporções. Se o peso nos parecer muito elevado, não teremos condição de determinar se é devido a um excesso de gordura, de água ou mesmo de músculos...

Excesso de peso e obesidade não se definem por excesso de quilos, mas por excesso de massa gorda.

Existe o "peso ideal"?

Certas pessoas não ligam para essas considerações teóricas. Elas se referem ao próprio "peso ideal" como um valor intuitivo, que corresponde ao peso com o qual se sentem bem e querem conservar ou atingir.

Mas é preciso ser realista! Se o peso que você considera ser o seu "peso ideal" for anormalmente baixo – mesmo que um dia você o tenha alcançado, embora tenha se afastado muito dele –, as chances que você volte a exibi-lo são quase nulas. Seria, inclusive, muito perigoso para sua saúde tentar voltar a esse peso.

Mas se, ao contrário, o que você pensa ser seu peso ideal é mais razoável, e para voltar a exibi-lo você só precisaria perder dois ou três quilos, será possível e fácil obter ajuda para alcançá-lo.

O peso que o satisfaz – e que chamamos de peso ideal – só existe na medida em que você escuta seu próprio corpo. E ele se torna irreal quando você busca um peso ilusório que poderia pôr em perigo seu próprio equilíbrio físico, levando-o a sucessivos regimes e retomadas de peso.

É preferível, então, falar em "peso de equilíbrio"?

Muitos médicos acreditam que se possa definir, para cada indivíduo, uma vez atingida a idade adulta, um peso que lhe é próprio, ou seja, que é relacionado à sua história pessoal (crescimento, evolução ponderal, estado de saúde etc.) e à sua hereditariedade genética.

Específico para cada um, esse "peso de equilíbrio" (ou *set point*) é diferente de uma pessoa para outra (mesmo entre dois homens ou duas mulheres de alturas idênticas) e ainda pode evoluir ao longo da vida, já que depende de algumas variáveis.

Isso explicaria por que somos todos tão diferentes quanto ao peso. Na verdade, algumas pessoas têm *set point* baixo e isso lhes permite se alimentar como desejarem, sem jamais engordar – ao contrário daquelas que têm peso de equilíbrio alto. Para essas pessoas, emagrecer será um verdadeiro calvário, porque o peso delas não poderá se estabilizar abaixo do próprio *set point*: o corpo apresentará tendência a voltar ao "peso de equilíbrio" programado antecipadamente, o qual, infelizmente, nem sempre está de acordo com o peso que elas desejariam ter nem com as normas sociais, médicas ou estéticas.

De tudo isso, percebemos que para saber realmente qual o peso que nos convém é preciso ir além da simples medida do peso em quilos – que não é um indicador confiável, embora tenhamos tendência a recorrer a ela constantemente.

Existe, então, uma definição simples de excesso de peso, que leva em consideração a porcentagem de massa gorda?

6 Como definir o excesso de peso?

Em primeiro lugar, nunca é demais repetir que excesso de peso se define por excesso de massa gorda.

Ora, existe um índice muito simples que nos interessa por estar estatisticamente correlacionado à massa gorda do corpo e que foi posto em evidência já no século XIX, por Adolphe Quételet.

Esse Índice de Massa Corporal (IMC ou, em inglês, BMI – *Body Mass Index*) é igual ao peso de uma pessoa (em quilos) dividido por sua altura (em metros) elevada ao quadrado:

$$\text{IMC} = \frac{\text{Peso em quilos}}{\text{Altura}^2 \text{ em metro}}$$

Assim, o IMC de um homem de 1m76 pesando 82 quilos é 26,47 [= 82 : (1,76 × 1,76)].

O de uma mulher de 1m60 com 53 quilos é 20,7 [= 53 : (1,60 × 1,60)].

E há uma maneira ainda mais simples de calculá-lo, empregando a tabela da página seguinte:

Calcule facilmente seu Índice de Massa Corporal (IMC)

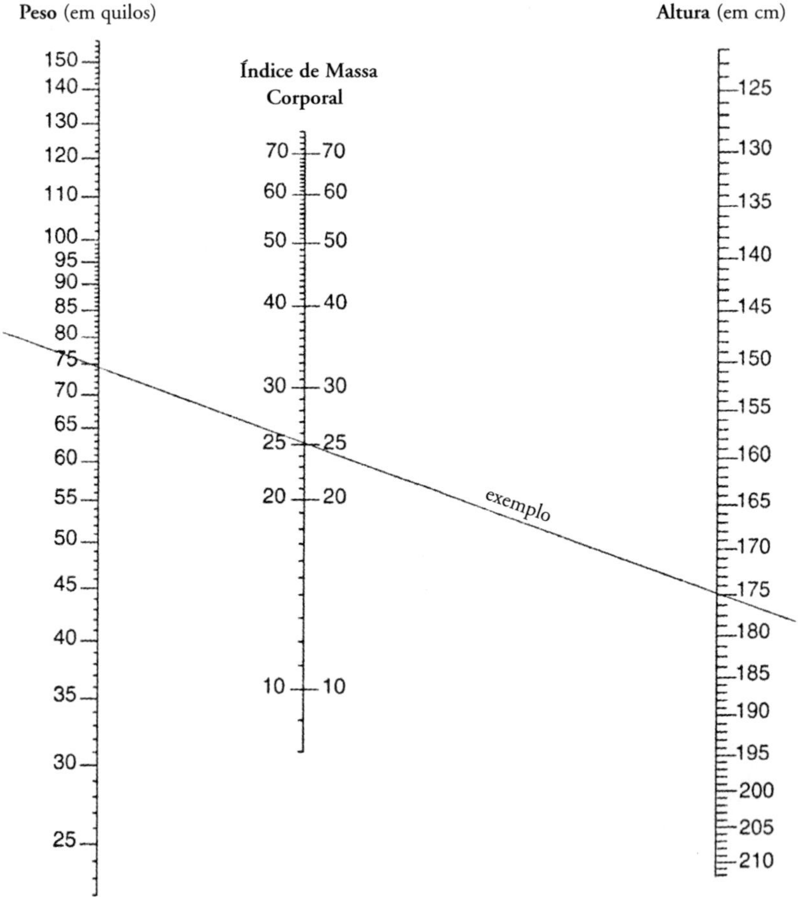

Pegue uma régua e faça um traço ligando seu peso (à esquerda) à sua altura (à direita): seu IMC corresponde à interseção desse traço com a escala graduada intitulada "Índice de Massa Corporal", situada no meio. Uma pessoa que pesa, por exemplo, 75 quilos para 1m75 teria então um IMC de 25.

Esse índice, hoje adotado internacionalmente, permite julgar a composição corporal de um indivíduo adulto (de até 65 anos) graças à seguinte classificação:

Composição corporal	IMC	Risco para a saúde
Magreza	Inferior a 18,5	Aumentado
Normal	18,5 a 24,9	Muito baixo
Excesso de peso	25 a 29,9	Moderadamente aumentado
Obesidade	Igual ou superior a 30	Bastante aumentado
• Obesidade classe I (moderada)	30 a 34,9	Alto
• Obesidade classe II (severa)	35 a 39,9	Severo
• Obesidade classe III (maciça)	40 ou mais	Muito grave, risco mortal!

De acordo com essa classificação, um homem de 1m76 pesando 82 quilos está com excesso de peso (já que seu IMC de 26,47 está entre 25 e 29,9), enquanto uma mulher de 1m60 pesando 53 quilos tem uma composição corporal normal (seu IMC de 20,7 está entre 18,5 e 24,9).

O patamar da obesidade corresponde a um IMC de 30, porque se considera que há aí um aumento significativo da mortalidade e do risco de doenças decorrentes (o que se chama "morbidade").

7 Qual a diferença entre perder peso e emagrecer?

Sofrer de excesso de peso ou de obesidade significa sofrer de excesso de massa gorda.

Emagrecer significa, portanto, fazer diminuir a massa gorda do corpo. Por outro lado, perder peso é algo que a balança evidencia, sem que isso seja uma garantia de que tenha sido a massa gorda que realmente diminuiu.

Um regime mal concebido pode fazer minguar prioritariamente os músculos: então, é a massa magra que diminui e não a massa gorda. Com um regime desse tipo, a pessoa fica logo exaurida, o menor esforço provoca cansaço extremo. Perde-se peso, mas não se emagrece!

Por outro lado, existem numerosos complementos alimentares, freqüentemente à base de plantas (ver pergunta de nº 43), que têm efeito diurético: a pessoa que os consome urina mais vezes, portanto, perde água. Ora, um litro de água eliminado é um quilo a menos na balança. Nesse caso, houve um afinamento e não emagrecimento. Para piorar, esses quilos logo serão retomados!

Daí se deduz, portanto, toda a ambigüidade que existe entre as expressões "perder peso" e "emagrecer", ambigüidade com a qual os publicitários jogam para enaltecer estes ou aqueles produtos e métodos mirabolantes. Se não podem utilizar a palavra "emagrecimento", usam e abusam da expressão "perder peso", "afinar". Aliás, eles só têm a ganhar com isso, já que afinar (onde se subentende a palavra "fina") parece muito mais valorizado do que "emagrecer" (onde se subentende a palavra "magra").

Afinar pode às vezes melhorar a silhueta. Isso se justifica num indivíduo que sofre de retenção de água. Mas tudo depende do método empregado: uma drenagem linfática pode se mostrar benéfica, enquanto os diuréticos irão se revelar perigosos. Em geral, os métodos miraculosos (plantas ou complementos alimentares) destinados a fazer perder peso não levam senão à perda excessiva de água ou de massa muscular importante. Esses produtos podem pôr em perigo a sua saúde e, de qualquer maneira, têm efeito efêmero.

Os verdadeiros tratamentos emagrecedores devem visar a alvos claros, isto é, buscar agir sobre a massa gorda excedente e mais nada.

Tratamentos destinados a "afinar medidas" podem ser enganadores e até perigosos. Na maioria das vezes, fazem os músculos minguar e desidratam, sem, no entanto, agir sobre a massa gorda.

8 Como e por que calcular a massa gorda?

Mesmo que o IMC reflita a massa gorda do corpo, antes de iniciar um regime de emagrecimento é importante conhecer seu valor real. Você pode descobri-lo durante análise inicial feita com seu nutricionista ou médico clínico.

A massa gorda pode ser avaliada com a ajuda de um compasso especial, que mede, em diversas partes do corpo, pregas cutâneas infiltradas de gordura. Mas esse método não é muito confiável, porque é difícil reproduzi-lo: num mesmo indivíduo, os resultados (que deveriam servir para o acompanhamento do paciente) nem sempre coincidem quando tomados por profissionais diferentes.

Há alguns anos, contamos com o recurso da impedanciometria, que permite medir a massa gorda com maior exatidão. Essa medida pode ser obtida de duas maneiras: por aproximação, empregando uma balança especial que dá o peso atual e a taxa de massa gorda, ou precisamente, empregando-se um impedancímetro. Nesse caso, o profissional pedirá que você se deite e fixará eletrodos no seu corpo. Ligado a um computador, o aparelho calculará sua massa gorda, sua massa magra e a quantidade de água contida no seu corpo.

Numerosos nutrólogos e nutricionistas realizam esse exame barato e indolor, cujos resultados são indispensáveis para garantir o rigoroso acompanhamento de um paciente ao longo do emagrecimento. Ao ser repetido regularmente, ele permitirá verificar a perda progressiva da massa gorda, o que é muito gratificante.

Às vezes, também pode ser utilizada a densitometria óssea por absorciometria bifotônica. Esse exame, similar à ação de um *scanner*, em geral é solicitado a mulheres em torno dos 50 anos, no início da menopausa, para avaliar sua densidade óssea. Ele permite avaliar os riscos de osteoporose e de fraturas que elas correrão nos anos futuros. Durante esse exame, se o nutricionista ou o médico solicitarem, o radiologista pode ainda programar o computador do aparelho para que ele calcule as porcentagens dos diversos componentes do organismo (gordura, músculos, água) e determine com precisão a repartição topográfica da massa gorda.

Só que esse exame não pode ser facilmente repetido, não tanto por causa da exposição do paciente à radiação, que é baixa, mas porque não está disponível nos serviços públicos de saúde nem costuma ser reembolsado pelos seguros e convênios privados de saúde.

Uma vez que a massa gorda tenha sido calculada, deve-se compará-la ao valor normal de massa gorda de uma pessoa da mesma idade.

A idade é uma variável importante da porcentagem de massa gorda, já que numa pessoa de peso normal ela aumenta proporcionalmente com a idade, à medida que diminui a massa muscular.

Porcentagem de massa gorda em pessoas de peso normal, conforme sexo e idade:

Homens	
20 a 39 anos	8 a 19%
40 a 59 anos	11 a 21%
60 a 79 anos	14 a 24%
Mulheres	
20 a 39 anos	21 a 32%
40 a 59 anos	23 a 33%
60 a 79 anos	24 a 35%

Em caso de excesso de peso, conforme a idade, a massa gorda representa:

- Na mulher: 33 a 41% do peso corporal
- No homem: 20 a 29%

Em caso de obesidade, ainda conforme a idade, ela representa:

- Na mulher: 39 a 42%
- No homem: 25 a 30%

Os casos de Maria[1], Mônica, Marta e João Luís

Estes casos práticos vão permitir que você compreenda melhor por que é importante conhecer o valor da massa gorda de uma pessoa.

Maria, 26 anos, policial, mede 1m65 e pesa 68 quilos. Ela gostaria de perder pelo menos dez quilos. Realmente, ela tem um IMC de 25, ou seja, está no limite do excesso de peso, mas sua massa gordurosa é de apenas 22%. Tal porcentagem é absolutamente normal para uma mulher de sua idade. Ex-atleta de alto nível, Maria ainda mantém, por causa de seu treinamento policial, uma massa muscular muito superior à média. Seu aparente excesso de peso corresponde a um peso muscular maior do que o da maioria das mulheres. Portanto, é absolutamente desnecessário encorajá-la a perder peso: Maria arriscar-se-ia a ver seus músculos mirrarem, o que a cansaria e diminuiria seu desempenho. Maria não deve emagrecer.

Mônica, 32 anos, assistente de direção, mede 1m65 e pesa 70 quilos. Ela queria perder pelo menos dez quilos. Seu IMC é de 25,74 e sua massa gorda de 34%. Seu pedido justifica-se: Mônica deve emagrecer porque, ainda que suas medidas e seu IMC sejam próximos aos de Maria, sua massa gorda é bem superior.

---

1 **Nota editorial:** Esta obra aportuguesou os nomes dos pacientes citados nos casos clínicos.

Marta, 36 anos, contadora, mede 1m65 e pesa 63 quilos. Ela queria perder seis quilos antes do verão. Levando em conta seu IMC (23,16), essa meta pode parecer discutível, mas, na medida em que sua massa gorda representa 33% de sua massa corporal, o que é ligeiramente excessivo, seu desejo é na realidade legítimo. Marta pode emagrecer um pouco.

João Luís, 40 anos, diretor financeiro, mede 1m80 e pesa 70 quilos. Ele é esguio e não tem barriga. Em conseqüência de um acidente de carro, teve uma ruptura de baço e foi operado. No relatório operatório, o cirurgião assinalou que uma volumosa massa gordurosa envolve todas as suas vísceras e órgãos abdominais. Graças à impedanciometria, a massa gorda foi avaliada em 29% da massa corporal, o que é bem excessivo para um homem de sua idade. Mesmo tendo um corpo e uma silhueta normais, João Luís deve emagrecer porque ele sofre de uma obesidade abdominal que exige cuidados médicos imediatos, apesar de seu IMC (normal, de 21,6), desta vez, ter-se mostrado falho.

Dá para perceber, portanto, porque só o peso não é um fator determinante para o diagnóstico de excesso de peso ou obesidade. Ele pode até ser enganador e levar a falsas conclusões. Por isso, seja sério e não hesite em fazer os exames necessários.

Na verdade, pode-se ter um peso normal (como o de João Luís) e sofrer de uma autêntica obesidade, assim como é possível ter um peso aparentemente excessivo (como Maria) e ter de fato uma composição corporal totalmente normal.

A balança é a pior ferramenta para avaliar o excesso de peso ou a obesidade.

9 A distribuição da gordura tem importância?

Conhecer o valor de sua própria massa gorda é importante, mas insuficiente em termos de saúde. Na verdade, a gravidade do prognóstico é bem diferente e as chances de emagrecimento não são as mesmas conforme a distribuição da gordura.

No alto ou embaixo?

Esquematicamente, existem dois grandes tipos de distribuição de gordura.

Se a gordura se acumula preferencialmente na parte inferior do corpo, no abdome (abaixo do umbigo), nos quadris, nas nádegas, nas coxas e, às vezes, nos joelhos, fala-se de obesidade "em pêra". Essa localização é comum principalmente nas mulheres e, por isso mesmo, também é chamada de "ginecóide" (do grego *gunë*, "mulher").

Essa disposição de depósitos gordurosos traz poucas complicações e, caso ocorram, são em geral sem gravidade... No entanto, favorece as dores nas costas, a artrose de quadris e de joelhos, assim como problemas venosos. E como em geral se faz acompanhar de celulite, a maior parte das mulheres quer se livrar dela, julgando-a antiestética...

Se a gordura se instala preferencialmente no alto do corpo, rosto, queixo, pescoço, alto das costas, tórax e abdome (acima do umbigo), fala-se de obesidade "em maçã". Essa distribuição é comum nos homens e, por isso, também é chamada de "andróide" (do grego *andros*, "homem").

A obesidade andróide é muito mais grave em termos de prognóstico porque expõe a pessoa ao aumento anormal de vários parâmetros sangüíneos: glicemia (taxa de açúcar no sangue), insulina, colesterol total, colesterol LDL, triglicerídeos e ácido úrico. E pode haver aí diversas conseqüências: diabetes, hipertensão arterial, prejuízo das artérias coronarianas (angina de peito, infarto de miocárdio) e cerebrais (trombose ou hemorragia). Essa obesidade pode, portanto, provocar morte prematura por acidente vascular. Cuidados precoces são indispensáveis para prevenir o aparecimento dessas graves doenças.

Uma forma muito especial dessa distribuição da gordura é a obesidade abdominal profunda: quando o excesso de gordura não se acumula num lugar específico, mas envolve os órgãos e vísceras abdominais. Por isso, essa obesidade pode passar despercebida, já que a pessoa que não é "barriguda" (ver pergunta de nº 8, no caso de João Luís). As complicações dessa forma de obesidade, a de tipo andróide, são precoces e temíveis.

As mulheres em menopausa e com peso elevado podem apresentar obesidade mista, ao mesmo tempo ginecóide e andróide.

Diante das morfologias "em pêra" ou "em maçã", as reações individuais são freqüentemente paradoxais. Regra geral, os homens são mais tolerantes em relação a si mesmos e negligenciam seus quilos excedentes, mesmo quando beiram a obesidade. A experiência mostra que, em média, enquanto o IMC deles não ultrapassar 27, não consideram que sofrem de sobrecarga ponderal. No entanto, estão sujeitos a um perigo real e caberá ao médico soar o alarme, mesmo se o paciente vier à consulta por outro motivo.

De maneira oposta, não é raro ver mulheres com IMC de 23 se sentirem muito gordas porque têm aqui e acolá algumas saliências que julgam desfavoráveis. Por isso insistem com seus médicos para perder, a qualquer preço, alguns quilos que, no entanto, não estão pondo em risco sua saúde. O perigo não está nesses "três quilos mal localizados", mas nos tratamentos que adotam (às vezes impensados) para tentar se livrar deles, o que pode ser mais nocivo do que o excesso de peso em si mesmo.

Voltaremos ao assunto: repetir regimes emagrecedores leva ao efeito sanfona. E como quase sempre as retomadas de peso são mais significativas do que as perdas, esses regimes são, às vezes, a causa de ganho de peso anual que, ao longo do tempo, pode levar a uma autêntica obesidade.

Obesidade do homem não tratada = perigo
Leve excesso de peso da mulher tratada com freqüência = perigo

---

Uma fita métrica basta para distinguir a obesidade andróide da obesidade ginecóide. Tome a medida de sua cintura em centímetros e divida pela medida do quadril.

- Fala-se em obesidade andróide se o IMC alcançar ou ultrapassar 30 e a relação cintura/quadril for maior que 0,85 na mulher e 1,0 no homem.
- Fala-se em obesidade ginecóide se o IMC alcançar ou ultrapassar 30 e a relação cintura/quadril for menor do que 0,80 na mulher (o que é raro) e 0,95 no homem.
- Fala-se em obesidade mista se o IMC alcançar ou ultrapassar 30 e a relação cintura/quadril situar-se entre 0,80 e 0,85 na mulher e entre 0,95 e 1 no homem.

Como a gordura abdominal é a causa das mais graves complicações, atualmente simplifica-se a medida considerando-se apenas a cintura. Fala-se de obesidade andróide se a medida da cintura alcançar ou ultrapassar 90 cm na mulher e 100 cm no homem.

Esse método fácil é relativamente confiável, salvo em casos de obesidade abdominal profunda, em que o excesso de peso é invisível e não altera a medida da cintura.

Atenção! Numa pessoa obesa, é complicado determinar a altura da cintura, que às vezes é pouco marcada. O umbigo não serve para orientar, já que é mais baixo ou mais alto conforme a morfologia do ventre. A cintura deve então ser medida numa altura exata, situada no flanco, a meia distância entre a ponta da última costela e a mais alta saliência da bacia. Como será talvez difícil achar sozinho esse nível, peça a ajuda de um médico.

Em caso de excesso de peso, as células gordurosas são maiores ou mais numerosas?

As células que armazenam as gorduras chamam-se "adipócitos". O ganho de peso constitui-se:

- Por uma distensão das células adiposas, que se enchem de gordura: fala-se, então, em "obesidade hipertrófica". Ela é reversível: algumas medidas saudáveis e dietéticas podem facilmente eliminar esse excesso de peso. Ele costuma aparecer em adultos que comem muito ou de maneira errada;
- Por uma multiplicação das células adiposas: fala-se, então, em "obesidade hiperplásica". Essas novas células vão, por sua vez, se encher de gordura. Foi demonstrado que esse aumento de reservatórios potenciais de gordura pode ocorrer em qualquer idade, até no adulto, e é irreversível. Quaisquer que sejam os esforços empreendidos (modificação dos hábitos alimentares ou do modo de vida), o número de adipócitos não diminuirá jamais. Essa obesidade costuma aparecer na infância ou entre adultos que seguem regimes repetidos, levando a uma curva de peso que sobe e desce. O efeito sanfona associa-se freqüentemente à hiperplasia e à hipertrofia (mais células adiposas e mais cheias de gorduras).

A obesidade e o excesso de peso apresentam-se, como se viu, sob formas muito diversas, por isso não podem ser objeto de um tratamento único para todos... Resultam de vários fatores, que precisam ser levados em consideração para definir melhor sua origem.

As causas do ganho de peso

10 Por que se ganha peso?

De maneira geral, pode-se dizer que a obesidade e o excesso de peso resultam de um desequilíbrio energético, ou seja, do excesso de aportes calóricos (o que comemos) em relação ao que o organismo gasta (sob diferentes formas, ver pergunta de nº 20). As calorias excedentes são então armazenadas sob forma de gordura nas células adiposas (e se o organismo as guarda em vez de simplesmente utilizá-las, pode-se concluir que é porque isso está inscrito nos nossos genes, ver pergunta de nº 21).

Uma pessoa com excesso de peso seria então uma pessoa sedentária que come demais.

Essa maneira de explicar o ganho de peso é lógica e racional, mas não será simplista demais?

Claro, já que ela só considera a primeira fase (dita "dinâmica") da obesidade, ou seja, a fase em que esta se constitui. Depois, virá a "estática", fase em que o peso estabiliza-se, mesmo que o aporte energético tenha sido reduzido. Estudos científicos mostraram que um grande número de pessoas que sofre de obesidade, ou de excesso de peso significativo, come pouco (para emagrecer) e gasta mais calorias do que uma pessoa magra (em razão da massa corporal que elas têm que deslocar). Porém, elas não emagrecem.

É preciso ir além das explicações aparentemente evidentes e interessar-se pelos avanços científicos atuais, a partir dos quais é possível raciocinar de outra maneira.

Entre as várias causas do aparecimento de excesso de peso ou de obesidade, os estudos identificam claramente:

- Erros alimentares (má escolha de nutrientes, incluindo excesso de álcool).
- Repetições de regimes (grandes restrições calóricas), fato que leva a um armazenamento compensatório.
- Desestruturação dos ritmos alimentares (inexistência de horários regulares para as refeições).
- Mudanças bruscas de hábitos alimentares (em especial entre imigrantes).
- Fatores ambientais (estresse, parar de fumar, medicamentos, estilo de vida).
- Sedentarismo (que diminui os débitos energéticos).

- Conforto "exagerado" – do qual nos beneficiamos em nossas sociedades (por exemplo, com o uso dos elevadores).
- Hereditariedade (não somos todos iguais em relação ao ganho de peso, ver pergunta de nº 21).
- Possíveis anomalias do funcionamento do nosso corpo (excesso ou insuficiência de secreções hormonais ou de mediadores químicos, ver pergunta de nº 23).
- Distúrbios de comportamento alimentar (boquinhas, bulimia, ver perguntas de nºs 25 a 29).

Que erros alimentares me fazem engordar?

Interrogar-se sobre seus hábitos alimentares significa analisar não apenas a composição de suas refeições, como em geral ocorre, mas considerar também muitos outros elementos:

- O modo como você faz suas compras.
- As razões que levam à escolha de determinados alimentos.
- A intensidade de percepção dos sinais de fome.
- A razão pela qual você come (fome, tédio, ansiedade etc.).
- A preparação de suas refeições.
- As formas de cozimento.
- A rapidez de sua ingestão (você mastiga rápida ou lentamente?).
- A qualidade de sua satisfação e saciedade (acalmar a sensação de fome).
- As razões pelas quais você se alimenta fora das refeições.

E você deve refletir também sobre:

- O caráter agradável dos alimentos (palatabilidade) apresentados nas lojas em relação a seu valor calórico (quanto mais calóricos, mais gostosos parecem?).

- Sua grande disponibilidade (facilidade em obtê-los em abundância).
- A importância das mensagens publicitárias que incitam você a consumi-los.

Ao considerar esses diferentes aspectos em relação à maneira como você se alimenta, você poderá perceber melhor a complexidade de seu próprio comportamento alimentar, a fim de corrigir os erros que podem estar fazendo com que engorde.

11 Como saber se eu como demais?

O excesso de peso é classicamente definido como o resultado dos aportes energéticos superiores aos gastos. Assim sendo, calculou-se, de maneira um pouco teórica, que para 9,3 kcal de aporte excedente, o organismo coloca na reserva 1 grama de gordura.

Em condições naturais, o organismo está mais preparado para lutar contra as restrições alimentares do que para regular os excessos (e isso devido à adaptação genética aos períodos de fome que o homem enfrentou, ver pergunta de nº 21). Essa capacidade de acumular reservas é certamente uma vantagem em tempos de escassez, mas um inconveniente em tempos de abundância...

O homem defende-se mal perante um aporte alimentar exagerado – sua capacidade de adaptação a esse aspecto é limitada, ainda que, de início, ele aumente seus gastos.

Por isso tudo, é mais sensato lutar contra os aportes ou atuar sobre os gastos físicos?

Muitos médicos acham complexo avaliar o consumo energético de cada indivíduo e estão convencidos de que é difícil obter, de um dia para outro, um incremento da atividade física de uma pessoa que sofra de obesidade ou de excesso de peso. Assim sendo, desistem de pedir a seu paciente que aumente substancialmente seus gastos e preferem focalizar a atenção na redução dos aportes.

E viva o racionamento...

É por isso que quem deve emagrecer se vê sempre condenado a reduzir drasticamente a quantidade do que come: é colocado em regime hipocalórico (ou seja, se seu aporte alimentar diário era de 2.300 kcal, vão lhe prescrever um regime de 1.800 kcal, imaginando que, com um déficit de 500 kcal por dia, ele só poderá emagrecer).

Os médicos tendem a dar, um pouco rápido demais, o seguinte conselho: "Coma menos e você emagrecerá!".

Falamos corriqueiramente em "calorias", quando, na realidade, trata-se de "quilocalorias" (kcal). A rigor, seria preciso falar em "quilo-Joules", a unidade internacional oficial para quantificar a energia.

Nos Estados Unidos, país que tem em sua população a maior proporção de obesos do mundo, os médicos conceberam programas de educação nutricional incentivando as pessoas a reduzir, por um lado, o número de calorias ingeridas por dia e, por outro lado, as gorduras (lipídeos), acusadas de ser a principal causa do excesso de peso.

Durante anos, a indústria agroalimentícia americana empenhou-se em seguir esses conselhos, disponibilizando e promovendo produtos sem gordura (indicados pelas etiquetas *fat free*) e sem colesterol (*no-cholesterol*), que seriam capazes de facilitar o emagrecimento e diminuir as doenças cardiovasculares.

Quais foram os resultados da aplicação desses dois conselhos nutricionais (menos calorias e menos colesterol), então conhecidos como fundamentos para o tratamento da obesidade?

O paradoxo americano

O professor A. F. Heini comparou a evolução do excesso de peso dos americanos entre 1977 e 1987, ou seja, após dez anos da queda dos aportes calóricos e da diminuição da dieta de lipídeos (gorduras). Ele concluiu que:

- Nos homens cujo IMC era superior a 27,8, o aporte calórico diário passou em média de 2.289 para 2.154 kcal (ou seja, houve uma queda média de 135 kcal) e a percentagem de lipídeos na alimentação caiu de 41,5% para 37,3%.

No entanto, nesse mesmo período, a freqüência de obesidade masculina aumentou em 32%!

- Nas mulheres cujo IMC era superior a 27,3, o aporte calórico diário passou em média de 1.550 para 1.497 kcal (o que é muito baixo!) e a percentagem de aportes lipídicos baixou de 40,5% para 35,9%. Ora, a freqüência de obesidade feminina igualmente aumentou em 32%...

A situação francesa

As conclusões desse estudo obviamente não bastaram para convencer os nutricionistas a se questionarem. Na França, só o professor M. Apfelbaum teve a coragem de reconhecer o fracasso de todos os métodos de emagrecimento propostos até então pelos profissionais de saúde.

Diferentemente dele, numerosos nutricionistas fizeram-se de desentendidos. Não mudaram em nada os tratamentos em geral prescritos, talvez ineficazes a longo prazo, mas solidamente estabelecidos nos nossos hábitos.

Em decorrência disso, a situação progressivamente tornou-se a mesma na França e nos Estados Unidos: ao longo dos anos, o aporte calórico médio dos franceses diminuiu, sem dúvida em razão da preocupação exacerbada com a esbelteza, assim como diminuiu também o consumo de gorduras, enquanto, paralelamente, a percentagem de obesos (IMC de 30 ou mais) na população aumentou.

Na França, essa onda foi um pouco menos violenta, provavelmente devido a uma alimentação mais regrada e a tradições culinárias que protegeram os franceses.

Evolução da percentagem de pessoas obesas na população francesa

	1991 (INSEE)*	1996 (SUVIMAX)	1997 (SOFRES)	2000 (ObEpi)
Idade	18 anos e +	45-60 anos	18 anos e +	18 anos e +
Homens	6,3%	7,7%	8,5%	9,8%
Mulheres	6,8%	6,6%	8,3%	9,5%

* *Institutos de pesquisa e estudos franceses*

Os números franceses confirmam, portanto, o que os dados americanos já haviam mostrado: reduzir demais as porções alimentares não é necessariamente a resposta adequada ao problema da obesidade (consulte informações sobre pesquisas realizadas no Brasil na página 335.

As pessoas que sofrem de obesidade ou de um importante excesso de peso comem demais?

Para responder a essa questão fundamental, dois pesquisadores do INSERM (Institut National de la Santé et de la Recherche Médicale), F. Bellisle e M.-F. Rolland-Cachera, publicaram em 1984 os resultados de estudos realizados entre crianças, os quais mostraram que tanto entre 1 e 3 anos de idade quanto entre sete e 12 anos, não há relação entre a comporsição corporal e a quantidade de calorias ingeridas diariamente.

Um outro estudo realizado em Nancy, na França, por N. Marcocchi e L. Mejean, em 1990, obteve resultados similares em adultos.

Eis os resultados obtidos nas mulheres observadas:

Peso em relação a um peso ideal teórico	Aporte calórico/dia
< -20%	2.250 kcal
-20% a -11%	1.900 kcal
-10% a -1%	1.900 kcal
0 a 9 %	1.800 kcal
+10 % a +19%	1.750 kcal
> 20%	1.700 kcal

Esses números mostram que as mulheres magras comem mais do que as que têm excesso de peso (sem dúvida, graças a uma "boa" hereditariedade, ver pergunta de nº 21).

Por outro lado, as mulheres que sofrem de obesidade comem pouco porque estão, em princípio, de regime. A partir dessas constatações, não se pode pensar que o ganho de peso está justamente ligado a uma alimentação restrita, que leva a transgressões e a compensações, as quais a longo prazo acabam por fazer a pessoa ganhar peso?

Como explicar esse aparente paradoxo: as pessoas com excesso de peso são as que comem menos?

O aporte calórico diário é calculado a partir das declarações de cada um (interrogatório ou estudo do questionário alimentar) num período de alguns dias. Provou-se que – com toda a boa-fé – as pessoas obesas têm tendência a subestimar seu consumo alimentar. Os aportes que elas declaram como sendo refeições são bastante confiáveis, mas não o que é ingerido entre as refeições (lanches, boquinhas). Admitindo-se que o cálculo calórico seja mais ou menos exato, isso é apenas um retrato de uma dada situação num momento preciso. Não é possível deduzir o que aconteceria dias ou semanas mais tarde.

O peso dos obesos tem, freqüentemente, longas fases de estabilidade durante as quais ele não varia. Os estudos cujos resultados acabamos de examinar podem ter sido realizados em pessoas nessas fases de estabilidade. Se bem que elas podem ser precedidas ou sucedidas por uma fase dinâmica, em que a curva de peso volta a ser ascendente como, por exemplo, num período de compensação que transcorre depois de uma fase restritiva.

Esses estudos não têm como objetivo mostrar que os obesos comem pouco ou sempre comeram pouco e jamais comerão demais. Eles visam tão-somente ao fato de que um regime na restrição calórica não apresenta uma resposta eficaz para tratar da obesidade. Toda pessoa que, ao apresentar "três quilos a mais", repetir regimes em que o aporte calórico seja insuficiente, vai se ver, em alguns anos, com dez, talvez 20 quilos a mais. Porque, por medo de novas restrições, o organismo acumula tanta gordura quanto possível após cada regime, o que leva, a longo prazo, a um ganho de peso.

Propor a um obeso um regime baseado somente na restrição calórica é, portanto, uma aberração.

Por muito tempo, o foco esteve concentrado unicamente no aporte calórico total, enquanto este só tem papel agravante quando for francamente excessivo. Mas se não for o caso, é mais sensato insistir sobre a composição da dieta calórica diária do que sobre seu valor, sobre a qualidade mais do que sobre a quantidade.

- A primeira causa da obesidade é a repetição de regimes restritivos mal controlados.
- O excesso de gordura não decorre necessariamente porque se come demais, mas sempre porque se come mal!

---

12 Consumir gordura demais engorda?

Três categorias de nutrientes são fontes de calorias: os protídeos (ou proteínas), os lipídeos (ou gorduras) e os carboidratos (ou açúcares no sentido amplo). Pode-se acrescentar aí também o álcool.

Os protídeos ou proteínas (ver pergunta de nº 51):

São necessários ao crescimento e à renovação das células do corpo. Constituem a estrutura que mantém essas células. Compõem-se de aminoácidos, que são como os tijolos de um edifício.
São encontrados em alimentos de origem animal (carne, peixe, ovos, laticínios) ou vegetal (grãos – soja, feijões e especialmente nos alimentos completos).

Os lipídeos ou gorduras (ver pergunta de nº 52):

Incluem as gorduras visíveis (óleos, massas de tortas, manteiga, creme, banha) e as invisíveis, escondidas em meio a alimentos (carne, peixe, ovos, oleaginosos, frituras, doces, sorvetes etc.).

Os carboidratos ou "açúcares" (ver pergunta de nº 53):

Conforme sua estrutura química, distinguem-se os açúcares simples com gosto doce (frutose, sacarose, glicose, lactose) e os açúcares complexos (à base de amido), também chamados feculentos (especialmente cereais, batatas e leguminosas). A oposição entre "açúcares lentos" e "açúcares rápidos" é tida hoje como obsoleta. Atualmente os carboidratos são classificados em razão de seu índice glicêmico (ver pergunta de nº 53).

O equilíbrio alimentar ideal deveria fornecer (exceto álcool):

- 15% de proteínas.
- 30% de lipídeos.
- 55% de carboidratos.

Uma pessoa que se alimente normalmente tem um consumo diário de proteínas representando sempre cerca de 15% de seus aportes calóricos. Parece, portanto, que o organismo regula esse aporte espontaneamente e de maneira bastante confiável.

Resta a divisão energética entre os lipídeos e os carboidratos. O excesso de peso deve-se a um excesso de lipídeos ou de carboidratos (de gorduras ou de "açúcares")?

Os lipídeos fornecem 9 kcal por grama, mas não saciam bem a sensação de fome e, em caso de excesso, o corpo tem dificuldade para "queimá-los" melhor.

Os carboidratos, por seu lado, fornecem apenas 4 kcal por grama e dão melhor sensação de saciedade. Além disso, quando seu consumo aumenta, o organismo sabe melhor como utilizá-los como "combustível".

Em princípio, portanto, parece que o excesso de lipídeos é mais responsável pelo aumento de peso do que o excesso de carboidratos.

Na verdade, o estudo de Fleurbaix-Laventie, realizado em duas cidades ao norte da França, confirma que na criança o excesso de peso é maior se ela consome mais gorduras (> 34%) e menos açúcares (< 51%) do que o inverso.

Por outro lado, D. Ringaud mostrou que, no adulto, o IMC é mais baixo quando a proporção de carboidratos na alimentação é mais elevada:

IMC	Carboidratos	Lipídeos
20 a 24,9	38,3%	38,5%
25 a 26,9	37,0%	38,3%
27 e +	37,2%	38,3%

Os resultados obtidos por esses estudos levam a pensar que, para perder peso, é preciso prioritariamente aumentar o aporte de carboidratos e reduzir o de lipídeos; comamos menos gorduras e emagreceremos...

Nada de conclusões precipitadas: segundo o professor A.F. Heini (ver pergunta de nº 11), apesar de uma queda substancial do consumo global de lipídeos (–11% em dez anos), a freqüência de obesidade assim mesmo progrediu em 32% nos Estados Unidos durante a década 1977-1987...

Além do mais, em certos países cujos habitantes têm alimentação em que a porcentagem de lipídeos é bem menor que os 30% recomendados, uma proporção importante da população apresenta, mesmo assim, excesso de peso (estudo de G.- A. Bray e B. M. Popkin, 1998):

País	Percentagem de lipídeos na dieta alimentar	Percentagem de pessoas com IMC maior que 25
Marrocos	17%	30%
África do Sul	22%	59%
Arábia Saudita	24%	49%
Rússia	25%	50%

Parece adequado questionar se os regimes sempre mais pobres em gorduras são, por isso mesmo, mais eficientes para emagrecer. Observações feitas por R. H. Knopp, em 1997, em homens de 46 anos com IMC de 26 respondem a essa questão:

Nutrientes	Regime 1	Regime 2	Regime 3	Regime 4
Lipídeos (ou gorduras)	30%	26%	22%	18%
Carboidratos (ou açúcares)	54%	58%	62%	66%
Proteínas	16%	16%	16%	16%
Perda de peso em um ano	−3 kg	−3 kg	−2 kg	−2 kg

Constata-se que a perda de peso é de fato quase idêntica, quer o regime comporte 18% ou 30% de lipídeos...

Os resultados dos diferentes estudos que acabamos de revisar abalam algumas certezas há muito estabelecidas: eles questionam fundamentalmente em particular o dogma segundo o qual uma pessoa com excesso de peso sempre come muita gordura. Eis a prova de que não se trata tanto de ater-se à quantidade de gorduras ingeridas, mas a seu tipo. Efetivamente, é possível obter um emagrecimento satisfatório com um regime que forneça uma quantidade notável de lipídeos (gorduras), se estes forem compostos majoritariamente de ácidos graxos monoinsaturados contidos, por exemplo, no azeite de oliva, ou de ácidos graxos poliinsaturados presentes nos peixes (ver pergunta de nº 52).

Conclui-se, portanto, que nas pessoas com excesso de peso:

- O aporte calórico é excepcionalmente excessivo. Muitos obesos que têm um peso estável em geral comem pouco.
- Quando o aporte calórico é muito alto, não é porque é alto em si mesmo, mas em relação ao aumento paralelo do sedentarismo, que diminui os gastos. Daí a importância de uma atividade física rotineira (ver perguntas de nºs 76-77).

- Não é tanto a quantidade de lipídeos ingeridos que conta para o ganho de peso ou o emagrecimento, mas sua natureza química (ver pergunta de nº 52).

13 Qual a responsabilidade dos açúcares no ganho de peso?

Assim como a quantidade de gorduras não leva necessariamente à ocorrência de excesso de peso ou de obesidade, uma dieta com consumo elevado de carboidratos (açúcares) não ajuda automaticamente a emagrecer.

Já que a responsabilidade dos lipídeos (gorduras) no aumento crescente do número de americanos obesos não é evidente, outra hipótese foi formulada por W. C. Willet, em 1994, contrariando tudo o que foi dito até então: os carboidratos seriam os culpados pelo ganho de peso.

De fato, a população americana, que havia sido instruída a comer menos gordura, tinha naturalmente se voltado para os carboidratos. E sem discernimento. Os açúcares preferencialmente consumidos foram responsáveis por aumentar demais a taxa de glicose no sangue (a glicemia). Ora, uma glicemia elevada (hiperglicemia) faz com que o pâncreas secrete insulina em excesso. Esse hormônio, encarregado de fazer penetrar glicose nas células que precisam dela (músculos, rins, cérebro, glóbulos vermelhos), infelizmente favorece o armazenamento de gorduras. Sabe-se que a secreção aumenta no início ou ao longo de um ganho de peso.

Portanto, é muito importante escolher bem os carboidratos (ver pergunta de nº 53). Podemos classificá-los em duas categorias: de um lado, os que têm gosto doce e, de outro, os feculentos, à base de amido (massas, arroz etc.).

Os seres humanos têm preferência inata pelos alimentos doces. Mas a menos que se constituam unicamente de carboidratos, eles fem geral contêm também gorduras, que absorvemos sem perceber.

Na realidade, consumimos com gosto alimentos gorduroso-açucarados: a insulina secretada por causa dos açúcares incluídos no alimento encarrega-se de estocar as gorduras que os acompanham. Assim sendo, acumulam-se progressivamente quilos suplementares pelo consumo de, por exemplo, tortas, doces, barras de chocolate, certos cereais contendo açúcares associados ou ainda biscoitos, cuja composição inclui ao mesmo tempo tais doces e gorduras.

Os carboidratos têm, portanto, parte de responsabilidade maior ou menor no ganho de peso:

- Por um lado, porque induzem à secreção maior ou menor de insulina, hormônio que favorece o ganho de peso e bloqueia o emagrecimento.
- Por outro lado, em razão de sua associação ou não a lipídeos (ver pergunta de nº 53).

O problema não é saber se consumimos lipídeos (gorduras) demais e/ou carboidratos (açúcares) demais, mas que tipo de lipídeos e de carboidratos consumimos.

---

14 Será que tenho uma alimentação pouco regrada?

Se existe um determinado percentual de obesos nos Estados Unidos, isso não é conseqüência apenas do sedentarismo ou porque os americanos escolhem mal seus alimentos, mas também porque sua maneira de se nutrir é pouco regrada. Eles comem a qualquer hora do dia, em qualquer lugar (no cinema, por exemplo), e abrem de bom grado a geladeira cada vez que passam por ela, em vez de se sentarem à mesa em horários fixos para fazer uma refeição!

Em contrapartida, na França, a porcentagem de pessoas que sofrem de excesso de peso aumentou mais lentamente e isso sem dúvida porque lá persiste a noção de refeições bem regradas. De fato, café da manhã, almoço, lanche e jantar ainda dão o ritmo de seus dias. No Brasil, as leis trabalhistas fixam horários para as refeições e incentivam programas de alimentação, com cozinhas industriais supervisionadas por nutricionistas, o que contribui para que a obesidade também aumente mais lentamente do que nos Estados Unidos.

É importante compreender que o excesso de peso afeta mais as pessoas que se permitem beliscar (fazer boquinhas) ou que freqüentemente pulam uma refeição.

Desestruturar sua alimentação, não respeitar o ritmo de três ou quatro refeições diárias é, incontestavelmente, um fator que influencia o ganho de peso.

A influência do ambiente

15 Dormir pouco favorece o ganho de peso?

Sim, está comprovado! Foi realizada uma experiência com homens entre 18 e 27 anos de idade que não puderam dormir senão apenas quatro horas por noite, durante seis noites. Em seguida, foi-lhes permitido que aproveitassem seis outras noites de 12 horas cada. Nos seis primeiros dias, afetados pelo déficit de sono, sua secreção de insulina e de cortisol aumentou significativamente, ao contrário da de hormônios tireoidianos, que abaixou. Essas variações hormonais favorecem o ganho de peso. Nos seis dias seguintes, no entanto, as secreções voltaram ao normal.

Além dessa experiência, outros trabalhos realizados sob rígida privação de sono mostraram que o aumento de apetite e de peso é uma das conseqüências dessa condição. Quem dorme muito (nove horas de sono, em média) apresenta menor risco em acumular gorduras do que quem dorme pouco (menos de seis horas). Da mesma forma, as crianças que dormem tarde correm maior risco de tornarem-se obesas do que as demais.

Quanto às pessoas que trabalham à noite ou fazem rodízio de turnos (ver pergunta de nº 19), freqüentemente alteram a sincronia de suas secreções hormonais e, às vezes, desestruturam suas refeições. Freqüentemente, elas apresentam mais excesso de peso do que seus colegas que trabalham de dia.

Portanto, como regra geral, principalmente quando se quer perder peso, mais vale respeitar a suficiência de sono (e também seu próprio biorritmo: se você precisa de pouco sono, é inútil forçar-se a dormir mais...).

16 Alguns medicamentos fazem engordar?

Sim, sem sombra de dúvida. Alguns medicamentos induzem o ganho de peso e outros reduzem o emagrecimento.

Antidepressivos

Certas pessoas depressivas têm pouco apetite e por isso emagrecem. Tratamentos antidepressivos favorecem o retorno da fome e, em certos casos, do peso.

Em geral, parece que os tricíclicos fazem ganhar, de início, de 600 gramas a 1,4 quilo por mês, em média, já que aumentam o apetite e o desejo por doces. Mas esse não é o caso das substâncias químicas que agem sobre a serotonina (hormônio secretado pelo cérebro, cuja carência pode ser responsável por um episódio depressivo).

Essa influência, no entanto, é imprevisível, já que é impossível conhecer antecipadamente a reação de um determinado indivíduo a um antidepressivo. Em todo caso, como esse tipo de medicação é, em geral, prescrito por vários meses, o médico pode adaptar o tratamento a cada paciente.

Hormônios femininos

Às vezes, o fornecimento externo de certos hormônios femininos (estrogênios e progesterona) favorece a retenção de água ou, mais raramente, o aumento dos depósitos adiposos. De um jeito ou de outro, não se trata de uma regra geral, como veremos ao abordamos novamente o assunto, no tópico relativo à menopausa (ver pergunta de nº 85) e, em hipótese alguma, poderá ser usado como argumento contra o Tratamento de Reposição Hormonal (TRH) prescrito por um médico a uma mulher que dele necessite.

Quanto às pílulas anticoncepcionais, as que apareceram mais recentemente no mercado favorecem menos o aumento de peso do que as pílulas antigas, que podiam fazer a mulher ganhar três ou quatro quilos nos primeiros meses. Uma jovem que já apresente excesso de peso pode, no entanto, ao iniciar a pílula, estar mais sujeita a ganhar peso do que outra que seja magra.

Cortisona

Empregada a longo prazo para tratar asma severa ou doenças inflamatórias, a cortisona faz ganhar peso. De fato, ela aumenta o apetite e provoca algumas perturbações da digestão e da transformação dos açúcares pelo organismo (excesso de secreção de insulina), que leva a um acúmulo de gordura no corpo. Além disso, ela favorece a retenção de sal e de água.

O que fazer diante do aumento de peso causado por medicamentos?

Os tratamentos raramente são prescritos sem necessidade pelo médico. Por isso, é importante distinguir bem a necessidade do tratamento e o seu resultado, descontando aí o risco de se ganhar peso, que é algo secundário. Deve-se pensar muito nisso, mesmo que seja difícil aceitá-lo, principalmente por aquelas pessoas que têm distúrbios psíquicos e concebem mal a própria imagem corporal.

Como regra geral, a doença justifica o tratamento, que deve ser continuado quaisquer que sejam os efeitos colaterais. Há casos de pessoas que recusam o acréscimo de quilos excedentes e interrompem o tratamento por conta própria: com isso, elas colocam a própria saúde em perigo, já que se arriscam a ver surgir outros problemas.

Se a doença não for muito grave e se existir um tratamento equivalente sem incidência sobre o peso, o médico o prescreverá imediatamente ou, num segundo momento, substituirá o tratamento inicialmente recomendado por ele.

17 Se eu parar de fumar, vou necessariamente engordar?

O cigarro tem a fama de não permitir que se engorde, o que é verdade em certo sentido, já que ele corta a fome e, além disso, estimula o débito energético do organismo, aumentando um pouco o metabolismo de repouso (dispêndio mínimo do organismo para assegurar as funções vitais).

Essa vantagem, no entanto, é apenas aparente e mínima, quando comparada às doenças graves que o tabagismo causa (acidentes cardiovasculares, diabetes, hipertensão arterial, câncer).

Ao se interrogar os 9% de jovens franceses que fumam, que têm idade entre nove e 14 anos, dois terços associaram o fato de fumar à luta contra o peso. Eles utilizam o cigarro para matar a fome!

O cigarro permite (talvez...) manter o peso, mas, em todo caso, fumar nunca fez emagrecer: ao se observar mais de 4 mil jovens novos fumantes, ao longo de sete anos, demonstrou-se que nenhum deles perdeu peso graças ao cigarro!

Apesar desse efeito bastante relativo do cigarro sobre o peso, algumas pessoas recusam-se a parar de fumar e preferem colocar a própria saúde em perigo porque têm medo de engordar. Contrariando essa crença generalizada, é importante dizer que o ganho de peso aqui não é absolutamente sistemático.

Na França (consulte informações sobre pesquisas realizadas no Brasil na página 335), entre aqueles ou aquelas que pararam de fumar:

- 25% emagreceram.
- 50% mantiveram o peso estável.
- 25% engordaram.

Entre os últimos, o ganho médio de peso foi moderado (menos de três quilos na metade deles):

Sexo	Ganho médio de peso	Ganho de peso inferior a 3 kg	Ganho de peso superior a 10% do peso inicial
Homens	2,8 kg	55%	10%
Mulheres	3,8 kg	48%	13%

É preciso saber fazer as escolhas certas: parar de fumar, a qualquer idade, permite preservar seu futuro e prevenir riscos de doenças graves ou de morte prematura ligada ao tabagismo. Você não deve hesitar! Quer você cuide de sua linha, quer você já tenha uns quilinhos a mais, de qualquer jeito, é preferível parar de fumar. Até porque, se a interrupção for bem conduzida, não é assim tão difícil quanto se pensa não correr riscos de se ganhar peso (ver pergunta de nº 87).

18 Amar pode fazer emagrecer ou engordar?

A solidão é grande causa de ansiedade e de tédio, fatores que levam a distúrbios de comportamento alimentar. Essas circunstâncias aumentam o consumo de alimentos e, portanto, o peso.

A chegada de um(a) parceiro(a) corresponde quase sempre a um período de bem-estar e de euforia que pode acompanhar-se da perda de peso. Então, sim, alguns emagrecem quando estão apaixonados!

Quanto à atividade sexual, ela promove um gasto energético mínimo. Nesse campo, uma relação sexual corresponde a subir a pé metade de um andar!

Amar pode fazer emagrecer, mas só no início... Na França e também no Brasil, um homem casado – ou que viva com sua companheira – tem tendência a ganhar peso aos 30 anos de idade, em decorrência não somente do estresse ocasionado por seu trabalho e de um maior sedentarismo (interrupção progressiva de atividades esportivas que até então praticava, às vezes intensivamente), mas também por causa da vida mais caseira, em parte ligada à vida a dois.

Uma mulher ganha, em média, dez quilos entre 20 e 50 anos de idade. Isso acontece menos por causa da vida de casal do que por sua primeira gravidez (o que fica perfeitamente claro ao se observar os picos de sua curva de peso).

19 O estresse engorda?

Ao longo da vida, todo acontecimento marcante leva o organismo a reagir e a encontrar respostas às modificações do ambiente. E essa reação pode ser positiva ou negativa.

Muito freqüentemente, falamos em estresse unicamente no sentido negativo. Esse "mau estresse" (ou *distress*, neologismo cunhado por H. Selye, especialista canadense em estresse), que é percebido como uma agressão, cria uma sensação de angústia que leva o organismo a responder com uma reação destinada a soar o alarme. Ocorre, então, que o "mau estresse" induz a um ganho de peso compensatório.

Mas existe também o estresse benéfico (ou *eustress*), que pode ser ocasionado por uma grande alegria, o nascimento de um filho ou qualquer outra experiência emocionante e excitante. Esse fato perturbador mas feliz constitui-se numa novidade que vai obrigar o corpo a colocar em ação sistemas de adaptação. Ele sofre, então, o que se poderia chamar de "reprogramação", que inclui a memorização dos fenômenos novos que vieram influenciar o organismo. Esses eventos positivos contribuem para que nossa personalidade nos faça adquirir uma experiência construtiva. O estresse que ocasionam é pouco suscetível a favorecer o aumento de peso.

Como o organismo reage ao estresse?

Com respostas simultâneas de ordem comportamental e química.

As reações comportamentais

Quando uma pessoa é confrontada com um certo mal-estar, ela tem tendência a recorrer, para enfrentá-lo, a um comportamento oral (o mesmo que tranqüiliza o recém-nascido durante os primeiros meses de vida): sugar o polegar, roer unha, morder lápis ou comer.

Na hora da refeição, o apetite pode ter sido cortado ou, ao contrário, multiplicado.

Um total de 47% dos homens e 37% das mulheres confessam comer mais sob efeito de um estresse significativo (o tédio também favorece essa atitude), enquanto, respectivamente, 40% e 58% afirmam comer menos.

Fora das refeições, o estresse também leva, com freqüência, pessoas que apresentam distúrbios de comportamento alimentar a comer lanchinhos ou ter crises de bulimia (ver perguntas de nºs 72 a 75).

Além disso, um regime restritivo pode também ser fonte de estresse, já que impõe a quem sofre de excesso de peso um controle estrito e permanente do consumo alimentar. O organismo acaba por responder a isso de maneira inadequada, eventualmente com descontroles compensatórios que estão na origem de novos ganhos de peso.

As reações químicas

O corpo é uma "usina" que secreta substâncias químicas, hormonais ou não, que influem sobre as células adiposas (células que armazenam a gordura, ver pergunta de nº 9), entre outros órgãos e partes constitutivas. O estresse pode fazer a taxa de hormônio de crescimento baixar ou a concentração de cortisol e de insulina elevarem-se, variações essas que são fatores de ganho de peso.

Outros transtornos do organismo, como falta de sincronia das secreções hormonais ou uma lentidão de seu funcionamento (principalmente entre aqueles que trabalham à noite, por exemplo), podem favorecer o ganho de quilos suplementares (ver pergunta de nº 15). Isso pode ter ainda mais influência sobre quem tem ritmo biológico atrapalhado (por causa de seus horários de trabalho) já que, à noite, a energia dispendida pelo organismo para garantir a digestão é 4% inferior àquela dispendida durante o dia para as mesmas funções, o que explica um ganho de peso de ao menos um quilo por ano.

Some-se a isso o fato de a alimentação dos trabalhadores noturnos ser, em geral, desequilibrada: fazem refeições leves no fim da manhã, ao meio dia ou no início da tarde (por causa da hora de despertar), mas apresentam aportes excessivos após as 17h, freqüentemente acompanhados de lanches (muitas vezes de alimentos gordos e açucarados). Um estudo realizado com enfermeiras que trabalham à noite mostrou que elas têm risco duas vezes maior de ganhar cinco quilos após dez anos de trabalho do que suas colegas que trabalham de dia.

Algumas pessoas, especialmente as que reagem de maneira muito intensa ao estresse, buscam atenuar seus efeitos ingerindo alimentos que lhes dêem prazer, porque isso deflagra no organismo a secreção de endorfinas (substâncias similares à morfina, fabricadas pelo cérebro, que dão uma sensação de bem-estar e euforia).

A maneira como o organismo reage ao estresse felizmente nem sempre se reflete em ganhos de peso. Nossa herança genética e a memória adquirida por nosso organismo diante de situações tensas vividas anteriormente também contam.

Sedentarismo

20 Como avaliar minha atividade física?

Nosso sedentarismo vem aumentando?

Essa é uma das hipóteses para explicar o fato de o consumo diário calórico e lipídico médio ter diminuído nos Estados Unidos, embora a obesidade continue a atingir uma parcela crescente da população americana.

A redução da jornada de trabalho, as tarefas manuais menos penosas, o desenvolvimento de elevadores e escadas rolantes, o uso de veículos a motor para os trajetos, tudo isso de fato reduziu nossos gastos físicos. Constata-se também que, quando indagadas a respeito, as pessoas que hoje sofrem de obesidade já apresentavam pouco apreço pelos exercícios físicos, mesmo antes de apresentarem excesso de peso.

O balanço energético: entradas e saídas

Tradicionalmente, toda variação de peso está relacionada ao desequilíbrio do balanço energético, quer dizer, a um excesso de entradas (consumo alimentar) em relação às saídas (dispêndios de energia, que variam em parte em função da maior ou menor intensidade de nossas atividades físicas). Por isso, os conselhos para perder peso limitam-se muito freqüentemente a prescrever um regime de baixas calorias (1.500 kcal por dia, por exemplo) e encorajar a retomada ou a intensificação da atividade física. Esse tipo de prescrição é muito simplista e, sobretudo, nem sempre é eficaz, porque é muito teórico e não leva em conta os vários parâmetros relacionados ao assunto.

"Coma menos e gaste mais": esse tipo de conselho desconsidera a individualidade de cada um. Não podemos esquecer, portanto, que qualquer pessoa que sofra de excesso de peso apresenta um caso particular e, para que ela consiga emagrecer, terá de encontrar soluções que lhe sejam apropriadas.

Para tanto, é necessário dispor de mais informações, tais como:

- Uma estimativa (ainda que grosseira) dos aportes alimentares totais (AET) e, sobretudo, um estudo preciso da qualidade dos nutrientes escolhidos;
- Uma estimativa do débito energético total (DET) de um dia.

Antes de tentar reequilibrar entradas e saídas, verifique se seu balanço energético realmente apresenta excedente. Suas entradas são realmente superiores às suas saídas?

Em teoria, para perder quatro quilos em quatro meses, seria preciso induzir um déficit calórico de 300 kcal por dia (entradas AET = saídas DET – 300). Infelizmente, esses cálculos são um pouco teóricos, já que nosso organismo desenvolve mecanismos de adaptação (para compensar esse déficit), o que limita ou impede a perda de peso.

Para poder mensurar o reequilíbrio necessário ao balanço de entradas e saídas, é preciso, antes de mais nada, ter condições de avaliar as entradas, ou seja, o aporte energético total (AET) fornecido pela alimentação.

O AET pode ser avaliado por um nutricionista que fará uma análise do que você come, interrogando-o sobre detalhes e/ou pedindo-lhe para preencher um formulário alimentar.

Como veremos (ver pergunta de nº 48), é um cálculo difícil e sujeito a erros, embora permita ter uma idéia aproximada (você consome 2.000 ou, talvez, 3.000 kcal? Certamente não é a mesma coisa!). Você pode, então, tentar determinar por si próprio esse AET, graças às análises alimentares propostas por alguns sites da internet (embora os resultados arrisquem-se a ser ainda menos confiáveis).

Como avaliar meus débitos energéticos?

Se você quer adotar soluções para perder peso, será necessário, como vimos acima, não somente estimar seu consumo (AET), mas também conhecer seu débito energético total (DET).

Essa informação é importante por diversas razões:

- Expõe evidências quantitativas ("você gasta tanto, logo, se você comer –15%, você emagrecerá").
- Permite prescrever um regime pouco restritivo se seu nível metabólico for elevado, ou seja, se seu organismo gastar um número relativamente alto de calorias para assegurar as funções vitais.
- Leva em conta o nível de atividade física (do sedentarismo total à prática regular de esportes).
- Destaca o papel essencial do exercício físico.
- Ao quantificar todos os parâmetros envolvidos, exerce um papel pedagógico.
- Personaliza a prescrição.

O débito energético total (DET) é a soma do dispêndio energético de repouso (DER), da termogênese alimentar ou efeito térmico dos alimentos (ETA) e da atividade física.

- O débito energético de repouso (DER) representa, em função da atividade física de uma pessoa, de 50 a 70% de seu dispêndio energético total. Ele corresponde ao que uma pessoa dispende quando está, por exemplo, deitada de manhã, em jejum, ou seja, a energia mínima que um corpo precisa dispender para assegurar suas funções vitais. Ele inclui o metabolismo celular (as reações químicas das células), o funcionamento das vísceras e dos órgãos (batimentos cardíacos, respiração etc.) e a manutenção da temperatura do corpo (termorregulação).

O débito energético de repouso é muito variável de uma pessoa para outra, mas depende em quase 80% da idade, do sexo e da proporção de massa magra, quer dizer, da massa muscular de cada um (quanto mais musculosa for a pessoa, maior o seu gasto em repouso).

- A termogênese induzida pela alimentação corresponde à energia gasta para assegurar a digestão, a assimilação e o armazenamento dos alimentos. Sozinha, ela corresponde a cerca de 10% do dispêndio energético total.
- A atividade física é extremamente variável de uma pessoa para outra. Nas sociedades ocidentais, como nos Estados Unidos, o sedentarismo vence: por causa da utilização sistemática dos elevadores, dos automóveis, a fixação por atividades estáticas como a televisão e a informática etc.

O estudo batizado de SU.VI.MAX pesquisa atualmente, na França, o efeito sobre a saúde da suplementação com antioxidantes, mas interessa-se igualmente pelo modo de vida e pela alimentação dos franceses de 45 a 60 anos. Ele mostra que, nessa faixa de idade, em 2001, 10% dos homens e 12% das mulheres jamais praticam esporte (consulte informações sobre pesquisas realizadas no Brasil na página 335).

H. Khan mostrou, observando 79.236 americanos durante 10 anos, que a duração mínima de exercícios necessária à manutenção de seu peso era de uma hora de *jogging* ou de quatro horas de caminhada por semana. Na França, 41,5% dos homens e 50,1% das mulheres desenvolvem uma prática esportiva inferior ao limite da atividade necessária.

Como veremos (ver perguntas de nºs 76 e 77), deve-se distinguir o esporte de uma atividade física habitual (caminhadas, jardinagem, bricolagem), claro que menos intensa, mas que pode ser muito interessante para favorecer o emagrecimento e preservar a estabilidade do novo peso obtido.

Atividades preferidas dos franceses

As atividades físicas ou esportivas mais praticadas são:

– Entre os homens:	Caminhada	48,9%
	Jardinagem	48,4%
– Entre as mulheres:	Bicicleta	22,6%
	Caminhada	53,9%
	Jardinagem	39,8%
	Ginástica	25,9%

Estimativa do débito energético de repouso (DER):

Pode-se avaliar o débito energético de repouso (em kcal) em função do sexo, do peso P (em quilos) e da altura A (em centímetros) e da idade I (em anos), segundo as fórmulas de Harris e Benedict (1919):

- Para os homens: 66,5 + 13,8 P + 5 A - 6,8 I
- Para as mulheres: 655,1 + 9,6 P + 1,9 A - 4,7 I

Sendo assim:

- Um homem de 43 anos pesando 85 quilos para 1m77 terá um DER de:
  66,5 + (13,8 × 85) + (5 × 177) – (6,8 × 43) = 66,5 + 1173 + 885 – 292,4,
  ou seja, cerca de 1.832 kcal/dia.

- Uma mulher de 31 anos pesando 63 quilos para 1m70 de altura terá um DER de:
  655,1 + (9,6 × 63) + (1,9 × 170) – (4,7 × 31) = 655,1 + 604,8 + 323 – 145,7,
  ou seja, cerca de 1.437 kcal/dia.

Estimativa do débito energético total (DET) cotidiano:

Ele pode ser calculado multiplicando-se o valor do débito energético de repouso (DER) por um coeficiente que depende da importância da atividade física média e do sexo (OMS, 1985):

Atividade física	Homens	Mulheres
Fraca	1,55	1,56
Moderada	1,78	1,64
Intensa	2,10	1,82

Deve-se considerar que:

- A atividade fraca corresponde à atividade de quem trabalha sentado (com poucos deslocamentos a pé e pouca ou nenhuma atividade física ou esportiva de lazer).
- A atividade moderada corresponde à atividade de quem trabalha sentado (mas faz vários deslocamentos a pé – mais de 60 minutos por dia – e desenvolve uma atividade de lazer esportivo de ao menos duas a três horas por semana) ou de quem trabalha em pé.
- A atividade intensa corresponde à atividade de quem trabalha em pé (e pratica esportes de lazer de duas a três horas por semana) ou de quem trabalha sentado (mas desenvolve uma atividade esportiva cotidiana de ao menos uma hora).

O caso de Kátia

Kátia, solteira de 31 anos, mede 1m70 e pesa 68 quilos. Ela quer perder peso porque não entra mais em suas roupas e sua profissão exige que cuide da aparência: ela é assessora de imprensa. Seus horários de trabalho freqüentemente se estendem. O questionário alimentar feito por uma nutricionista revela erros importantes: de manhã, ela engole rápido um iogurte e um chá antes de sair de casa; depois, ela compra um croissant no caminho para o escritório. Ao meio-dia, ela come uma salada num restaurante ou faz um lanchinho no escritório. Ela gosta bastante das recepções, onde belisca canapés e docinhos entre duas taças de champanhe. Ela também aprecia beber alguma coisa depois do trabalho com os colegas ou amigos. À noite, seu jantar resume-se a uma sopa antes de deitar-se. Ela está inscrita numa academia, mas não tem tempo de freqüentá-la. Todos os seus deslocamentos são motorizados.

Seu DER é de 1.485 kcal/dia (655,1 + [9,6 × 68] + [1,9 × 170] – [4,7 × 31] = 655,1 + 652,8 + 323 – 145,7).

Quanto à sua atividade física, pode-se considerá-la fraca. Seu DET é, portanto, de 1.485 × 1,56 = 2. 317 kcal/dia.

Ela tem um IMC de 68: (1,7 × 1,7), ou seja, 23,5 e uma relação cintura/quadril de 0,75.

Sob o ponto de vista médico, sua composição corporal é normal (só se fala em excesso de peso se o IMC é pelo menos igual a 25), mas seu peso não a satisfaz e ela gostaria de voltar ao que pesava há alguns anos: 62 quilos. O médico a convence que ela não tem excesso de peso e que a perda de dois quilos é suficiente – Kátia usará de novo roupas que ela não pode vestir hoje. Mais que ao peso de Kátia, devemos prestar atenção às suas medidas.

O essencial é que Kátia estabilize seu novo peso e não entre na espiral dos regimes restritivos e arrisque-se a ver seu peso variar sob o efeito sanfona, o que inevitavelmente a levaria, a longo prazo, a ganhar peso regularmente.

Sob o ponto de vista alimentar, não se trata de propor-lhe um regime restritivo hipocalórico de 1.500 kcal, já que seu DET é de 2.317 kcal e ela já não come muito. Devemos simplesmente ensinar-lhe a reequilibrar sua alimentação em quatro refeições (moderando consideravelmente o consumo de álcool) e a aumentar um pouco sua atividade física.

Conhecer ao mesmo tempo seu AET e seu DET permite encontrar a melhor solução para emagrecer. Basta que seus débitos sejam maiores que sua ingestão.

Aumentar sua atividade física certamente aumentará os dispêndios energéticos ligados a ela, mas também o DER, por causa do aumento da massa muscular, assim como a termogênese alimentar, em função do aumento da oxidação das gorduras, o que facilita sua eliminação.

Na prática, várias situações são possíveis:

- Caso 1: Seu consumo alimentar (3.500 kcal) é muito superior aos gastos, que são considerados normais (2.700 kcal). Basta-lhe, então, comer racionalmente (2.000 a 2.200 kcal), sem, com isso, impor-se um regime calórico muito restritivo (1.500 kcal), inútil e perigoso a longo prazo. Você pode manter o mesmo nível de atividade física.
- Caso 2: Seu consumo alimentar é de 2.400 kcal, equivalente aos gastos, e seu peso está estável. Reduza um pouco a ingestão de alimentos (em cerca de 200 a 300 kcal) e aumente ligeiramente a atividade física.
- Caso 3: Seu consumo alimentar é muito controlado (1.800 kcal), seus gastos são calculados teoricamente (2.200 kcal) e você não emagrece. Aparentemente, isso é contraditório. Na verdade, esse resultado expressa o fato de seu organismo, ao longo de regimes restritivos, ter diminuído seu metabolismo de base. Seu DER tornou-se, portanto, mais baixo do que se esperaria. Não altere suas quantidades alimentares (mas melhore sua qualidade) e aumente seus gastos (por exemplo, para 2.400 kcal).

- Caso 4: Seu consumo alimentar é muito baixo (1.400 kcal), mas mal equilibrado, e seus gastos calculados parecem muito mais altos (2.300 kcal). Se seu IMC, apesar de tudo, for igual ou superior a 30, você sofre do que A.-F. Creff chamou de "obesidade paradoxal"

Uma análise detalhada da alimentação geralmente revela carência protéica que impede o emagrecimento e um DER (não avaliado teoricamente, mas medido cientificamente) bem baixo. Para não submeter-se inutilmente aos inconvenientes de um regime restritivo, aumente a ingestão alimentar (1.800 kcal), cuidando para que seus aportes em proteínas sejam suficientes. Escolha muito melhor o tipo de nutrientes que você consome (notadamente lipídeos e carboidratos). Além disso, aumente igualmente seus gastos físicos.

Constata-se assim que, diante de uma pessoa com excesso de peso, a resposta não é única. Em reação a uma mesma constatação, o excesso de peso, são propostas quatro soluções muito diferentes:

Caso	Ingestão	Gasto
Caso 1	Diminuir	Manter estáveis
Caso 2	Diminuir	Aumentar
Caso 3	Manter estável	Aumentar
Caso 4	Aumentar	Aumentar

Embora soe como um paradoxo, às vezes, para fazer uma pessoa emagrecer (caso 4), é até mesmo preciso obrigá-la a aumentar antes a quantidade de alimentos que ingere (e, sobretudo, melhorar a escolha de nutrientes).

Hereditariedade

Pode acontecer de, numa mesma família, vários indivíduos sofrerem de excesso de peso. Então, até que ponto isso se deve a um fator inato (hereditário) e quanto é adquirido (mediante reações que o organismo aprende e reproduz ao longo do tempo, para enfrentar comportamentos e situações repetidas)?

21 A obesidade é hereditária?

Já se mostrou que:

- Quando os dois pais sofrem de obesidade, 80% dos filhos correm o risco de sofrerem também.
- Quando só o pai ou a mãe é atingido, apenas 40% dos filhos correm o risco de também serem.
- Se nenhum dos pais a apresenta, o risco cai para 15%.

Outros estudos, realizados com crianças adotadas, provaram que sua proporção de massa gorda e a maneira como ela se distribui pelo corpo estão ligadas às de seus pais biológicos e não às de seus pais adotivos.

Pode-se, então, concluir que existe uma correlação genética para cada uma das expressões da obesidade já vistas aqui [variabilidade da percentagem de massa gorda, morfologia andróide ou ginecóide (ver pergunta de nº 9), obesidade hiperplásica ou hipertrófica (ver pergunta de nº 9), início precoce (já na infância) ou tardio (na idade adulta)].

Por fim, o último fator genético que entra em jogo na constituição do excesso de peso: os homens emagrecem mais facilmente do que as mulheres. Essa injustiça diante do peso tem ligação com o fato de a mulher estar geneticamente programada para garantir a sobrevivência da espécie. Ela tem o "gene da economia", vestígio da pré-história, cujo papel é assegurar que ela possa dispor das 80.000 kcal de reservas gordurosas necessárias para levar a bom termo uma gravidez, mesmo em caso de fome.

Qual é a parte exercida pela hereditariedade na armazenagem de gorduras?

Os resultados do estudo de C. Bouchard, realizado em 1989, com gêmeos, ajudam a compreender a genética da obesidade. Quando se aumenta a dieta diária de alguém em 1.000 kcal, durante 24 dias, o peso que se ganha é muito variável, de quatro a 13 quilos, conforme a pessoa.

O ganho de peso é diferente nos gêmeos fraternos, mas quase idêntico nos univitelinos. Para C. Bouchard, a hereditariedade responde por 25% da quantidade de massa gorda acumulada e por 5% para o valor do IMC. O resto (a maior parte, portanto) deve-se ao que é adquirido, sobretudo aos hábitos culturais.

Qual é a parte da hereditariedade nos dispêndios de energia?

Pode-se determinar quanto é inato e quanto é adquirido nos dispêndios de energia:

Dispêndio	Parte inata (hereditariedade)	Parte ligada ao adquirido (ambiente)
Débito energético de repouso (DER)	40 %	60 %
Termogênese alimentar (ETA)	40 %	60 %
Atividade física pequena	25 %	75 %
Atividade física moderada	45 %	55 %
Atividade física intensa	0	100 %

À luz desses trabalhos, estamos em condição de concluir que a genética pode predispor à obesidade, mas não é determinante. O ambiente e o comportamento do indivíduo permanecem preponderantes.

A alimentação da mãe durante a gravidez, depois a do lactente e da criança pequena, poderiam favorecer a ocorrência posterior da obesidade, do diabetes ou de doenças cardiovasculares. Um regime muito rico em gorduras na primeira infância pode estimular a multiplicação das células adiposas, facilitando a ocorrência de uma obesidade hiperplásica (ver pergunta de nº 9). Todos esses eventos poderiam imprimir-se nos genes do indivíduo e essa tendência transmitir-se-ia em seguida a seus descendentes. Assim, o que é adquirido pode tornar-se inato na geração seguinte.

Muitas vezes, os médicos dão importância demais a essa predisposição e esquecem de relativizá-la, apoiando-se facilmente sobre o inarredável peso da hereditariedade.

O excesso de peso e a obesidade são, na verdade, o reflexo de uma inadequação dos genes (ainda programados para situações de restrições) às sociedades atuais, caracterizadas pela profusão alimentar, onde a atividade física deu lugar ao comportamento sedentário.

O papel do patrimônio genético é também flagrante quando se analisa o aumento da obesidade em pessoas confrontadas com um hábito alimentar que lhes é estranho. Entre asiáticos, geneticamente mal preparados para ingerir açúcar e álcool, muitos tornam-se rapidamente obesos quando migram para os Estados Unidos. Seu patrimônio genético é de fato inapto a gerir o modo alimentar americano.

Inversamente, com o tempo, o hábito alimentar pode modificar os genes e permitir uma melhor gestão das mudanças alimentares às quais o organismo é submetido. O caçador-coletor da pré-história pode, assim, tornar-se um agricultor-criador, com seu organismo progressivamente adaptado à digestão de cereais e de laticínios.

Concluindo, a herança genética tem um papel importante na ocorrência de obesidade, mas em nenhum caso ela torna-se lei. Até porque nossos genes evoluem: conforme nosso modo de vida e nosso hábito alimentar, no final legaremos a nossos filhos genes não necessariamente idênticos aos que nossos pais nos transmitiram.

22 A terapia genética poderá curar a obesidade?

O ser humano possui cerca de 26 mil genes. As obesidades ligadas a apenas um dentre eles são muito excepcionais. Infelizmente, já foram detectados mais de 40 genes implicados na ocorrência de obesidade e mais de 150 que intervêm na maneira como nós nos alimentamos e como o organismo assimila os alimentos que lhe fornecemos. Alguns agem sobre o balanço energético, outros sobre a distribuição das gorduras, as secreções hormonais ou as escolhas nutricionais.

Portanto, é improvável, a curto prazo, que possamos agir sobre os genes para tratar da obesidade. A terapia genética consiste em devolver a um gene que é fator de uma doença específica sua forma "normal" (ou seja, inofensiva), associando-lhe um gene artificial. Esse método ainda encontra-se num estágio experimental e só é utilizável quando um ou dois genes estão em questão.

É impossível, no entanto, "consertar" um grande número de genes. Até porque nem todos os genes implicados na ocorrência da obesidade foram ainda identificados.

Melhor que recorrer a uma terapia genética, pode-se conceber que um dia, para regular anomalias genéticas, nós escolheremos alimentos em função dos nutrientes que eles contêm. Daí o interesse da nutrogenética que o prof. C. Junien defende: ela talvez permita estimular certos genes "protetores" contra patologias específicas.

Hoje, por exemplo, já estão cientificamente identificados certos nutrientes e alimentos que favorecem e outros que protegem o organismo contra o aparecimento de câncer de intestino grosso. A medicina está em condição de dar conselhos preventivos exatos em matéria de nutrição.

Talvez, um dia ela será igualmente capaz de fazer o mesmo em relação à obesidade.

Funcionamento do organismo

A regularização da massa gorda pelo organismo é complexa e envolve ao mesmo tempo mecanismos hormonais, neurológicos, metabólicos e celulares. Perturbá-la pode levar ao aumento de peso.

23 Um transtorno hormonal pode ser a causa de meu excesso de peso?

O papel da insulina

Esse hormônio, secretado pelo pâncreas, permite que a glicose, verdadeiro combustível do organismo, penetre nas células que dela necessitam: músculos, cérebro, rins, glóbulos vermelhos etc. Mas ela tem também outro efeito, menos desejável: facilita o armazenamento das gorduras (ou lipogênese) e bloqueia a saída das gorduras de reserva ou lipólise.

Conseqüência: quanto mais insulina o organismo secreta, mais o indivíduo engorda e menos capaz torna-se de emagrecer. Ora, a secreção de insulina é proporcional ao IMC, portanto, uma pessoa que sofre de obesidade tem obrigatoriamente um excesso de insulina (hiperinsulinismo). Por muito tempo, pensou-se que esse excesso de secreção de insulina era apenas uma conseqüência da obesidade. Atualmente, pensa-se que essa hipersecreção é também uma das causas possíveis, consecutiva à escolha incorreta de alimentos.

Soma-se a isso também o fato de que o obeso põe-se progressivamente a secretar a insulina de má qualidade, mal reconhecida pelo organismo: sua ação é, portanto, medíocre. Quando o organismo entra nessa fase de resistência à insulina (ou insulinoresistência), ele responde fabricando ainda mais hormônio, na tentativa de melhor aproveitar a glicose ingerida. Com isso, os distúrbios agravam-se: instaura-se um círculo vicioso.

Entre as refeições, a taxa de insulina corresponde, em média, a 20 unidades por litro de sangue.
Depois de comer, ela aumenta (G. Kissebah):

- Em + 50 U (passando de 20 a 70 U/l) no indivíduo eutrófico.
- Em + 110 U numa pessoa que sofre de obesidade ginecóide.
- Em + 220 U numa pessoa que sofre de obesidade andróide.

O papel da leptina

A massa gorda se auto-regula graças a um hormônio chamado leptina. Ele aumenta quando os estoques de gordura estão altos. Emite sinais de saciedade, diminuindo, assim, a quantidade de alimentos ingeridos. Perturbações no funcionamento desse hormônio podem favorecer o acúmulo de gorduras e o ganho de peso.

O papel de outros hormônios

A obesidade pode ser favorecida pela secreção em excesso de:

- Cortisol (hormônio da glândula supra-renal), aumento passageiro devido a um período de estresse ou permanente nas vítimas da (rara) doença de Cushing (hipersecreção que induz, sobretudo, à obesidade andróide, ver pergunta de nº 9).
- Testosterona (hormônio secretado pelos testículos), que, em geral, induz a uma obesidade andróide.
- Estrogênios (hormônios secretados pelos ovários), induzindo, em geral, a uma obesidade ginecóide.

A obesidade também pode ser induzida por insuficiência de uma secreção hormonal, como no mixedema, doença que se denota pelo déficit da produção de tiroxina, hormônio da tireóide.

Além dos hormônios elaborados pelas glândulas endócrinas, as células do corpo secretam numerosas substâncias químicas que podem intervir sobre o comportamento alimentar ou o sistema vegetativo (que regula a intensidade de alguns funcionamentos metabólicos).

Algumas dessas substâncias, que conhecemos mal e ainda não podem ser facilmente dosadas, talvez sejam responsáveis por transtornos que originam diversas obesidades.

Esses diferentes elementos permitem compreender porque às vezes, apesar de uma dieta equilibrada, de uma atividade física suficiente e de um equilíbrio psíquico satisfatório, a obesidade resiste e perdura. E também, o quanto são risíveis os tratamentos que pretendem curar num golpe só todas as obesidades, quando sabe-se o quanto suas causas são diversas e seu cuidado é complexo!

24 É possível que alguma coisa reprima meus débitos energéticos?

Vimos a importância de equilibrar os aportes e os débitos energéticos. É evidente que se estes últimos caem, isto pode tornar-se um fator de ganho de peso.

Em que consistem os débitos energéticos?

O DET associa (ver pergunta de nº 20):

- O DER, que representa cerca de 60% de seu total.
- A termogênese alimentar, que representa 10%.
- A atividade física, eminentemente variável e sobre a qual podemos agir mais facilmente.

É POSSÍVEL QUE ALGO ESTEJA LIMITANDO MEU GASTO ENERGÉTICO?

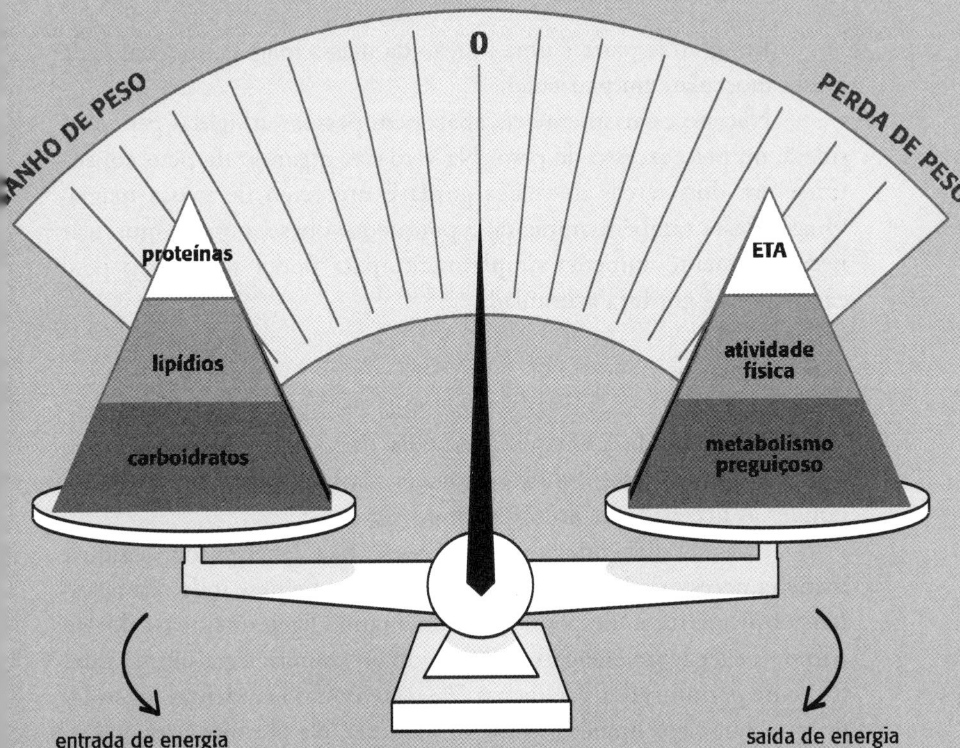

Os débitos energéticos são menores numa pessoa obesa?

O débito energético de repouso

Em grande parte é uma função da massa magra, em geral, e da massa muscular, em particular.

Não necessariamente ela abaixa em pessoas atingidas pela obesidade ou pelo excesso de peso. Na verdade, o ganho de peso constitui-se em dois terços de massa gorda e um terço de massa magra. Quando esta também aumenta, é porque no obeso a massa muscular necessariamente aumenta simplesmente para poder suportar o peso excedente da gordura acumulada.

A termogênese

Corresponde à energia necessária para oxidar e armazenar os nutrientes ingeridos (protídeos, lipídeos, carboidratos), a fim de responder às necessidades do organismo.

Existem dois tipos: a termogênese fixa (energia de qualquer maneira necessária à função digestiva) e a termogênese induzida facultativa (que permite "desperdiçar", aumentando ligeiramente o calor do corpo, o excedente energético absorvido ao comer). Esta última infelizmente permite eliminar apenas 5% das calorias excedentes ingeridas no que tange aos lipídeos; em contrapartida, ela permite "dispender" imediatamente 40% dos protídeos e 40% dos carboidratos excedentes.

Então, a termogênese facultativa aumentará pouco se a alimentação for rica demais em lipídeos e pobre em carboidratos, e o excedente será estocado.

Os débitos energéticos que lhe cabem também podem cair (até -20%) se a pessoa com excesso de peso for vítima de uma queda da atividade do sistema nervoso simpático.

A atividade física

Os débitos energéticos induzidos pela atividade física dependem diretamente do estilo de vida de cada um. Somos ou não sedentários? Praticamos ou não uma atividade física mais ou menos intensa, talvez um esporte regular?

Para atividades iguais, os débitos energéticos decorrentes são superiores numa pessoa com excesso de peso, já que ela tem que deslocar um peso total de massa gorda e de massa magra superior ao de uma pessoa com composição corporal menor.

Concluindo, no geral não se pode dizer que os débitos energéticos sejam necessariamente menores nos indivíduos obesos ou com excesso de peso, pelo menos não do ponto de vista fisiológico. Se, às vezes, isso parece ser o caso, é apenas porque o próprio organismo dispende menos (ainda que, como já vimos, a repetição de regimes mal conduzidos possa engendrar ao fim uma queda do DER); é porque, na maioria das vezes, a pessoa com excesso de peso é sedentária.

Distúrbios do comportamento alimentar

Comer não é simplesmente nutrir-se. O comportamento alimentar também depende:

- De sinais internos emitidos pelo organismo (hipoglicemia, estômago vazio, sensação de prazer promovida pela idéia de ingestão de um alimento etc.).
- De sinais externos culturais, simbólicos e sociais ligados à alimentação e seus ritos.

Paradoxalmente, somos incitados a comer pela sociedade de consumo que, por outro lado, impõe-nos a esbelteza!

25 Da fome à saciedade...

No homem, o apetite é uma complexa mistura de fenômenos fisiológicos e psicológicos, que inclui a sensação de fome, o aporte calórico diário total, a natureza dos alimentos ingeridos, o número e as quantidades nas refeições assim como as preferências alimentares.

O sinal de fome que leva à busca de alimentos surge devido a uma pequena queda na taxa de açúcar no sangue (hipoglicemia), de cerca de 7% durante uns dez minutos.

As proteínas são mais saciadores do que os carboidratos e as fibras. Como os lipídeos também demoram a trazer a sensação de saciedade, um regime muito rico em gorduras pode deflagrar uma super-alimentação passiva (como não se sente saciada, a pessoa continua a comer, mesmo que as necessidades energéticas já tenham sido cumpridas), o que pode favorecer o ganho de peso. A composição do desjejum ideal, que não provocará a sensação de fraqueza no fim da manhã, poderia ser a seguinte: um ou dois pedaços de pão integral (carboidratos e proteínas), com um pedaço de presunto magro (proteínas), um iogurte (proteínas, cálcio) e uma fruta (carboidratos, fibras).

Três fatores concorrem para determinar o momento em que paramos de comer: a diminuição do prazer alimentar, a sensação de estômago cheio e as secreções hormonais, como a insulina. A saciedade em si corresponde à sensação de estar refeito e leva pelo menos 20 minutos para ocorrer, daí a necessidade de não comer depressa demais.

Também é necessário que haja um esforço de mastigação. Uma refeição "engolida" rapidamente em dez minutos, ou uma refeição exclusivamente de líquidos, não saciará e exporá a um excesso de aportes calóricos imediatos ou a um lanchinho posterior. Aí está justamente o problema: substitutos de refeições ou as dietas protéicas são absorvidas rápido demais e não obrigam a mastigar.

Toda refeição que dure menos de 20 minutos e não é mastigada só proporciona uma saciedade medíocre, expondo a distúrbios do comportamento alimentar.

A saciedade cobre o período durante o qual não temos vontade de comer. Ela depende principalmente do nível energético da refeição e de sua natureza líquida ou sólida. A sensação de não ter mais fome acompanha-se de um certo bem-estar.

Pode acontecer de algumas pessoas obesas ou com excesso de peso terem um patamar de saciedade aumentado com o tempo, ou que elas ultrapassem os sinais sensoriais de saciedade e continuem a comer por razões não fisiológicas.

Essas razões podem ser patológicas. Fala-se, então, em distúrbios do comportamento alimentar. Eles traduzem-se seja por um excesso de aporte alimentar, seja por um déficit.

Eles surgem:

- Seja entre as refeições: boquinhas, compulsão alimentar (ver pergunta de nº 26), bulimia (ver pergunta de nº 27);
- Seja durante as refeições: restrição cognitiva (ver pergunta de nº 28), anorexia (ver pergunta de nº 29), hiperfagia (ver pergunta de nº 27).

Os distúrbios alimentares são freqüentes em pessoas obesas. Num grupo de 100 mulheres atingidas pela obesidade:

- 40% não comem entre as refeições.
- 60% têm um consumo alimentar extraprandial.

Entre os 60% de mulheres que se alimentam fora das refeições:

- 25% têm compulsões alimentares (necessidades impacientes e imperativas de alimentar-se).

- 19% beliscam.
- 1% são bulímicas.
- 15% têm vários distúrbios associados.

26 Qual a diferença entre fazer uma boquinha, um lanche ou ter compulsão alimentar?

O que é uma boquinha?

É a absorção quase automática de alimentos em pequenas quantidades fracionadas, às vezes por duração prolongada, e até permanente (pode estender-se ao longo de todo o dia), sem desejo de um alimento específico.

As boquinhas são de, alguma maneira, uma atitude de "deixa-pra-lá", em relação aos alimentos disponíveis. A pessoa cisca num pacote de biscoitos aberto, come pedacinhos de queijo enquanto prepara o jantar ou batatinhas e amendoins antes do aperitivo. Enfim, pega de tudo que esteja "ao alcance da mão".

Geralmente, essa compulsão visa a preencher um vazio afetivo ou a "evacuar" pensamentos desagradáveis. Admitida com facilidade (seja socialmente, seja individualmente), raramente acompanha-se de culpa.

Dos 39% de franceses que declaram fazer boquinhas:

- 37% dizem que é porque sentem fome.
- 38% que é necessidade de se consolar.
- 16% que é por necessidade de energia.
- 24% alegam outras razões.

Quatro franceses em dez fazem boquinhas (uma cifra que não leva em conta os que não confessam...): portanto, é uma atitude bastante freqüente, alguns dirão banal. Por que então considerar a simples boquinha como algo patológico? Porque ela não corresponde necessariamente a uma necessidade fisiológica. Nesse comportamento há uma impulsividade mal controlada que já não se encontra no domínio da normalidade.

É possível estabelecer o risco de cada um? Quando uma boquinha põe o peso em risco?

Quando o organismo não está em hipoglicemia e não tem necessidade imediata de energia, qualquer aporte alimentar vai automaticamente ser armazenado como gordura de reserva. Até porque os alimentos ingeridos são freqüentemente compostos da associação de glicídios (que levam à produção de insulina) e de gorduras (pão + queijo ou frios, docinhos, tortas, barras de chocolates, biscoitinhos, batatinhas, salgadinhos etc.). E há aí um hábito de ingeri-los demais antes mesmo de se sentir satisfeito.

Como esse aporte alimentar, em geral, soma-se a refeições clássicas, ele desequilibra a dieta e pode conduzir a um ganho de peso. Então, tudo depende não somente do que se consome e em quais quantidades, mas também à reação de cada um, algo que está ligado a seu metabolismo.

O que é lanche?

É o consumo (sistemático) de merendas entre as refeições. Diferentemente da boquinha, quando "cisca-se" distraidamente um alimento que aparece pela frente, o lanche constitui uma verdadeira mini-refeição. Essa tendência foi favorecida pela comercialização de múltiplos alimentos prontos, baratos e de gosto agradável.

Esse distúrbio espalhou-se mais entre os jovens. Atinge 90% das crianças em idade escolar (e é encorajado pelos pais, que fornecem as merendas). Ele é praticamente programado, já que os suprimentos costumam ser levados na mochila. Alimentos ingeridos assim fornecem cerca de 30% das necessidades energéticas diárias.

O consumo de merenda não é forçosamente negativo, quando ela constitui uma colação que permita fracionar os aportes diários: de fato, como veremos, tomar cinco refeições não tem influência negativa sobre o peso, se o aporte calórico diário total permanecer imutável.

Esportistas, mulheres grávidas e pessoas idosas podem beneficiar-se deles, porque tem necessidade de aportes mais fracionados.

O risco é ver esses alimentos serem dados a torto e a direito, num contexto de desorganização alimentar. A criança come pouco ou come mal no café da manhã? Pouco importa: ela leva pacotes de biscoitos para o recreio das 10h. Ela não gosta de sentar-se à mesa e comer direito? Nada de grave: ela tem barras de chocolate.

Esses produtos raramente são bem concebidos no que tange à dietética; mas a publicidade canta seus méritos e tende a fazer crer que eles são indispensáveis para a boa forma, que promovem a energia salvadora, enquanto são apenas uma fraca compensação da refeição, são malconcebidos e desequilibrados. Eles apenas tapeiam temporariamente a hipoglicemia induzida quando se pula uma refeição ou quando se come alimentos mal escolhidos, que não promovem a saciedade de longo prazo.

O que é compulsão alimentar?

É uma compulsão por alimentos de difícil controle, que força a pessoa a comer com urgência algo muito apreciado, a fim de obter um prazer imediato. Em 40% dos casos, trata-se de um alimento achocolatado. Essa compulsão é uma resposta do organismo que busca moléculas necessárias à fabricação de neurotransmissores: por exemplo, um alimento apreciado e fonte de prazer faz secretar endorfinas (morfina interna que o corpo sabe fabricar), neurotransmissores que promovem uma sensação de bem-estar e euforia. É um fenômeno de adaptação ao estresse.

Infelizmente, quando essa resposta ultrapassa seu objetivo e torna-se obsessiva, pode levar à bulimia.

Existe um caso particular de compulsão alimentar: a carência de serotonina cerebral, que provoca alterações do humor associadas a desejos ou necessidades urgentes de consumir doces. Esse transtorno chama-se *carbohydrate craving*: o açúcar estimula a secreção de insulina, o que facilita a passagem para o cérebro do triptofano, precursor bioquímico da serotonina, neurotransmissor que diminui a ansiedade. Um certo número de células nervosas contém ao mesmo tempo serotonina e endorfinas, que podem ser liberadas simultaneamente.

Na verdade, o açúcar é capaz de acalmar a dor do recém-nascido e aliviar as dores menstruais. Essa ação sobre o sofrimento físico e moral pode levar a um distúrbio de comportamento porque, como a morfina, isso pode levar a um tipo de dependência.

Desviado de seu uso primordial, o açúcar é assim empregado quase como uma droga. É o que afirmam M. Le Barzic e B. Guy-Grand quando, referindo-se ao consumo de açúcar como substituto de um vazio afetivo, concluem, na obra intitulada *Comportement alimentaire, du normal au pathologique* (Comportamento alimentar: do normal ao patológico): "Os doces substituem o objeto que falta e acabam sendo procurados por si mesmos. Paradoxalmente, é para escapar à dependência do ser ausente que o indivíduo prefere entrar na dependência de doces". O comportamento torna-se patológico quando comer açúcar é a única resposta a uma situação de estresse, de tédio, de conflito ou de angústia.

Andy Warhol, o artista do movimento pop, sofria de compulsão alimentar e escreveu, em 1975: "A única coisa que jamais desejei foi o açúcar".

---

27 Sou bulímica?

Não se deve confundir bulimia com hiperfagia.

Entre os vários distúrbios alimentares que correspondem a um consumo excedente, falamos de hiperfagia quando o consumo alimentar excessivo ocorre durante as refeições (e não fora delas). Pode-se resumir em uma frase: "Quando eu começo, não posso parar: é bom demais...".

DISTÚRBIOS ALIMENTARES

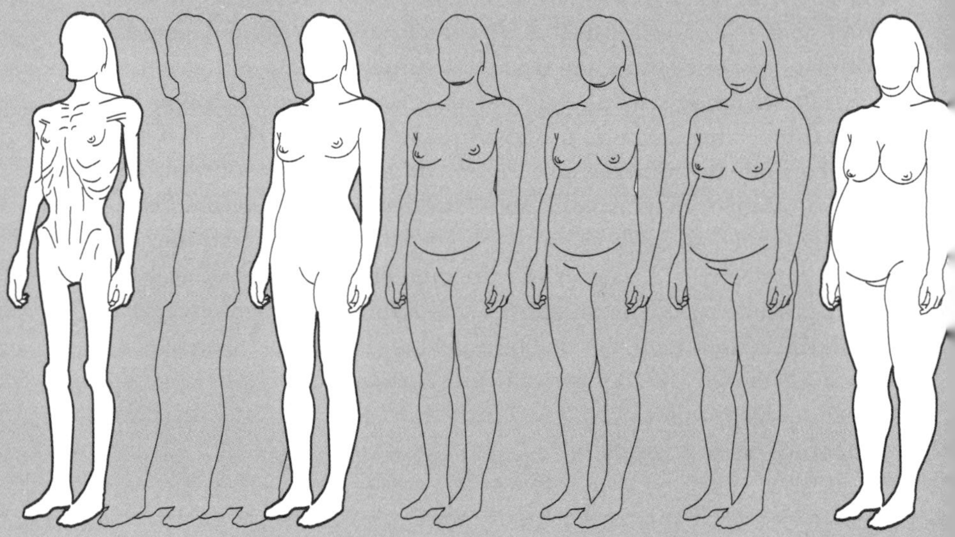

Como a figura ilustra, a anorexia se manifesta através de um inadequado comportamento alimentar: para perder peso, faz com que o anoréxico busque a magreza extrema sem limite. A anorexia prolongada causa desequilíbrio no metabolismo, de tal forma que pode levar à obesidade futura. A bulimia pode desencadear outro comportamento de compulsão que, desequilibrado com o gasto energético, também leva à obesidade.

O hiperfágico perde o controle das quantidades que ingere em conseqüência de vários fatores: aumento da fome ou do apetite, hipersensibilidade ao prazer sensorial ligado aos alimentos, demora na sensação de saciedade ou mesmo insaciedade. Comer rápido demais pode levar à hiperfagia (já que uma refeição muito curta não dá ao organismo o tempo de alcançar a sensação de saciedade, ver pergunta de nº 25).

Se o indivíduo que gosta de comer muito permite-se um festim episódico, seu peso pode permanecer normal. Se, ao contrário, ele devorar diariamente, a obesidade o aguarda...

A bulimia é bem diferente. Em geral, ela atinge pessoas jovens, mulheres em 97% dos casos. Na França, afeta 2% das jovens.

Há critérios de diagnóstico bem definidos, referidos no manual americano de psiquiatria DSM IV:

- As crises de bulimia são recorrentes (cerca de duas vezes por semana por, no mínimo, três meses) e caracterizam-se por:
  - Absorção de enorme quantidade de alimentos num limitado período de tempo.
  - Sentimento de perda de controle sobre o comportamento alimentar.
  - Caráter inarredável e opressor do consumo alimentar.
  - Consumo alimentar solitário, sem testemunhas.
  - O bulímico tem consciência de sua conduta, sofre por isso, culpa-se e se autodeprecia.
- Associados a crises bulímicas, há comportamentos compensatórios impróprios e recorrentes que visam prevenir o ganho de peso: provocar vômitos, abusar de laxantes, tomar diuréticos e moderadores de apetite, lavagens ou, ainda, de fases de jejum e de exercício físico excessivo.

Essas fases de controle exagerado para compensar os excessos bulímicos, às vezes, acabam por levar à anorexia. Anorexia e bulimia podem, portanto, coexistir numa mesma pessoa, o que é relativamente freqüente.

Muitas vezes, o bulímico apresenta outros comportamentos compulsivos: cleptomania, compras compulsivas de objetos inúteis para sentir-se seguro etc.

Em geral, ele busca esconder a realidade de sua doença, mas pode-se suspeitar dela quando alguém repete freqüentemente que "não como nada" e/ou evita o convívio (quer dizer, toda refeição em comum...).

O doente vive seu distúrbio em segredo, entre a geladeira e o banheiro (quando as crises de bulimia associam-se a vômitos voluntários, o que é habitual). Uma confissão, mesmo para o médico, só acontece se o bulímico realmente confiar muito nele.

Complicações da bulimia são freqüentes, muitas delas devidas aos vômitos, que provocam afluxo de suco gástrico ácido: inflamação e ulcerações do esôfago, engasgos (os alimentos caem na traquéia em vez do esôfago), ulcerações dentárias, distúrbios sangüíneos (taxa de potássio baixa). A bulimia costuma acompanhar-se de uma dilatação gástrica e, nas moças, do desaparecimento das menstruações (amenorréia).

Esse distúrbio é a expressão de um mal-estar: falta de confiança em si, sentimento de abandono, de imperfeição, vazio afetivo, antecedentes de abuso sexual ou de maus tratos são possíveis. A origem pode estar na primeira infância: a mãe do bulímico, quando ele era bebê, temia deixá-lo sofrer. O menor grito era interpretado como necessidade de alimentação. A qualquer choro, a mamãe respondia com o peito ou a mamadeira. No entanto, um bebê às vezes precisa apenas de presença, de afeto, de carinho.

Quando adulto, o bulímico confunde angústia, solidão e fome. Ele tenta fazer desaparecer seu vazio afetivo ou sua frustração enchendo-se de alimentos. "Oco por dentro", ele tem necessidade imperiosa, impulsiva e imediata de alimento. Lança-se, às vezes também perdidamente, em aventuras sentimentais sem futuro, num tipo de "bulimia sexual". Busca suprir-se de sensações elementares imediatas.

Quando morreu, em 16 de agosto de 1977, aos 42 de idade, Elvis Presley pesava 158 quilos. Há alguns anos, ele já sofria de bulimia. Ele comia até 94.000 kcal por dia...

---

28 O que é restrição cognitiva?

Considerado um autêntico distúrbio do comportamento alimentar desde 1980, esse problema muito freqüente se traduz como uma conseqüência direta da mania de magreza que atualmente reina em nossas sociedades.

Seus sintomas são:

- Alteração da auto-imagem, com desejo de ser mais magro para estar conforme com as normas sociais ideais. Rejeita sua própria aparência e, portanto, subestima-se.
- Esforço deliberado de delimitação da dieta alimentar para ganhar ou não ganhar peso. Essa conduta associa privação, frustração e obsessão alimentar. A intenção é diminuir o aporte alimentar por um esforço mental, mas, na realidade, a restrição energética nem sempre é efetiva, já que as pessoas que sofrem de restrição cognitiva avaliam mal o que comem.

Em geral, as pessoas que se restringem mentalmente dessa maneira pulam o café da manhã. No almoço, mesmo se ainda têm fome, controlam-se e param de comer antes de terem a sensação de saciedade. Em contrapartida, no jantar elas são vítimas de um episódio hiperfágico e vão além da sensação de fome.

Esforço demais às vezes também leva a compulsões: compulsão alimentar ou até bulimia (ver perguntas de nºs 26 e 27).

29 Como alguém se torna anoréxico?

Esse grave distúrbio do comportamento alimentar afeta os jovens e mais particularmente as moças. Começa, em geral, com um regime que evolui para uma restrição voluntária. O prazer de comer é substituído pelo prazer de resistir, o que O. Kestemberg chama de "orgasmo da fome" (*La faim et le corps* – A fome e o corpo, 1972).

Estima-se que, na França, de 1 a 4% das jovens universitárias sejam anoréticas (7,6% das bailarinas).

Considera-se que há entre 3 mil e 6 mil novos casos por ano. Mas alguns pensam que essas cifras estão largamente subestimadas, por causa do diagnóstico tardio que caracteriza esse distúrbio. As moças (e mais raramente os rapazes) escondem habilmente dos que os cercam seu transtorno alimentar e sua magreza.

Critérios permitem estabelecer um diagnóstico de anorexia mental:

- Ausência de fome ou saciedade muito rápida no momento da refeição.
- Inibição frente ao consumo alimentar.
- Recusa em manter o próprio peso acima do mínimo requerido em relação à altura.
- Perda de peso de pelo menos 25% do peso inicial.
- Medo intenso de ganhar peso ou tornar-se "gordo/a", ainda que seu peso seja inferior ao normal.
- Alteração da imagem corporal, com sensação de estar gordo/a demais, quando, na verdade, a pessoa está adequada.
- Negação da gravidade da magreza real.
- Amenorréia (ausência de menstruação) nas moças já púberes.
- Recusa de um corpo de mulher nas jovens.
- Inexistência de qualquer doença que explique a perda de peso.

Se a jovem, diante da evidência de seu emagrecimento, recusa-se a atingir um peso mesmo mínimo ou a ganhar os dez quilos que a fariam voltar a um peso "normal", pode-se dizer que o diagnóstico é indiscutível.

Conforme as complicações associadas, vai-se diagnosticar uma anorexia mais ou menos grave. As complicações possíveis são:

- Desnutrição, que leva a uma perda muscular generalizada (inclusive do músculo cardíaco), e também refluxo gastroesofágico e constipação intestinal.
- Taxa baixa de potássio sangüíneo ("hipocalemia" ligada aos vômitos), que pode induzir alterações de ritmo cardíaco.
- Fragilização do tecido ósseo (ligada à amenorréia).
- Baixa fertilidade.
- Pressão arterial baixa.
- Edemas (causa de erros na avaliação do peso; surgem quando o IMC for inferior a 15%).

Essas complicações e sintomas associados às vezes não são logo identificados no início da anorexia. Em contrapartida, quando aparecem (taxa baixa de albumina, de hemoglobina, de potássio, de ferro ou de cálcio no sangue), significam que a doença já atingiu um estágio avançado.

A perda de peso torna seguras pessoas inseguras. O jejum estimula os hormônios do estresse e acentua a vigilância; as refeições, ao contrário, parecem-lhes causa de fraqueza e de sonolência. Privando-se de comer, o anoréxico tem, então, a impressão de dominar seu meio ambiente.

Quando se tenta desenhar um quadro psicológico reunindo os traços comuns dos anoréxicos, descobre-se uma personalidade complexa: a anorexia familiar poderia ocorrer numa família "muito calma", onde todo conflito é evitado, onde não se exprime emoções.

A jovem, que não pode viver normalmente sua crise de adolescência, não consegue opor-se à própria mãe como se esperaria nessa etapa da vida; então, o que ela rejeita é a comida, quer como um símbolo de sua mãe-nutriz quer como autodepreciação. A jovem anorética geralmente vive mal sua puberdade porque recusa as transformações inerentes.

Sem confiança em si, ela recusa (e é obcecada por) tudo o que é "natural", instintivo, seja a sexualidade, seja a fome. Privando-se de alimentos, ela tem a impressão de dominar seus instintos, seu corpo e o mundo que a cerca. O encantamento que ela sente por ser todo-poderosa é tamanho que ela até desconsidera o risco de morte.

Trata-se geralmente de uma jovem inteligente, na qual pode-se perceber um certo espírito competitivo. Apesar de uma personalidade brilhante, costuma ter poucos contatos sociais.

É muito difícil ajudar o anoréxico. Seu comportamento parece pedir "ajudem-me". Mas o controle absoluto que ele crê exercer sobre si mesmo promove-lhe prazer. E faz com que, na verdade, ele pense: "Eu não deixarei que me ajudem". É uma conduta verdadeiramente autodestrutiva.

Podemos distinguir dois tipos de anorexia, uma tão grave quanto a outra: a anorexia mental restritiva pura e a anorexia-bulimia, que alternam episódios anoréxicos e bulímicos.

Ambas podem ser mortais. Não devemos, portanto, subestimar sua gravidade. Ao cabo de dez anos de evolução da doença, 50% das jovens afetadas são consideradas curadas, mas de 20 a 25% são apenas parcialmente curadas; 20% permanecem anoréticas e 5% das anoréticas restritivas e 10% das anoréticas-bulímicas falecem.

CAPÍTULO 3

Como emagrecer?

O que fazer com os quilinhos a mais

30 Preciso realmente emagrecer?

A necessidade de emagrecer depende da composição corporal e do estado de espírito de cada um. Quando o IMC é superior a 40, nem é preciso se perguntar sobre isso, já que a pessoa que apresenta tal obesidade está totalmente impotente e tanto sua saúde quanto sua própria vida correm grandes riscos. Nesse caso, não há como hesitar nem postergar o emagrecimento.

A pessoa que apresenta obesidade simples [IMC de 30 ou mais (ver pergunta de nº 6)] também precisa perder peso para evitar – e fazer regredir – eventuais complicações.

Já alguém que tenha excesso de peso (IMC entre 25 e 29,9), precisa pelo menos estabilizar o próprio peso, se ele estiver aumentando. Deve-se, na verdade, querer mais e tentar voltar a um IMC próximo de 25, perdendo alguns quilos. Isso porque, a partir desse estágio, podem ocorrer ou já existem complicações. Pouco importa se ainda são simples anomalias sangüíneas – aumento da glicemia, da insulina, do colesterol total, do "mau" colesterol (LDL), dos triglicerídeos, do ácido úrico etc. – ou se já estão instaladas verdadeiras doenças – diabetes, doença coronariana, hipertensão arterial. O excesso de peso só pode agravá-las.

Em contrapartida, quando o desejo de emagrecer é de apenas alguns quilos, caso de pessoas com composição corporal normal (IMC entre 18,5 e 24,9), o problema é bem diferente.

Então, o que fazer? Que atitude o médico deve adotar diante do que ele pode considerar como um "pseudoproblema" de peso? O que fazer diante desse desejo de emagrecer amparado no ideal de magreza, símbolo de sedução e sucesso social, que impera em nossos dias?

O caso de Julieta

Julieta, 27 anos, recepcionista, mede 1m69 e pesa 63 quilos. Seu IMC é de 22 e sua massa gorda de 23%. Em termos médicos, portanto, ela não precisa emagrecer. Contudo, ela quer muito perder peso, pelo menos três quilos. A rigor, ela poderia perder 1% de sua massa gorda, ou seja, cerca de 600 gramas. Mais que isso, ela arrisca-se a perder água ou músculos, com todos os perigos que isso comporta. O primeiro dever de seu médico é explicar-lhe a situação e preveni-la contra todo regime extravagante, até perigoso, que no mínimo irá fatigá-la e, na pior hipótese, conduzi-la ao hospital.

Qualquer que seja a solicitação de emagrecimento, o médico deve sempre decodificar o discurso, porque é preciso entender o que está sendo falado, mas também decifrar o que não está sendo explicitado (os "não-ditos").

Essa "decodificação", às vezes, permite concluir que é preferível não ajudar certas pessoas a emagrecer, sob pena de causar grandes perturbações. Conforme mostrou um estudo do dr. B. Waysfeld, realizado com pacientes cujo desejo era perder apenas uns quilos, atrás da expressão "eu quero emagrecer" escondem-se, na verdade, diversos modos de expressão:

- A solicitação estereotipada: a pessoa quer estar de acordo com a moda, em sintonia com a mania de magreza do momento.
- A solicitação somática: a pessoa está centrada no próprio corpo e seu desejo pode expressar a angústia real de ter uma doença ou correr risco de morte. Por trás dessa solicitação específica, perfilam-se ameaças ressaltadas pelo cardiologista, pelo endocrinologista etc.
- A solicitação ambígua: a pessoa é uma eterna insatisfeita. Esguia, nem por isso está feliz; emagrecer só irá satisfazê-la em parte.

- A solicitação deslocada: a pessoa quer mesmo mudar sua própria vida. Mas não sabe como ou não ousa iniciar grandes mudanças. Tenta, então, primeiro modestamente, mudar seu corpo. Na realidade, ela deveria atuar em outros campos de sua vida.
- A solicitação verdadeira: o sujeito exprime claramente e de maneira realista o que espera do emagrecimento.

Considerar as diversas solicitações citadas permite escolher a melhor e mais adequada resposta ao desejo expresso de perder peso.

Um indivíduo psicossomático expressa suas angústias e seus problemas existenciais em seu corpo. Ele tem uma solicitação estereotipada ou somática. Ele come pouco, mas seu peso permanece estável. O tratamento será, primeiro, dietético, para ensinar-lhe a equilibrar seus aportes alimentares; depois, psicológico, se necessário (caso de o desejo de emagrecer revelar-se realmente patológico).

A resposta do médico a Julieta

Julieta, recepcionista, tem uma solicitação estereotipada, ligada à sua profissão. Seu médico concorda em ajudá-la, mas, em vez de um regime, ele a aconselha, antes de tudo, a incrementar sua atividade física e a não tentar perder mais do que um quilo, para não correr nenhum risco.

O caso de Carina

Carina, 44 anos, diretora de Comunicação, pesa 62 quilos para 1m68 metro. Seu IMC é de 22, sua massa gorda de 27%. Ela quer emagrecer quatro quilos. A distribuição de sua massa gorda é, sobretudo, ginecóide (ver pergunta de n.º 9). Um ano antes, ela submeteu-se a uma lipoaspiração, o que deu a seus quadris um aspecto antiestético (surgiram pequenas ondulações na pele já prejudicada por estrias). Ela também retirou um pretenso queixo duplo que, na verdade, só aparecia quando ela inclinava a cabeça para a frente, defeito que ela descobriu vendo-se numa foto.

Interrogando bem essa paciente, o médico concluiu que seu verdadeiro problema era a angústia de envelhecer. Emagrecer era um pretexto para sentir-se mais segura. Mas tudo o que Carina empreende para melhorar sua silhueta parece-lhe resultar em semifracasso. Seu médico persuadiu-a que, com quatro quilos a menos, sua angústia existencial persistirá. Ela vai achar outra coisa para corrigir. Carina é uma eterna insatisfeita. Ela não deseja perder quatro quilos, ela queria de fato perder 20 anos! Emagrecer é desaconselhável para ela. Ela tem mais necessidade de uma psicoterapia para aprender a amar-se e reencontrar segurança.

Numa pessoa vítima de neurose, seja ansiedade ou angústia, a solicitação é ambígua e deslocada. Como, aliás, o peso é para ela apenas a transferência de um problema não resolvido, ele aumenta regularmente e transtornos de comportamento alimentar são freqüentes (boquinhas, bulimia). É fundamental para essa pessoa começar uma psicoterapia, com nutricionista intervindo, se for o caso, apenas num segundo momento.

O caso de Mônica

Mônica, 52 anos, diretora de Marketing, mede 1m65 e pesa 62 quilos. Apesar de ter IMC de 22,8 e massa gorda de 27%, ela quer muito emagrecer: no mínimo seis quilos. Um exame mais aprofundado de suas motivações evidencia o fato de seu marido estar a ponto de deixá-la para ir viver com uma mulher mais jovem. Mônica está convencida de que se perder seus quilos, seu marido ficará com ela. Essa solicitação está praticamente fadada ao fracasso. Contrariando a opinião de seu médico, ela iniciou um regime severo. Perdeu dez quilos em três meses. O que não impediu que seu marido a deixasse... Resultado: por causa da depressão, um ano depois ela retomou 16 quilos e agora pesa 68 quilos. No seu caso, o emagrecimento evidentemente não é o verdadeiro problema e, com certeza, não deve tentar perder peso. Apesar da contra-indicação, ela conseguiu aumentar seu peso inicial, o que a perturba ainda mais. Mônica sofre de solidão e está insegura consigo mesma.

Pode ser até mesmo perigoso tentar fazer com que pessoas realmente obesas (com IMC de 30 ou mais) emagreçam de repente, já que sua grande composição corporal não é para elas necessariamente um inconveniente maior:

- Algumas reafirmam-se com seu corpo, ocupam espaço, ganham importância. Seu "corpo-objeto-de-peso" é um símbolo de poder. Isso é especialmente significativo em uma criança que não consegue achar seu lugar dentro da própria família: ganha peso para tentar existir. Atrás de suas formas roliças, pode esconder-se uma raiva primitiva, uma agressividade latente.
- Outros criam para si um "corpo-muralha" que se torna uma proteção contra o outro. Isso faz com que não sejam desejados Essa recusa da sexualidade pode ter origem em violência sexual antiga, sobre a qual é preciso interrogar-se.

- O "corpo-carapaça" pode ser um meio de lutar contra a depressão. Engordar serve para sublimar. Não podendo apoiar-se nas outras pessoas, o depressivo busca ter o máximo de si mesmo para apoiar-se. "Quando não há mais ninguém para amar você, em volta há a gordura", escreveu Romain Gary em *Gros-Câlin*.

Isso mostra bem por que nem sempre uma pessoa com indiscutível excesso de peso deva necessariamente emagrecer. Antes de encarar um emagrecimento, o excesso de peso, às vezes, deve ser provisoriamente respeitado e iniciada uma psicoterapia para resolver os problemas "anexos" que constituem, em realidade, o verdadeiro problema. Não é fácil avaliar e compreender bem todos esses casos.

Se um profissional que não seja da área da saúde ou um médico mal preparado cuidar de pessoas que querem emagrecer, os resultados podem ser catastróficos: descompensação psiquiátrica ou evolução, a longo prazo, para uma obesidade mais grave.

31 Quais são as minhas motivações?

Já me deu o "estalo"?

Quando se trata de perder peso, antes de falar em motivação ou vontade, é preciso que já tenha ocorrido um "estalo" salutar, que faz a pessoa entrar numa espécie de "estado de graça"! O que era apenas um desejo confuso, amadurecendo, torna-se um imperativo, uma necessidade vital. Em geral, as circunstâncias são muito diferentes da mulher para o homem, assim como o que acontece em seguida.

Decisão de mulher

Na mulher, esse "estalo" geralmente tem origem primeiro na própria imagem refletida no espelho, a visão de seu corpo deformado ("sou eu mesma?"). De repente, ela não se reconhece mais e isso a assusta. O menor reflexo, nas ruas, nas vitrines das lojas, causa-lhe reprovação, reprovação essa que, em seguida, ela projeta no olhar dos outros, pessoas que ela não se sente mais capaz de seduzir.

Subitamente, seu estômago se contrai e ela não aceita mais o lanchinho habitual. Uma solução impõe-se: ela precisa perder seus quilos a mais. Uma vez tomada a decisão, uma certa euforia a invade, mas logo dá lugar a um desalento, ou até à ansiedade: muitas vezes, esta não é a sua primeira tentativa e todas as outras fracassaram... E aí, qual é o método ideal?

Vontade do homem

No homem, a maior parte do tempo o movimento é outro. Ser "um pouco cheinho" é socialmente mais aceitável num homem do que numa mulher, sobretudo na faixa dos 50 anos, embora não seja a mesma coisa lá pelos 35, 40 anos. Nessa idade, para estar adequado à imagem que ele quer transmitir socialmente de si mesmo, o homem deve ser esguio e musculoso, físico que, na nossa sociedade, é sinônimo de dinamismo e bom desempenho.

É essa eficiência que o homem espera encontrar ao emagrecer. Ele então inicia o emagrecimento e vive-o como um desafio: a noção de fracasso não é considerada, até porque, em geral, é seu primeiro regime. E os homens, por razões genéticas (ver pergunta de nº 21), emagrecem mais facilmente do que as mulheres...

Quanto às preocupações em relação à saúde (medo de envelhecer, outras doenças, possíveis complicações), elas estão latentes, mas, em geral, jamais são claramente expressas.

Conforme a maneira como se decide emagrecer (lenta maturação, "estalo" súbito) e de acordo com o sexo da pessoa (considerando que essas características pinçadas aqui sejam apenas exemplos gerais), vai ser preciso escolher a abordagem que melhor adapta a suas motivações e personalidade.

Quais são as minhas razões para emagrecer?

Quando, em 1990, a empresa francesa SOFRES, de pesquisa de opinião, fez uma grande sondagem (consulte informações sobre pesquisas realizadas no Brasil na página 335) sobre regimes de emagrecimento, fez às pessoas a seguinte pergunta: "Por que você tem desejo ou necessidade de perder peso?". As respostas revelaram claramente uma maior preocupação com o bem-estar ou a estética do que com a saúde. Veja o que os franceses que participaram da pesquisa apontaram como motivações:

- 37%: Para me sentir mais à vontade.
- 29%: Para melhorar minha aparência física.
- 14%: Porque tenho problemas de saúde.
- 12%: Para permanecer com boa saúde.
- 6%: Para melhorar minha capacidade física.
- 2%: Por outras razões.

Em 2001, o Instituto Louis Harris, por sua vez, lançou-se a uma vasta sondagem para compreender o que leva as pessoas a querer emagrecer.

Respostas das mulheres

Quando você faz um regime ou presta atenção à sua alimentação, o que você busca?

- 37%: Estar bem comigo mesma.
- 37%: Garantir melhor saúde.
- 18%: Permitir-me ser mais ativa, mais dinâmica.
- 6%: Permitir-me ser mais sedutora.
- 2%: Não se pronunciaram.

A maior parte das mulheres de vez em quando faz um regime. Qual frase se adapta melhor a você?

- 44%: Não faço regime, mas presto atenção à minha alimentação.
- 26%: Não faço regimes emagrecedores.
- 13%: Às vezes, faço regimes (depois de festas, antes das férias).
- 11%: Faço regimes por razão de saúde.
- 6%: Passo minha vida fazendo regimes, estou sempre com quilos a mais.

Como você se vê?

- 55%: Exatamente como sou.
- 36%: Um pouco roliça.
- 5%: Realmente muito gorda.
- 3%: Um pouco magra.
- 1%: Realmente muito magra.

Um total de 60% gostaria de ter a silhueta da atriz Carole Bouquet; 23% a de Marilyn Monroe e somente 6% a linha da também atriz e cantora Jane Birkin. Isso significa que apenas cerca de um quarto das mulheres sonham ter a silhueta voluptuosa de uma mulher que, mesmo sendo uma beleza atemporal, apresenta formas mais adequadas aos padrões de beleza dos anos 60 do que os de hoje (ver pergunta de nº1)!

Respostas dos homens

Como você se vê?

- 55%: Exatamente como sou.
- 33%: Um pouco cheinho.
- 10%: Um pouco magro.
- 1%: Realmente muito forte.
- 1%: Realmente muito magro.

O que você acha de sua parceira?

- 83%: Exatamente como ela é.
- 12%: Um pouco gordinha.
- 3%: Um pouco magra.
- 1%: Realmente muito gorda.

A maior parte das mulheres, de vez em quando, faz um regime. Sendo esse ou não o caso de sua parceira, dê sua opinião sobre o assunto:

- 53%: As mulheres têm razão em fazer regimes.
- 46%: As mulheres não deveriam fazer regimes.

Tudo indica que os homens sofrem a influência da moda atual, que idealiza a magreza, já que mais da metade acha que as mulheres têm razão em fazer regimes! E só 13% deles acham sua parceira um pouco ou francamente gorda: será que o olhar apaixonado talvez seja menos intransigente?

Os diferentes resultados mostram não apenas que o desejo de emagrecer das mulheres tem pouco a ver com o de seus parceiros (tanto quando elas se referem a eles quanto a si mesmas), ainda que corresponda à vontade de um seduzir o outro. Eles revelam também que as motivações estéticas estão entre os motivos principais para se querer perder peso, embora apontem também para razões psicológicas.

Perder peso é sentir-se mais leve, sentir-se flutuar, e é, sobretudo, uma intensa satisfação psicológica. Conseguir dominar o próprio apetite e o próprio corpo equivale a subjugar os acontecimentos. Emagrecer é um sinal de realização pessoal. A auto-estima dispara como uma seta assim que os quilos desaparecem! O regime pode tornar-se, portanto, um verdadeiro prazer narcísico... ou até mesmo uma questão de auto-estima.

32 Devo esperar um excesso maior de peso antes de tomar uma atitude?

Se o peso aumenta regularmente e de maneira progressiva (cerca de um quilo por ano), o limite de tolerância será maior. Se um dia surgir aquele "estalo" de querer emagrecer, será mais por buscar um bem-estar do que por pressão do ideal de magreza.

Por outro lado, quando o ganho de peso é brusco e substancial (como o que acontece depois da gravidez), ele é, em geral, mal tolerado e logo desponta o desejo precoce de querer emagrecer.

Então, quando é preciso buscar ajuda?

Na maioria das vezes, a pessoa que sofre de excesso de peso culpa-se e teme a opinião do médico ou fica apreensiva porque imagina que ele poderá descobrir eventuais riscos em relação ao seu colesterol e hipertensão arterial. O medo de se deparar com uma realidade ainda mais inquietante pode fazer com que a pessoa recue em seu intuito de emagrecer, fazendo com que espere ainda mais antes de encarar o problema.

No entanto, é desejável que você solicite cuidados médicos assim que seu IMC atingir 25, e até antes, se o peso aumentar regularmente. A ocorrência de complicações é também uma excelente razão para levar o problema a sério.

O ideal seria prevenir o excesso de peso e agir o quanto antes, já ao ganhar dois ou três quilos (desde que sejam estruturais e não excessos episódicos decorrentes de festas de fim de ano, por exemplo), para rapidamente resolver o problema e evitar que o processo se prolongue de maneira contínua e insidiosa.

Concluindo: é inútil demonstrar preocupação excessiva com o peso se não for um desejo justificável (caso em que apresenta corpulência normal em termos médicos, IMC inferior a 25), mas apenas movido pelo ideal de magreza. Por outro lado, também não é bom ceder à tentação e deixar a situação instalar-se porque você acha que ainda tem alguma margem de manobra...

Nem ansiedade nem negligência, mas o meio termo... que é como se deve agir sempre em matéria de saúde!

33 Que riscos eu corro tendo quilos a mais?

Penso nisso e depois esqueço...

A determinação da gradação do IMC (magreza, composição corporal normal, excesso de peso, obesidade classe I, II e III, ver pergunta de nº 6) baseia-se na ocorrência dos fatores de risco. Quem apresenta excesso de peso tem consciência do risco que ela representa à saúde, não há necessidade de repetir isso sempre.

Contudo, mesmo que essas pessoas estejam conscientes, essa é geralmente uma motivação secundária (caso do tabagismo: mesmo que um fumante responda "corretamente" a uma pesquisa sobre os riscos que fumar traz à saúde, essa não é sua motivação principal para parar de fumar). Em parte, isso se explica pelo fato de que é sempre desagradável ser obrigado a fazer alguma coisa. Parece mais gratificante tomar uma decisão, sinal de que somos senhores da situação.

Mesmo que seja inútil lembrar às pessoas com excesso de peso os riscos que correm, é necessário que todos tomem consciência de que a doença, quando em aumento constante, expõe a múltiplos riscos, alguns graves e até mortais.

Para quem tem excesso de peso (IMC de 25 ou mais), a freqüência de doenças (morbidade) e, às vezes, até mesmo de morte súbita, cresce proporcionalmente ao aumento do IMC.

A curva do risco de complicações ligadas ao peso tem a forma de um "J". Uma pessoa obesa está tão exposta quanto uma pessoa magra, que tenha IMC inferior a 18,5 (ver gráfico a seguir).

Compreendidas todas as causas de mortalidade, índice de mortalidade em relação ao IMC

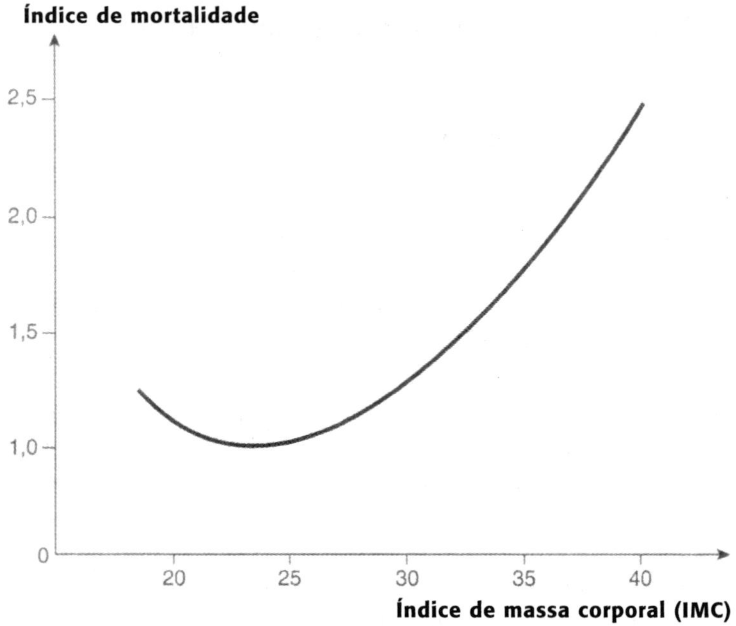

Um índice de massa corporal de 1,5 equivale a um risco de mortalidade aumentado em 50% em relação à média francesa (determinada pela cifra 1).

Bobagem acreditar que ser magro seja necessariamente ideal e suficiente para se proteger contra todos os problemas de saúde. Inúmeras mulheres magras, com aportes alimentares insuficientes ou desequilibrados, são susceptíveis de ter déficits de vitaminas, sais minerais e oligoelementos. Tais distúrbios podem ocasionar fadiga recorrente, pressão arterial baixa, anemia e queda da resistência imunológica (o que deixa a pessoa vulnerável às infecções). Manequins e ginastas que são forçadas a regimes muito restritivos, a fim de que permaneçam filiformes, estão sujeitas à apresentar ausência de menstruação (amenorréia), esterilidade e osteoporose precoce (com risco de fraturas).

A zona de menor risco é a da composição corporal considerada normal, ou seja, aquela em que o IMC situa-se entre 22 e 24.

A mortalidade

A mortalidade precoce está, sobretudo, ligada à obesidade andróide e à obesidade abdominal profunda (ver pergunta de nº 9), freqüentemente associadas a anomalias metabólicas (excesso de glicose no sangue, colesterol, insulina, triglicerídeos), que favorecem especialmente o diabetes. Este, por sua vez, danifica as artérias coronarianas, ocasionando infarto do miocárdio e hipertensão arterial, causa de acidentes vasculares cerebrais.

O risco de mortalidade precoce aumenta 50% num homem cujo IMC ultrapassa 25 a 30, risco que se repete em homens de 30 a 44 anos com IMC superior a 27.

Esse risco não é negligenciável: a obesidade é a quinta causa de mortalidade no mundo. Nos Estados Unidos, a cada ano, cerca de 300 mil mortes estão relacionadas ao excesso de peso.

Na França, estima-se que 55 mil mortes por ano decorram diretamente da obesidade e 180 mil indiretamente, devido às doenças e complicações ligadas a ela: diabetes, hipertensão arterial, infarto do miocárdio etc. No Brasil, ela é responsável por 80 mil óbitos por ano (consulte informações sobre pesquisas realizadas no Brasil na página 335)

A principal causa dessas mortes prematuras é o dano cardiovascular, principalmente o das coronárias (artérias que irrigam o coração).

A morbidade

A freqüência de doenças geradas pela obesidade (morbidade) aumenta regularmente com o IMC e torna-se preocupante quando ele atinge 30.

Em certos casos, é difícil interpretar as estatísticas: as complicações estão especificamente ligadas à obesidade ou a obesidade apenas agrava certas doenças?

Quando ocorre um acidente vascular cerebral num hipertenso obeso, por exemplo, é difícil saber (desde que não se tenha o histórico médico do paciente) se a obesidade foi a causa primeira e a hipertensão uma complicação, ou se esta última só apareceu porque o indivíduo tornou-se progressivamente obeso.

A lista de afecções ligadas à obesidade é longa, citaremos apenas as principais.

Complicações cardiovasculares

- Insuficiência coronariana: angina de peito, infarto do miocárdio (um aumento de 10% do peso de um homem equivale a um aumento de 13% do risco coronariano).
- Hipertensão arterial: as pessoas obesas têm três vezes mais risco de sofrer de hipertensão arterial do que as que têm peso normal.
- Acidentes vasculares cerebrais: hemorragias ou trombose.
- Insuficiência cardíaca com edemas.
- Trombose venosa profunda, causa de embolia pulmonar.
- Varizes.
- Distúrbios de ereção.

Complicações respiratórias

- Insuficiência respiratória restritiva: dispnéia de esforço.
- Apnéias do sono: pausas respiratórias noturnas, roncos, cansaço e dor de cabeça ao acordar, distúrbios da atenção e sonolência diurna.
- Hipertensão arterial pulmonar.
- Asma.

Complicações endócrinas e metabólicas

São essencialmente ligadas à obesidade andróide (ver pergunta de nº 9):

- Excesso na secreção de insulina e/ou de uma resistência à insulina (ver pergunta de nº 23).
- Diabetes não insulino-dependente, do tipo II (diferente do diabetes de tipo I do jovem, por inexistência de secreção de insulina). Há 18% de diabéticos se o IMC estiver em 28; 30% para um IMC de 30. Aliás, 80% dos diabéticos de tipo II são obesos.
- Hiperlipidemia: elevação das taxas sangüíneas de colesterol total, do colesterol LDL[2] ("mau"), dos triglicerídeos, queda do colesterol HDL[3] (o "bom").
- Excesso de ácido úrico no sangue, gota.
- Distúrbios da ovulação, de riscos de esterilidade, de cistos do ovário.
- Ginecomastia (ligeiro aumento do volume dos seios em homens).

Nota do autor

2. LDL (*Low density lipoproteins*): proteínas de baixa densidade. Elas transportam as gorduras e têm tendência a depositá-las sobre as paredes arteriais (ateroma). Fala-se, então, em "mau" colesterol porque ele acaba por "entupir" as artérias (como ferrugem num cano doméstico).

3. HDL (*High density lipoproteins*): proteínas de baixa densidade. Elas trazem gorduras de volta ao fígado para serem recicladas. Elas evitam os depósitos adiposos arteriais e até diminuem os que existem. Fala-se, então, em "bom" colesterol porque ele não se fixa sobre as paredes arteriais. Na realidade, não há colesterol bom ou mau, há um único colesterol que pode ter uma ação boa o má...

Complicações reumatológicas

- Agravação de anomalias das curvas da coluna vertebral, tais como hiperlordose lombar ou escoliose.
- Dores dorsais ou lombares.
- Artrose (por dano das cartilagens articulares) dos joelhos (gonartrose) e dos quadris (coxartrose).

Complicações digestivas

Podem estar associadas à obesidade:

- Cálculos da vesícula biliar (freqüência multiplicada por três se o IMC for superior a 30).
- Refluxo gastroesofagiano e hérnias de hiato.
- Depósitos gordurosos no fígado (esteatose hepática).

Complicações cutâneas

- Celulite.
- Transpiração excessiva.
- Micoses nas dobras da pele.
- Edemas dos membros inferiores.
- Estrias.
- Pilosidade exagerada na mulher (hirsutismo).
- Perda dos cabelos antes dos 35 anos, no homem (um sinal de insulinorresistência).

Complicações neoplásicas

Os riscos de falecimento em decorrência de um câncer aumentam nas pessoas obesas: mais 55% nas mulheres e mais 33% nos homens. Entretanto, segundo uma pesquisa realizada, em 1999, 30% das pessoas entrevistadas ignoram esse fato...

Os tumores malignos cuja freqüência aumenta nas pessoas obesas são:

- Na mulher: colo de útero, ovários e mamas (após a menopausa), pâncreas, vias biliares.
- No homem: próstata, vesícula biliar, reto.
- Em ambos os sexos: intestino grosso (cólon), rim.

Estima-se que 21 mil tumores malignos de cólon e 13 mil de mama poderiam ter sido evitados a cada ano na União Européia, se o IMC da população em geral estivesse abaixo de 25.

Outras complicações médicas ligadas à obesidade

A obesidade provoca outros problemas médicos, já que pode ser difícil tratar um paciente cuja morfologia não está "adaptada" ao material médico padrão. Podemos, então, ver-nos diante de:

- Dificuldades para pesar o paciente porque a balança do clínico geral às vezes é inadequada.
- Dificuldades para medir a pressão arterial (braçadeira com diâmetro pequeno demais).
- Dificuldades para encontrar as veias durante exame de sangue.
- Dificuldades para efetuar a hospitalização (transporte em maca, leito, assentos etc.).
- Dificuldades para interpretar radiografias, tomografias e imagens por ressonância magnética (imagens de má qualidade em caso de obesidade maciça).
- Riscos obstétricos ligados à gravidez (diabetes, hipertensão arterial, flebite) e ao parto (risco anestésico, em caso de cesariana).
- Dificuldades para calcular doses eficazes dos medicamentos.
- Clara elevação do risco anestésico e cirúrgico.

Efeitos colaterais do tratamento da obesidade

A obesidade não é, no entanto, a única a provocar riscos de afecções mais ou menos graves. Seu tratamento também pode ter efeitos secundários indesejáveis:

- Desequilíbrio dos nutrientes (proteínas, vitaminas, sais minerais, oligoelementos) se o regime for mal conduzido.
- Recaídas com aumento progressivo do peso e, ao final, agravação da obesidade (ver pergunta de nº 29).
- Aparecimento de distúrbios de comportamento alimentar: anorexia, bulimia, restrição cognitiva etc. (ver perguntas de nºs 25-28).
- Complicações ligadas aos medicamentos emagrecedores (ver pergunta de nº 44).
- Complicações ligadas à cirurgia de obesidade (ver pergunta de nº 45).
- Efeitos nocivos de certos regimes (ver pergunta de nº 41).
- Estado depressivo.

Essa lista (incompleta) não tem o objetivo de alarmar inutilmente nem o de passar em revista todos os riscos que ameaçam quem sofre de um real excesso de peso. Ela visa, na verdade, informar e alertar porque, como vimos, a obesidade é mais fácil de prevenir do que de curar.

E é ainda mais importante preveni-la, porque os indivíduos com excesso de peso não são vítimas somente de complicações médicas, mas também de conseqüências psicosociais: enfrentam dificuldades funcionais (especialmente nos transportes), problemas para serem contratados e se manterem no emprego, afastamentos freqüentes por invalidez, discriminação social. São afetados também por problemas de ordem pessoal (baixa auto-estima, autodepreciação, estado depressivo).

A obesidade tem um custo?

A obesidade é muito cara se considerarmos as vidas humanas. Ela tem também um alto custo financeiro para a coletividade: aliás, essa é, além das complicações que provoca, outra razão por que passou a ser considerada uma autêntica doença – e não um simples sintoma.

Nos Estados Unidos, o custo anual da obesidade foi avaliado em 100 bilhões de dólares por ano, ou seja, 10% dos gastos com a saúde. Lá, seu orçamento equivale ao orçamento do câncer ou da aids.

Na França, estima-se que seu custo anual seja de 1,4 bilhão de euros, ou seja, corresponde a 2% dos gastos em saúde. É preciso acrescentar aí o custo do diabetes de tipo II (diabetes senil), que também é equivalente.

Por isso, políticas de prevenção, principalmente em crianças, são a melhor solução: além do benefício sobre o estado geral da saúde da população (uma vez que ainda não são conhecidos tratamentos contra a obesidade, trata-se mesmo da solução mais eficaz), permitiriam diminuir esse custo total.

34 Para emagrecer, eu posso me virar sozinho?

Você tomou a decisão de emagrecer, mas não sabe por qual ângulo atacar o problema?

Se for a primeira vez que você empreende esse tipo de tentativa e se seu excesso de peso for modesto, pode-se tentar improvisar, comendo de tudo, mas em menores quantidades. Ou pode-se cortar alguns alimentos *a priori* suspeitos de agravar a situação: carnes embutidas e frios muito gordos, doces, massas, talvez pão. Mas será que sua intuição (ou noção) em matéria de nutrição é bastante exata para que você consiga administrar a situação sem ajuda?

Sozinho, talvez você possa seguir os conselhos de uma revista (ver pergunta de nº 35). Mas um artigo, mesmo de várias páginas, será que realmente responde a todas as suas dúvidas?

Sozinho(a), talvez você possa pedir conselhos a quem emagreceu com sucesso. Porém, todas essas tentativas, empreendidas com o objetivo de perder alguns quilos, só funcionam a curto prazo. O que fazer se o peso estagnar-se? E como administrar o período que se segue ao regime? Como manter o peso alcançado sem permanecer em regime a vida toda? Será mesmo razoável lançar-se em tal façanha sem ajuda, apenas baseando-se em algumas observações empíricas?

Lembre-se de que um erro logo na primeira tentativa pode favorecer o ingresso na espiral do efeito sanfona, que fará com que você passe dos três "infelizes" quilos a uma verdadeira obesidade. A longo prazo, pequenos erros podem ter grandes conseqüências!

Como vimos, saber como o próprio corpo funciona (digestão, armazenamento das gorduras, débitos energéticos etc.), de que são compostos os alimentos e quais escolher para favorecer a perda de peso são aprendizados que não podemos nos poupar deles. Enfim, é preciso aprender (ou reaprender) a comer.

Um livro pode complementar (ver pergunta de nº 36) os cuidados de um profissional. Mas consultar um médico ainda é indispensável, seja por causa de apenas uns quilinhos suplementares (ele ajudará você a ficar no caminho certo), seja por excesso de peso ou obesidade (o médico, inclusive, detectará a existência ou não de complicações que ainda não tenham se manifestado, embora já presentes).

35 Basta, então, seguir os conselhos das revistas?

As revistas femininas ou de saúde são prolixas em artigos sobre emagrecimento. Esse é, ao lado da sexualidade e da cirurgia estética, um dos temas-chave para vender cada vez mais periódicos... Assim, o emagrecimento (ver pergunta de nº 1) é um assunto abordado praticamente ao longo de todo o ano.

Os conselhos podem ser bons, mas num artigo de algumas páginas, eles só fornecem os grandes eixos de ação. É difícil desenvolver a questão com suficiente exatidão para que se torne absolutamente prática. Quando existem cardápios detalhados, em geral bem concebidos por uma nutricionista competente, eles propõem refeições para apenas algumas semanas. O que fazer depois? Repeti-los sempre? Quando você não cumpre com a lógica de elaboração desses cardápios, é difícil compor outros depois. Sem contar que certos pratos aconselhados para o almoço nem sempre são fáceis de levar para o trabalho!

Preocupada em informar, a mesma revista vai tratar de um grande número de regimes bem diversos. Essa diversidade, infelizmente, não ajuda a aprofundar o método que se escolheu para pôr em prática; e, assim, você se arriscará a ficar confuso com a explicação de um outro regime, que, às vezes, contradiz a concepção daquele que você já vinha seguindo.

Portanto, é mais sensato conceber a revista como um meio de manter-se atualizado quanto à evolução das concepções e das fórmulas propostas, sem, no entanto, querer fazer delas uma ferramenta prática para guiar seu emagrecimento.

Tente também ler com um certo espírito crítico os artigos apresentados e evite considerar declarações mirabolantes como certezas absolutas... a simples leitura não permite determinar se a eficácia do método decantado foi realmente comprovada por estudos científicos sérios.

Quer se trate de livros ou de revistas, desconfie dos êxitos espetaculares dados como exemplos ou de cartas exageradamente entusiastas de leitores expostas como prova: elas não têm nenhum valor.

Esse mesmo espírito crítico, você deve ter também em relação aos produtos "emagrecedores" enaltecidos pela publicidade. Muitos dentre eles (ver pergunta de nº 45) efetivamente afinam, mas não emagrecem, outros são totalmente ineficazes e só tornam mais leve o seu bolso, e não seu peso! Quanto à periculosidade de certos tratamentos, ela ainda não é mencionada de forma evidente, ainda que certos acidentes já tenham sido registrados por centros toxicológicos ou de antienvenenamento e descritos em revistas científicas especializadas.

36 Pode-se emagrecer lendo um livro?

Uma obra pode, a princípio, ajudar a refletir sobre o problema do excesso de peso. É o que tentamos fazer aqui.

Ao se decidir mergulhar na tarefa de emagrecer, é bom que você reflita sobre a atual mania de magreza que invadiu nossa sociedade e compreenda os grandes princípios dos mecanismos do aumento de peso.

Também é indispensável que você tenha ao menos uma idéia dos principais métodos de emagrecimento, de suas vantagens e inconvenientes, e aprenda a conhecer os nutrientes que compõem os alimentos, para ser capaz de, posteriormente, fazer as escolhas certas.

É útil aprender tudo isso. Os alimentos são nosso combustível! Da escolha dos alimentos certos e de qualidade depende nossa vitalidade e saúde. Ora, nós, às vezes, temos tendência a negligenciar nosso corpo e os sinais de alerta que ele nos envia, pensamos no prazer imediato sem planejar nosso bem-estar a longo prazo.

Por outro lado, é importante que cada um de nós seja responsável e esteja em condição de cuidar melhor da própria alimentação. É isso que todo médico deseja transmitir a seus pacientes.

Infelizmente, no entanto, as informações transmitidas durante uma consulta de nutrição são forçosamente fragmentadas, já que não se pode aprofundar tudo em 45 minutos! Um livro, então, traz elementos de aprendizado que permitem complementar essa primeira abordagem.

Mas atenção: nenhuma obra, por mais completa que seja, pode substituir os cuidados individuais prestados por um médico. Ela completa o discurso do profissional e esclarece (desde que haja coerência entre as duas mensagens) e contribui para a obtenção de um melhor resultado.

Um livro não poderia dispensar a opinião de um especialista, especialmente se o excesso de peso for importante. Em contrapartida, ele permite que você escolha melhor as prescrições e possa discuti-las com seu médico: assim como o médico pode explicar o que você leu e não compreendeu inteiramente, o livro também pode ajudar a entender melhor o que o profissional diz.

37 Devo consultar um especialista? Qual?

Relatar seus problemas, solicitar apoio, encontrar um interlocutor exige que se procure aquele ou aquela que vai tomar sua mão e guiar e ajudar você a encontrar um novo corpo, com o qual deverá reconciliar-se.

Devo dirigir-me a um nutricionista?

Nutricionista é o profissional mais indicado para calcular, orientar e acompanhar uma dieta individual. Esse profissional, além de atuar em empresas, escolas, spas e hospitais, acompanha dietas individuais em situações de doenças, junto a médicos e especialistas em controle de peso, em consultório médico ou nutricional. O nutricionista, além de elaborar dietas, cria cardápios periódicos para reeducação alimentar residencial ou empresarial.

Devo dirigir-me a um clínico geral?

Durante a formação acadêmica em Medicina, a disciplina Nutrição não ocupa mais de seis meses do currículo médico, embora, somada às outras disciplinas básicas a que os futuros médicos se dedicam e estudam, os clínicos gerais tornem-se aptos a avaliar as possíveis causas do sobrepeso. No curso de Medicina, várias horas são consagradas ao diabetes, à elevação da taxa de colesterol ou de triglicerídeos, à gota e à constipação. Restam cerca de três horas mais especificamente consagradas à alimentação de pessoas sadias e duas horas para os cuidados em caso de excesso de peso...

É por isso que, se o médico não tiver a preocupação em participar, buscando uma formação médica contínua (infelizmente ainda facultativa), de seminários especificamente consagrados ao tratamento da obesidade e do excesso de peso, ele estará mal preparado para responder a perguntas específicas de paciente que o procuram para emagrecer. Seus conselhos se resumirão, em geral, à prática de um regime hipocalórico – regime em que o aporte calórico diário é reduzido (e do qual ele poderá entregar ao paciente uma de várias cópias padronizadas que possuir) – e à prescrição de um medicamento, se lhe parecer indicado. Na verdade, esse médico tem competência mais para traçar diagnósticos e tratamentos para as complicações (diabetes, colesterol aumentado, problemas vasculares etc.).

Quer dizer, apesar de toda a boa vontade do médico generalista, ele está, em geral, mal preparado para prescrever cuidados contra o excesso de peso em todas as suas dimensões nutricionais, comportamentais e psicológicas. Aliás, ele tem tendência a enviar o paciente para um médico especialista.

Devo dirigir-me a um psiquiatra?

Vários livros (entre os melhores) que versam sobre o tratamento da obesidade foram escritos por psiquiatras ou psicólogos especializados em comportamento alimentar. Sua abordagem é, em geral, apaixonante do ponto de vista intelectual. Depois de iniciados os cuidados, num segundo momento, essa intervenção é desejável. Na verdade, ela é indispensável, sobretudo, se os transtornos do comportamento alimentar ou a perturbação quanto à imagem do próprio corpo parecem ocupar o primeiro plano dos problemas da pessoa que sofre por causa do excesso de peso.

Não se deve ter medo, portanto, de se consultar um psiquiatra se seu médico nutrólogo assim aconselhar. Isso não quer dizer que ele pensa que seu problema de peso é apenas imaginário: na verdade, ele leva-o completamente a sério... É que seu problema talvez não seja necessariamente alimentar, por isso é desejável que você estabeleça uma reflexão mais profunda sobre suas relações com seu próprio corpo, com sua alimentação, com os outros. Ora, nessa busca, um psiquiatra é mais capaz do que um nutrólogo...

Devo dirigir-me a um médico nutrólogo?

Especialidades médicas são muito comuns no Brasil. Ao escolher essa especialidade, os médicos nutrólogos capacitam-se a prescrever dietas, especialmente em hospitais, como, por exemplo, dietas enterais e parenterais. A elaboração da dieta de controle de peso requer conhecimentos culinários e cálculos da composição nutricional da dieta, próprios da formação do profissional nutricionista. Geralmente, o médico nutrólogo trabalha com um nutricionista.

Como escolher o nutrólogo? Essa pergunta não é tão despropositada quanto parece. Ao contrário! Escolher um médico nutrólogo é escolher a pessoa que o acompanhará no longo caminho que deverá levá-lo a repensar sua alimentação; portanto, implica a decisão de estabelecer uma relação duradoura com outra pessoa: mais vale, portanto, escolher esse "parceiro" com atenção...

Os elos que vão estabelecer-se entre o médico e o candidato à perda de peso são essenciais. Se seu dueto funciona bem e vocês se "entendem", o resultado será bem melhor do que se houver desconfiança, incompreensão, tensão, relação de força ou conflito.

Se você se pergunta se é preferível escolher um médico ou uma médica, saiba que isso não depende de seu desejo. Não se trata de raciocinar em termos de sedução, mas como a intenção de agradar está sempre latente na pessoa com excesso de peso, um profissional do sexo oposto costuma ser recomendável.

O caso de Cláudia

Cláudia pesa 65 quilos para 1m68. Bela mulher de 49 anos, ela não está satisfeita com seu físico e consulta uma médica nutróloga para emagrecer. Talvez Cláudia, diretora financeira, esteja impaciente demais, mas suas exigências irritam visivelmente a dra. X, que não quer perder seu tempo. A primeira consulta encerra-se num clima de contrariedade mútua. Na terceira, Claúdia perdeu apenas dois quilos e insiste que quer alcançar 60 quilos. A dra. X não consegue impedir de retrucar: "Mas o que é que esses 60 quilos lhe trarão? Afinal, você não é dançarina!". Comentário infeliz, já que rompeu a relação médico-paciente. Cláudia, então, escolhe um profissional do sexo masculino, com o qual ela instaura uma relação de cumplicidade, e que parece compreender melhor sua necessidade de sedução. Seu emagrecimento envereda, então, pela via do sucesso...

Inútil disfarçar esse assunto: o físico de seu médico e, mais particularmente, sua composição corporal, também têm importância...

Um médico que sofre de excesso de peso significativo terá dificuldades, provavelmente, em transmitir credibilidade, já que ele próprio não soube lidar com seu problema. É comum, portanto, você achar difícil confiar inteiramente nele. Se magro demais, ele não lhe parecerá compreensivo: ele não pode estar sintonizado com seu sofrimento porque ele jamais o viveu. O médico ideal é aquele que lhe dá a impressão de já ter percorrido o percurso que você vai empreender e de conhecer bem todas as suas dificuldades. Ele lhe parecerá ser capaz de demonstrar empatia (ou seja, de se colocar no lugar do outro, de sentir o que o outro sente), que é a principal qualidade de um médico nutrólogo, além da sua competência, é claro. Quem apresenta excesso de peso sempre teme ser incompreendido, por isso deve sentir-se confortado.

Mas, uma vez mais, cabe a você julgar qual médico escolher, seja ele magro ou gordo...

38 Por que a primeira consulta é essencial?

Respeitar seu tempo...

No primeiro encontro, o profissional vai colher todos os elementos de que precisa para posteriormente orientar seu tratamento, em especial aqueles que lhe são necessários para reconstituir a história de seu ganho de peso e suas conseqüências.

A primeira consulta é crucial. Ela é longa e necessita ao menos de 45 a 60 minutos de entrevista. Caso necessário, a enquete preliminar, que tem justamente o objetivo de personalizar a futura prescrição, poderá ser dividida em duas consultas.

Quem quer emagrecer geralmente tem pressa e espera rapidamente constatar um resultado. Mas você deve estar consciente de que para chegar a um bom resultado e evitar os erros do passado, é necessário recomeçar do zero e, portanto, dar-se o tempo que for preciso.

A primeira tarefa de seu médico será fazer você compreender que, com ele, as coisas vão desenrolar-se de modo diferente. Acabaram-se os regimes pouco sérios iniciados geralmente em setembro, outubro, novembro ou até mesmo em dezembro, apenas para poder, no verão, entrar no biquíni ou sunga, e que fazem você perder oito quilos imediatamente – mas recuperá-los todos e mais 500 gramas em abril! Raciocínios de curto prazo e objetivos provisórios estão definitivamente banidos.

Não se trata mais de fazer um regime de três meses para perder oito quilos, mas de mudar seus hábitos alimentares, a fim de perder não apenas seis quilos em quatro meses, mas de ser capaz de manter o novo peso alcançado a vida toda, graças a uma alimentação com a qual você pouco a pouco irá se acostumar.

Relatar sua história

Se você tiver como, talvez recorrendo às antigas cadernetas infantis de saúde, conte a seu médico qual foi seu peso ao nascer e a evolução dele ao longo da infância, até os dias atuais.

Isso permitirá a ele detectar os episódios que podem ter sido fatores indutores de um aumento de peso: puberdade, pílula, casamento, interrupção de um esporte, gravidez, desemprego, tratamento com medicamentos, divórcio, depressão, abandono de um regime para emagrecer, acidente com permanência no leito, menopausa, aposentadoria etc. Ele pedirá também que você mencione os diversos regimes que possa ter seguido e/ou os eventuais tratamentos médicos que você fez, assim como os resultados obtidos.

Para avaliar a importância dos fatores genéticos, seu médico interrogará também sobre a composição corporal de seus pais e outros membros da família (irmãos, irmãs, primos etc.) e a de seus filhos, caso você os tenha.

Ele também perguntará sobre seus hábitos alimentares, o ritmo de suas refeições e sua composição, sem esquecer de informar-se sobre seus gostos e preferências. Tal investigação permitirá ao médico detectar os grandes erros alimentares que você possa estar cometendo, com insuficiência de proteínas ou de fibras, por exemplo, mas também suas tendências compulsivas (você é afeito a boquinhas ou à bulimia?).

Tendo estabelecido sua curva de peso, ele determinará se sua evolução é mais linearmente ascendente ou se ela sobe e desce, como os dentes de um serrote, recoberta de incidentes que foram causa de bruscos aumentos de peso. Ele tentará ver se, atualmente, sua curva de peso ainda é ascendente, demonstrando um excesso de peso em fase dinâmica (período de aportes alimentares francamente excedentes) ou se você está numa fase de peso estável há meses, apesar, talvez, de um regime restritivo.

Essa primeira consulta visa, portanto, pesquisar os sinais que poderiam designar uma causa particular para o excesso de peso, detectar os grandes erros alimentares e fazer uma lista dos regimes e tratamentos eventualmente já experimentados (com os resultados alcançados à época).

Despir-se

Muitas vezes, esse ponto da consulta é penoso para aqueles que sofrem de um grande excesso de peso. Aliás, nem sempre o médico consegue que seu paciente se dispa logo na primeira consulta e é obrigado a ter paciência. No entanto, essa é uma etapa necessária para efetuar um exame mais profundo!

O exame clínico desenrola-se da seguinte maneira: verificação da pressão arterial e do pulso, exame dos membros inferiores (eventuais problemas venosos, celulite, edema, artrose do quadril ou joelho), auscultação dos pulmões e do coração. Ele encerra-se por um exame geral objetivando detectar qualquer sinal indicativo de uma complicação ou revelador de um indício interessante.

Em seguida, após o paciente ter sido medido, o médico pedirá que suba na balança. Mais uma etapa difícil de enfrentar, porém obrigatória para calcular o índice de massa corporal (IMC). O profissional termina a consulta pela medida da relação cintura/quadil com uma fita métrica, para avaliar se a distribuição da gordura é mais ginecóide ou andróide (ver pergunta de nº 9).

Ele também pode recorrer à impedanciometria (ver pergunta de nº 9), para medir a percentagem de massa gorda. Durante esse exame, que dura cerca de dez minutos, o médico aproveita para continuar sua investigação sobre os hábitos de vida: como você organiza seu tempo durante a semana e o fim de semana, modalidades de trabalho, maneira de fazer compras, tabagismo ou toxicomania eventuais, sexualidade, importância da atividade física ou uma eventual prática esportiva etc.

Ele pode, enfim, querer avaliar como as pessoas que o cercam reagem diante do excesso de peso do paciente: demonstram compaixão ou exasperação? Qual será seu grau de comprometimento para ajudá-lo a seguir seu novo hábito alimentar, aceitam restringir-se também? O médico pode até mesmo solicitar a presença do cônjuge de seu paciente candidato à perda de peso, para conhecer sua posição quanto à tentativa dele de emagrecer, além de conversar com ambos sobre detalhes da maneira como futuramente farão compras e cozinharão.

O caso de João

João, 53 anos, 84 quilos para 1m76, consulta um nutrólogo que lhe dá conselhos alimentares. Quando João os explica à sua mulher, ela se sente implicitamente desaprovada e explode: "Se você não está contente com minha comida, vá ao restaurante!". Como João não sabe cozinhar, é o que ele faz toda noite durante seis meses... Nem sempre mudar o hábito alimentar é fácil quando não se consegue convencer as pessoas mais próximas a ajudá-lo.

Tomar novas decisões

Mesmo já tendo implicitamente tocado no assunto durante a entrevista, o médico procurará avaliar mais profundamente o seu estado psíquico: você está abatido ou combativo, ansioso ou depressivo etc. Como você encara seu peso? Qual é sua relação com as outras pessoas? Que imagem você tem de seu próprio corpo?

Ao longo da consulta, ele forma uma idéia sobre sua personalidade para avaliar melhor sua motivação.

Para avaliar a importância de sua motivação, pegue uma folha de papel e divida-a em dois no sentido da altura.
Na coluna da esquerda, anote os benefícios que você espera obter emagrecendo. Na da direita, inscreva os aspectos que você pressente como negativos no início de sua tentativa, depois comente, em voz alta, as suas respostas.

Tendo calculado seu IMC, classificado seu excesso de peso ou obesidade como sendo ginecóide ou andróide e checado a existência de complicações, o médico pode então determinar sua posição e explicar-lhe os riscos futuros ou presentes a que você se expõe se não perder peso. Ele reavaliará com você seus fracassos passados, ajudando a reconhecer seu valor como experiências construtivas que lhe permitirão retomar a questão e obter deduções úteis para o futuro, sempre apontando os erros que não devem ser repetidos.

Ao fim dessa primeira consulta, ele entregará pedidos de exames complementares a serem feitos em laboratório:

- Glicemia de jejum e pós-prandial, para verificar quanto aumenta (ver pergunta de nº 23).
- Colesterol total, HDL, LDL, triglicerídeos, para verificar se um excesso de gorduras no sangue é capaz de induzir a um risco vascular (ateroma).

- Taxa de ácido úrico no sangue (fator de risco vascular muito negligenciado).
- Dosagens para avaliar a função tireoidiana ou de outras glândulas endócrinas, se for o caso.
- Eletrocardiograma, para verificar o estado do coração (alterado ou não por uma eventual insuficiência de irrigação das artérias coronarianas).
- *Doppler* das artérias (carótidas, vasos dos membros inferiores), para avaliar seu estado e a qualidade da circulação sangüínea, se o exame do pulso tomado nesses diferentes lugares denotar anomalias.
- Outros exames especializados (provas funcionais respiratórias, registro do sono) podem ser prescritos em razão do contexto.

O médico pedirá, ainda, que você escreva um relatório alimentar durante duas semanas, anotando a cada dia o que você come, em quais quantidades, a que horas, por qual razão (fome, tédio, nervoso, prática esportiva etc.). Durante essa quinzena, você manterá sua alimentação habitual, sem mudar nada. Do relatório constarão também as horas de atividade física e de esporte.

Por fim, o médico, num acordo com você, fixará objetivos realistas em termos de perda de peso (ver pergunta de nº 49) e dará conselhos para aumentar progressivamente sua atividade física diária.

E a segunda consulta?

No segundo encontro, que pode acontecer duas semanas mais tarde, o médico:

- Olha os resultados dos exames complementares.
- Avalia a existência ou não de complicações (diabetes, hipercolesterolemia etc.).
- Estuda o relatório alimentar para descobrir os erros que você comete do ponto de vista dietético.

- Dá conselhos nutricionais para modificar seus hábitos alimentares.
- Calcula seu débito energético em virtude de sua atividade física (ver pergunta de nº 20), para determinar um possível nível de aportes alimentares.

Nesse estágio, a intervenção de um nutricionista pode ser interessante de vários pontos de vista:

- Para bem estudar e comentar o relatório alimentar (com balanço calórico e nutricional dos alimentos ingeridos).
- Para explicar-lhe as opções práticas do novo hábito alimentar aconselhado pelo médico: composição e distribuição das refeições, cozimento, conselhos culinários...

39 Começar um regime é benéfico ou perigoso?

A palavra "regime" remete por si só a algo proibido, porque evoca obrigação e repressão. Geralmente, consiste em estabelecer quais alimentos são interditados ou autorizados. Ora, essa visão maniqueísta da dietética deve ser completamente banida: nada é assim, preto no branco.

Para alguém com uma composição corporal normal, adotar uma maneira de alimentar-se que permita, na idade adulta, manter um peso constante, com uma margem de dois a três quilos, é agir tendo consciência do incontestável valor preventivo de uma boa dieta – a palavra vem do grego *diaita*, "hábito de vida".

Para aqueles que estão com excesso de peso ou sofrem de obesidade, perder 10% de seu peso inicial já é um grande sucesso, sobretudo se o novo peso for estabilizado, o que é essencial. Isso basta para fazer regredirem todos os fatores de risco que são causa, ao longo dos anos, de complicações. A perda de 5% do peso atual pode até ser suficiente. São perdas de peso modestas que devemos buscar, porque são as únicas duradouras. Elas não exigem nem regime no sentido estrito nem francas privações. Trata-se antes de aprender a melhor alimentar-se e a adequar seus aportes alimentares à sua atividade física.

É inútil tentar perder peso maciça e rapidamente, porque você arrisca-se a recuperá-los também rapidamente.

Um peso que sobe e desce é perigoso porque sempre termina em ganho de peso suplementar: regimes muito restritivos são, portanto, contraprodutivos. Quantas pessoas, por terem um dia querido perder três quilos, não se viram com cinco ou até dez quilos a mais, alguns anos mais tarde? Aliás, uma curva de peso que pareça os dentes de um serrote mostra-se, na verdade, mais perigosa do que um peso um pouco elevado, mas estável, já que expõe a mais acidentes vasculares.

Em matéria de excesso de peso, às vezes o "melhor" é inimigo do "bom"!
Muitos regimes sucessivos conduzem a um real excesso de peso e até à obesidade...

Infelizmente, o excesso de peso é uma doença em que a terapêutica é freqüentemente iatrogênica: quer dizer que o tratamento – (mau) regime e/ou (certos) medicamentos – é, em geral, mais perigoso do que os quilos a mais!

Às vezes, é menos arriscado (ou indicado) não fazer nada. Daí porque é tão importante para o médico analisar bem sua motivação e a real natureza de sua solicitação, antes de iniciar a menor ação.

Considerando as dificuldades, os perigos e os freqüentes fracassos dos tratamentos realizados nos adultos, é indispensável detectar e prevenir precocemente o excesso de peso, já na infância.

Se você decide perder peso, deve estar consciente de que não se trata de uma tarefa passageira, de curto prazo, mas de uma mudança duradoura de seus hábitos alimentares.

Os métodos para emagrecer

40 Existe algum método milagroso para emagrecer?

Nós já dissemos e sempre vale repetir: não existe **uma** obesidade e sim **algumas** obesidades; não há uma causa de obesidade, mas múltiplos fatores que favorecem sua ocorrência; portanto, não pode existir **um** tratamento da obesidade ou **um** método miraculoso para perder peso... O tratamento deve ser personalizado, feito sob medida; não pode ser padronizado.

Quanto às fórmulas milagrosas enaltecidas por certas publicidades, dá para você compreender que só podem ser engodo! A cada ano brotam nas revistas anúncios tentadores de tal ou tal produto criado por um célebre doutor estrangeiro, que revoluciona o tratamento da obesidade ou do excesso de peso. Se você tiver disciplina e paciência, informe-se... O médico em questão não existe ou é um profissional obscuro que se prestou a tal farsa.

Se realmente existisse um novo procedimento ou um novo medicamento que funcionasse, os médicos especialistas, que passam o ano em pesquisas e em congressos científicos, já estariam sabendo há muito tempo! É ingênuo acreditar que uma novidade eficaz possa ser desconhecida.

O produto em questão é em geral vendido por um escritório que tomou a precaução de instalar sua sede no exterior ou nem sequer tem uma sede. Depois de encomendar o produto, quando você o recebe, ele é ineficaz ou, pior, faz com que você adoeça. Se você escreve para protestar ou exigir reembolso, em caso de insatisfação, já que o resultado era garantido, é uma pena, mas ninguém jamais lhe responderá. Se você perdeu algum dinheiro, decide se queixar por isso? Claro que sim, pois sendo uma pessoa obstinada, você tenta ir mais longe para obter o reembolso. E se você alertar um órgão de defesa do consumidor, você ficará então sabendo que a empresa é inacessível porque mudou de endereço ou simplesmente desapareceu sem deixar pistas... Se você quiser abrir uma sindicância, a localização da empresa no exterior, ou sua inexistência, complica bastante a tarefa!

Esse tipo de empresa apenas explora a credulidade e o sofrimento das pessoas. Para eles, é tão fácil utilizar a angústia alheia em proveito próprio...

Infelizmente, em nossos dias, mesmo os esforços de órgãos brasileiros como o CONAR (Conselho Nacional de Auto-Regulamentação Publicitária), para erradicar essas práticas, não parecem suficientes. E você pode-se perguntar, então, como revistas dignas de credibilidade ainda aceitam nas suas colunas publicidades para esses produtos.

41 O que pensar dos regimes emagrecedores conhecidos?

Há muitos deles e, na lista que se segue, você reconhecerá alguns, porque são bastante divulgados. Alguns foram elaborados por médicos, outros brotam nas revistas durante a primavera, tentando impor-se. Mas, em geral, a maioria morre tão rápido quanto as flores... sem ser útil às pessoas que sofrem de obesidade ou de excesso de peso; sua eficácia reflete-se apenas no nível de vendas das revistas e dos livros.

Muitos desses regimes vêm dos Estados Unidos, onde a obesidade é uma flagelo particularmente preocupante. O "exotismo" de um regime oriundo de uma metrópole americana ou referendado por uma vedete do cinema costuma ser o grande atrativo. Vejamos um rápido panorama crítico sobre eles.

A dieta da Clínica Mayo

A Clínica Mayo, um estabelecimento de Rochester, do estado americano de Minnesota, é um lugar sério, mas que nada tem a ver com a origem, em 1980, desse regime indefensável, que, no entanto, leva seu nome!

Princípio

Esse regime, hipocalórico demais (entre 600 e 800 kcal autorizadas por dia), baseia-se em cardápios precisos que devem ser escrupulosamente seguidos durante 15 dias.

- Proíbe açúcar e adição de gorduras e só autoriza laticínios e legumes em bem pouca quantidade, mas preconiza cerca de seis ovos por dia.
- Deve ser suplementado com vitamina C.

Crítica

- Não é um regime compatível com uma vida normal de uma pessoa ativa. É pobre demais em proteínas (somente 30 a 40 gramas por dia, enquanto o aporte diário recomendado é de, no mínimo, 60 gramas) e em cálcio.
- Faz diminuir a massa gorda, mas a perda de peso é mais o resultado de uma perda muscular e de água do que de um verdadeiro emagrecimento.
- As gorduras que se queimam passam para o sangue sob forma de corpos cetônicos (provocando, às vezes, um hálito desagradável devido ao odor da acetona), que diminuem a fome e promovem um certo estado de euforia, mas tudo é artificial e provisório.
- Não é absolutamente educativo, do ponto de vista nutricional.
- Pode levar a distúrbios do comportamento alimentar: compulsão alimentar, restrição cognitiva, bulimia (ver perguntas de n.os 27-29).
- Quando o regime acaba, recupera-se o peso rapidamente.

A dieta Scarsdale

Criada em 1978 pelo dr. H. Tarnower, cardiologista em Scarsdale, nos Estados Unidos, foi batizada de "o regime final".

Princípio

- Similar à da Clínica Mayo, é baseada no mesmo princípio, mas com menos ovos e muito abacaxi, que, supostamente, ajuda a queimar gorduras.
- O café da manhã é mais bem concebido e inclui uma porção de pão integral.
- As refeições são, em geral, compostas de carne magra, frango sem pele, ou de peixe e legumes.
- Exceto pelo pão integral, todos os outros feculentos são proibidos.
- É preciso seguir escrupulosamente o que é prescrito, sem nenhuma variação ou troca.

Crítica

- Trata-se de um regime constrangedor, porque é preciso seguir à risca a prescrição diária. É também muito diretivo. Alguns candidatos ao emagrecimento, no entanto, gostam de ser bem enquadrados e de empregar cardápios exatos.
- É restritivo e traz somente 800 a 1.000 kcal por dia.
- Prevê duração de 15 dias... mas e depois? Esse regime, que não é pedagógico, nada ensina sobre como se alimentar bem e não dá nenhum conselho nutricional geral. Nas indicações que fornece para estabilizar o peso, persistem numerosas interdições, ainda que algumas variantes sejam sugeridas (variantes "para *gourmets*", "vegetariana" e "internacional").
- A recuperação de peso, portanto, é rápida, e o resultado é apenas passageiro.

A dieta de Atkins

Esse regime ganhou o nome do médico americano Robert Atkins, que o criou nos anos 70 e o publicou em 1975.

Princípio

- Pode-se comer tantas calorias quanto se queira, desde que respeitadas as proibições.
- É rico em proteínas e em gorduras (carne, embutidos, frios, peixe, ovo, queijo), mas completamente desprovido de carboidratos (feculentos, frutas, alimentos doces).
- Proíbe muitos legumes (por causa dos carboidratos que contêm, mesmo se em dose baixa).
- Em caso de fadiga, aconselha-se aumentar as doses de sal!

Crítica

- Como o regime da Clínica Mayo, ele aposta na ausência de carboidratos, o que acelera a produção de corpos cetônicos.
- Provoca maior diminuição muscular do que gordurosa.
- Regime rico em gorduras, mas que não dá nenhuma dica sobre a escolha das gorduras a serem consumidas. É uma porta aberta para a hipercolesterolemia (aumento da taxa de colesterol no sangue), que favorece a ocorrência de doenças cardiovasculares. Por causa disso, esse regime foi batizado por alguns como "passaporte para o infarto de miocárdio".
- É pobre em vitaminas e sais minerais.
- Comporta risco de causar constipação intestinal e problemas de vesícula biliar.
- Faz subir perigosamente a taxa de ácido úrico no sangue e na urina (daí o risco de gota ou de cálculos renais, sobretudo nos casos de aporte insuficiente de líquidos).

A dieta dissociada

Foi criada por Albert Antoine, em 1968.

Princípio

- Consiste em comer um único alimento por dia. Por exemplo: legumes no primeiro dia, frutas no segundo, carne no terceiro, laticínios no quarto etc.

Crítica

- Não se baseia em nenhum dado científico.
- É muito perigosa, em razão das carências que induz a cada dia, visto que nenhum alimento contém os aportes em sais minerais, oligoelementos e vitaminas necessárias para um dia.
- Conforme o dia, é pobre em proteínas ou em nutrientes que permitam que elas se fixem (porque as proteínas sozinhas não podem ser assimiladas pelo organismo). Favorece mais a queima dos músculos que das gorduras.
- Induz a um cansaço que corta o apetite, o que não é em absoluto um meio eficaz de emagrecer. Mesmo quando se quer perder peso, comer deve continuar sendo um prazer!
- O peso perdido é recuperado muito rapidamente após o regime.

A dieta dissociada de Hay

Foi criada pelo dr. W. Hay, em 1933, e voltou à cena com a publicação, nos Estados Unidos, do livro *Fit for Life*, de G. Diamond.

A dissociação não versa sobre o tipo de alimentos, mas sobre os nutrientes que eles contêm (proteínas, lipídeos, carboidratos).

Princípio

- Classifica os alimentos em três grupos: os que alcalinizam o organismo (certas frutas, legumes, batatas, laticínios, soja); os neutros (cereais integrais, nozes, leguminosas) e os que acidificam o organismo (carne, peixe, amendoins, aspargos, repolho).
- Recomenda, às refeições, um consumo de 80% de alimentos neutros e 20% de alimentos acidificantes.
- Aconselha a não misturar proteínas e carboidratos na mesma refeição, mas, sim, combiná-los com alimentos neutros.
- Comporta uma única refeição "concentrada" por dia, para adultos; duas para as crianças.
- Proíbe farinha branca, açúcar branco, álcool, margarina e óleos refinados.

Crítica

- Foi constituída de acordo com uma visão já ultrapassada da fisiologia (baseia-se num método criado em 1933).
- Apóia-se na teoria dos "resíduos não-digeridos", sem fundamento científico. Aliás, nenhum estudo científico jamais veio corroborar seus resultados. Seu sucesso nos Estados Unidos é unicamente por força do *marketing*.
- É pobre em calorias e gorduras, e rico em frutas e legumes.

A dieta do abacaxi

Princípio

- Deve-se consumir quase que exclusivamente abacaxi sob o pretexto de que essa fruta conteria bromelina, que queimaria as gorduras.

Crítica

- É extremamente perigosa, já que é pobre em proteínas, ácidos graxos essenciais, vitaminas A e E, cálcio e outros sais minerais... enfim, em praticamente todos os alimentos, exceto os contidos no abacaxi!
- A bromelina, que, aliás, não queima gorduras, encontra-se principalmente no caule do abacaxi... o qual não se come!

A dieta vegetariana

Princípio

- Existem diversos tipos: uns suprimem somente a carne, outros excluem todos os alimentos de origem animal (carne, frango, peixe, crustáceos, mas também, para alguns, ovos e laticínios, mesmo que seja mais raro, já que não é preciso matar o animal para obtê-los).

Crítica

- A dieta vegetariana, em geral, não é feita para emagrecer, mas seguida por razões pessoais e em respeito à vida animal.
- Mal concebida, com conhecimentos nutricionais insuficientes, pode ser causa de carências, especialmente de proteínas bem assimiláveis, de ferro e de vitamina B12. O vegetarianismo, em particular, no qual todo produto de origem animal é proibido, é muito perigoso porque causa carências graves.

Diversas pesquisas procuraram descobrir se o IMC dos vegetarianos era, em média, inferior ao dos onívoros. Os resultados são contraditórios: alguns trabalhos (anglo-saxões) concluíram que nesse regime alimentar há uma ação benéfica sobre o excesso de peso, outros (americanos), ao contrário, concluíram que a obesidade é mais freqüente entre vegetarianos do que entre os onívoros.

A dieta de Herbert Shelton

Princípio

- É baseada na exclusão de certas associações alimentares: um regime que dissocia diversos nutrientes, proteínas e carboidratos em especial.
- Impõe que se faça, diariamente, uma refeição rica em proteínas, uma refeição rica em carboidratos e uma refeição de frutas.

Crítica

- Baseia-se em concepções fisiológicas sobre a digestão, que hoje estão ultrapassadas, e numa teoria infundada, segundo a qual um alimento ingerido isoladamente, mesmo que à vontade, não se transforma em gorduras.
- É desequilibrada, pobre em cálcio, e seu aporte diário (muito fraco em proteínas) provoca, sobretudo, destruição muscular.

A dieta de Gesta

Criada em 1996, por Madeleine Gesta, a "nutricionista das estrelas".

Princípio

- É composta de quatro fases: dois dias de restrição severa para desintoxicação; cinco dias de ritmo normal; mais três dias de uma segunda restrição severa e, enfim, sete dias de estabilização.
- Recomenda colações ao longo do dia.

Crítica

- A perda de peso é muito rápida, daí a fadiga causada pelo baixo aporte calórico.
- As refeições impostas são muito rígidas e desequilibradas durante o dia.
- As fases 1 e 4 são pobres em cálcio.
- Essa dieta é muito monótona, não leva em conta os gostos da pessoa que a segue.
- Assim que se recomeça uma alimentação normal, a recuperação do peso é evidente.

A dieta paleolítica

Foi elaborada pelo americano R. V. Audette, em 1995.

Princípio

- Supõe que nós permanecemos no estágio de caçador-coletor (cuja alimentação era composta de 65% de vegetais e 35% de carne), por isso, não estamos preparados para consumir alimentos dos agricultores e criadores sedentários (cereais e derivados do leite).
- Não contém mais do que 30 gramas de carboidratos por dia, na fase de restrição severa, e 55 gramas na fase de estabilização (essencialmente frutos e legumes secos).
- Seu objetivo é reduzir a taxa de insulina no sangue (já que esse hormônio favorece o armazenamento das gorduras e dificulta sua eliminação).
- Recomenda consumir muita proteína (1,3 a 2 gramas por quilo de peso corporal cada dia), valendo-se de pacotes de dieta proteinada que contêm vitaminas, sais minerais e oligoelementos.
- Recomenda consumir fibras e azeitonas (mas não azeite).

- Deve-se beber pelo menos 1,5 litro de água, mais um ou dois copos de vinho tinto por dia.

Crítica

- Age, como outros regimes já vistos, por formação de corpos cetônicos.
- Faz perder músculos e água, mas incide pouco sobre a gordura.
- Impõe ingestão de complementos alimentares (caros!), para evitar as carências.
- Não se apresenta como uma dieta emagrecedora, mas como a fórmula de uma boa alimentação para a vida toda.

A dieta do grupo sangüíneo

Essa dieta foi formulada por P. J. d'Adamo, em 1990.

Princípio

- Baseia-se na hipótese de que, desde a pré-história, os humanos, por causa de suas diferenças, não evoluíram de maneira semelhante e, por isso, assimilam os alimentos de formas muito diversas. Pretende-se ser sustentada pela genética.
- Recomenda ao grupo sangüíneo A, o vegetarianismo; ao grupo B, uma alimentação onívora; ao grupo AB, uma alimentação onívora, mas sem consumo de queijos; ao grupo O, carne, peixe, frutos, legumes e raízes, mas, sobretudo, nada de cereais nem derivados do leite (como as pessoas do grupo O não teriam atingido o estágio de "agricultor-criador", elas deveriam contentar-se com a alimentação do caçador-coletor).

Crítica

- Essa teoria não tem nenhuma corroboração estatística nem científica.
- Na realidade, esse regime tem pouco efeito sobre o peso.
- Ele cria o risco de desequilíbrio nutricional, já que suprime muitos alimentos.

O método Montignac

Criado em 1980, por um francês, Michel Montignac, diretor de Relações Humanas de um laboratório farmacêutico, essa dieta, na sua primeira versão, era uma mistura dos métodos de Atkins e Shelton, por isso, foi, com justiça, muito criticada. Suas versões posteriores, modificadas, eram claramente mais interessantes, mas muitos não tiveram a curiosidade de analisá-las e ficaram na primeira versão, que é bastante imperfeita.

Princípio

- Pode-se comer, sem limitar calorias.
- As refeições devem ser muito ricas em proteínas (até um terço do aporte energético diário, o que vai além da quantidade habitualmente recomendada, que é de 15%).
- É preciso centrar a alimentação sobre alimentos com índice glicêmico baixo (ver pergunta de nº 53).
- A dieta recomenda consumir muitas fibras (somente alimentos integrais, nada de alimentos refinados).
- Não recomenda comer frutas ao final das refeições.

Crítica

- A visão da alimentação é maniqueísta (há "bons" alimentos e "maus" alimentos (açúcar, alimentos refinados, batatas).

- O método, com intuito de execrar os alimentos considerados perigosos, insiste mais sobre as proibições do que sobre as autorizações. É uma visão "em negativo" da alimentação.
- Oculta problemas de distúrbios do comportamento alimentar.
- Apesar dos conselhos exatos sobre a escolha dos lipídeos, alguns adeptos do método (que não o leram!) comem muita gordura, aumentando a taxa de colesterol no sangue. Por isso, o método foi acusado por seus detratores de favorecer as doenças cardiovasculares.

O regime foi analisado cientificamente pelos responsáveis pelos serviços de Nutrição e Cardiologia do hospital Laval, do Québec, no Canadá (J.-C. Dumesnil, A. Tremblay e J.-P. Després).

Os resultados de um primeiro estudo foram publicados em agosto de 1998, por ocasião do congresso internacional sobre obesidade, em Paris. Esse trabalho versava sobre homens com idade média de 47 anos, pesando entre 103 e 111 quilos e com um IMC de 28.

Em dieta livre (quer dizer, comendo à vontade, sem restrições de quantidades), os indivíduos que aplicaram o método Montignac absorveram, em média, 2.110 kcal por dia. Esse aporte calórico é composto de 31% de proteínas, 32% de lipídeos e 37% de carboidratos. Com valor calórico igual, o método Montignac foi comparado ao programa nutricional oficial "Santé Canadá", aconselhado por cientistas daquele país (16% de proteínas, 30% de lipídeos, 54% de carboidratos).

Ao fim de três semanas, a perda de peso foi de 2,4 quilos entre as pessoas que seguiram o método Montignac e 1,7 quilo entre os do programa "Santé Canadá". Além disso, o método Montignac proporciona melhor saciedade e provoca maior diminuição da cintura.

Um outro estudo, publicado em 2001 pelos mesmos autores, estudava a evolução dos parâmetros sangüíneos induzida pelo método Montignac. Suas conclusões disseram que o método Montignac assegura, quando bem seguido (e aplicando os conselhos de escolha dos lipídeos), uma autêntica prevenção dos riscos cardiovasculares...

O jejum hídrico

Princípio

- Obriga a beber apenas água e uma mistura de vitaminas e de sais minerais.
- Ainda é praticado em algumas clínicas especializadas, chiques e caras, mas não sérias.

Crítica

- Não fornece nenhuma fonte de proteínas, carboidratos e lipídeos, o que causa múltiplas carências.
- Faz minguar os músculos e não as gorduras.
- É extremamente perigoso e pode fazer surgir rapidamente vertigens e fadiga intensa.
- Assim que acaba, é seguido de retomadas de peso espetaculares.

A dieta dos Vigilantes do Peso

Princípio

- Com esse método, não se contam as calorias, mas, na realidade, os cardápios estabelecidos que só fornecem, quando seguidos à risca, cerca de 1.300 kcal para as mulheres e 1.700 kcal para os homens. Trata-se, portanto, de um regime hipocalórico bastante clássico, mas que não exige que se passe o tempo todo contando calorias: basta seguir os cardápios.
- Os alimentos são classificados em rubricas chamadas "permutas". Com o hábito, jogando com as permutas e as equivalências, a pessoa chega a compor sozinha o próprio cardápio.
- Vai-se às compras com o código de cor (verde: todos permitidos; laranja: com parcimônia; vermelho: proibido ou excepcional).

- A originalidade desse método repousa, sobretudo, nas reuniões de grupo, que, de certa forma, realizam uma terapia comportamental.

Crítica

- No início, o rigor na calibragem das refeições impõe que se pese todos os alimentos, em todas as refeições, o que não permite levar uma vida sócio-profissional normal. A pessoa que segue essa dieta sente-se marginalizada, novamente excluída.
- O aporte calórico é muito restrito, então, é comum recuperar o peso ao se interromper o método ou deixar de ir às reuniões.
- O custo das reuniões pode ser elevado para algumas pessoas.
- A técnica de grupo, por um lado, apresenta vantagens, mas, por outro, apresenta aspectos que infantilizam (recompensas e sanções) e não levam em consideração traços individuais (especialmente os distúrbios de comportamento alimentar). É um método que se adapta mal às pessoas autônomas, individualistas ou que tenham o hábito de cuidarem de si próprias.
- Não pode substituir o acompanhamento médico necessário ao tratamento de complicações do excesso de peso e à identificação de problemas específicos.

A dieta hipocalórica

Princípio

- Contar as calorias para diminuir os aportes alimentares: o médico pede à pessoa com excesso de peso para reduzir seus aportes diários (calculados por uma nutricionista após pesquisa alimentar feita com o paciente), ou o médico o reduz de maneira arbitrária (prescrevendo um regime de 1.500 kcal), após um interrogatório que lhe permitiu verificar que, a princípio, a pessoa come demais.

Crítica

- Infelizmente, o organismo coloca rapidamente em ação mecanismos de adaptação, ajustando seus gastos aos aportes reduzidos, o que faz com a pessoa pare de perder peso. Pode acontecer que, em seguida, ele diminua ainda mais os gastos para poder colocar um pouco de gorduras de lado (é a ação do gene econômico, programado para administrar as fases de poucos aportes).
- O cálculo das calorias, a cada refeição, é desestimulante e muito aproximativo.
- Não basta raciocinar em termos quantitativos, mas saber do que se compõem as 1.500 kcal! O aspecto qualitativo é freqüentemente negligenciado. Respeitar a distribuição habitualmente recomendada (15% de proteínas, 30% de lipídeos e 55% de carboidratos), na prática é muito complicado. Nem sempre é possível saber quais proteínas, lipídeos e carboidratos consumir.
- O método não é adaptado a muitas pessoas que sofrem de excesso de peso, mas apresentam peso estável e comem pouco, com aporte calórico já bastante baixo!
- Crianças podem apresentar problemas em seu ritmo cardíaco ao seguir um regime hipocalórico.
- Se mal conduzido, pode causar carências de proteínas, vitaminas, sais minerais e oligoelementos. Abaixo de 1.500 kcal, é impossível garantir que cada um desses micronutrientes esteja sendo fornecido em quantidade suficiente pela alimentação.
- As restrições provocam um incremento na produção de grelina, hormônio gástrico que estimula o apetite.
- As frustrações acabam levando a períodos de compulsão alimentar (ver pergunta de nº 26) e até de bulimia (ver pergunta de nº 27), com retomada brusca do peso.
- A classificação dos alimentos em "alimentos proibidos" e "alimentos autorizados", somado às restrições impostas pela dieta, fazem com que a pessoa que a segue passe a se policiar sem

descanso. Paradoxalmente, ela acaba por só pensar naquilo que come (e naquilo que tem vontade de comer): a restrição cognitiva passa a rondá-la. E se esse autêntico distúrbio do comportamento alimentar aparecer, ele poderá levar, a longo prazo, a um excesso de peso ainda maior, por isso será preciso tratá-lo.

- A repetição de dietas hipocalóricas e de fracassos sucessivos (com retomada do peso) termina com a retomada de alguns quilos suplementares, além daqueles que haviam sido perdidos: é o efeito rebote. Essas retomadas de peso repetidas acompanham-se freqüentemente de uma multiplicação das células adiposas, que podem, então, dar lugar a uma obesidade hiperplásica (ver pergunta de nº 9). Isso torna os emagrecimentos posteriores mais difíceis. É um círculo vicioso que faz com que pessoas que quiseram perder três quilos, dez anos depois apresentem oito ou dez quilos suplementares, ou até mais...

A dieta Fricker

Criada pelo dr. Jacques Fricker, em 1993.

Princípio

- Baseia-se sobre o clássico aporte equilibrado (associando 15% de proteínas, 30% de lipídeos e 55% de carboidratos) e sobre a pirâmide alimentar da dieta mediterrânea (prioridade dada aos cereais, às batatas e aos legumes; bastante laticínios e frutas; carne e peixe, mas não demais; pouquíssimos doces, azeite, manteiga e álcool).

Crítica

- É muito exata quanto às calorias que devem ser ingeridas (as receitas são dadas caloria por caloria...).
- As escolhas alimentares correspondem à da alimentação para uma boa forma e sua ação protetora contra as doenças cardio-

vasculares é reconhecida, mas os alimentos não são especificamente escolhidos para facilitar a eliminação das gorduras acumuladas. Como diz o prof. G. Apfeldorfer, na sua obra intitulada *Maigrir, c'est fou* (Emagrecer é loucura): "Na verdade, tratase de uma dieta excelente para manter a boa saúde, mas que é indicada como uma dieta emagrecedora". (...). Quanto à eficácia dessa meta, considerando as estatísticas, a dieta equilibrada não emagrece mais do que as dietas fantasiosas...".

Substitutos das refeições

Mais de 2 milhões e meio de franceses e muitos brasileiros consomem regularmente esses produtos, e cerca de 43% das pessoas que querem emagrecer já recorreram a eles pelo menos uma vez!

Princípio

- Preparação equilibrada (responde a uma regulamentação estrita) contendo um número exato de calorias (entre 200 e 400 kcal por porção), proteínas lácteas, um pouco de lipídeos, fibras (que favorecem a saciedade) e micronutrientes (pelo menos 30% dos aportes recomendados), esses produtos não podem comparar-se (em termos de sabor e de prazer) a uma verdadeira refeição. No entanto, eles a substituem no que se refere ao aporte calórico e ao equilíbrio nutricional. Por outro lado, permitem às pessoas não pular refeições, erro alimentar que costuma atentar muita gente.
- São práticos (não necessitam nenhuma preparação), relativamente baratos e adaptados às exigências da prática.
- Podem ajudar a respeitar uma dieta moderadamente restritiva, com um aporte único e equilibrado.
- Não devem ser utilizados como complementos de uma dieta: eles necessitam ser acompanhados de cardápios equilibrados e adaptados.

- Melhor que pular uma refeição, pode-se, por exemplo, tomar um substituto ao meio-dia, acompanhado de uma maçã (aporte de cerca de 400 kcal).

Crítica

- Não são perigosos se tomados episodicamente, mas são absolutamente contra-indicados para as crianças, adolescentes, mulheres grávidas ou em amamentação, e pessoas que sofrem de distúrbios de comportamento alimentar.
- Não devem ser ingeridos no lugar de todas as refeições de um dia inteiro, ainda que quatro substitutos de 400 kcal acabem fornecendo 1.600 kcal por dia.
- Não somente trazem uma grande monotonia (ainda existem poucas variedades de gosto), como também as preparações, quase todas líquidas, em purê ou em creme, não promovem verdadeira saciedade, dada a ausência de mastigação e ao baixo volume que ocupam no estômago.
- Não são nem um pouco educativos do ponto de vista nutricional, já que não ensinam a emagrecer nem a manter o peso com os alimentos usuais, nem a ter uma alimentação sadia e equilibrada.
- Não impedem o efeito sanfona quando a dieta for mal conduzida.
- Podem ajudar num momento, mas não devem tornar-se um hábito de alimentação regular, dado o risco de privar-se da alimentação normal. Não devemos ser persuadidos de que os alimentos são inimigos, mas, ao contrário, aprender a entrar em acordo com eles!

A dieta proteinada

Foi lançada nos anos 60, nos Estados Unidos, e, em 1970, na França, pelo prof. Apfelbaum. Ainda permanece na moda, apesar de seus riscos e fracassos...

Princípio

- Durante a primeira fase, que dura 21 dias, é uma dieta muito restritiva (cerca de 350 kcal por dia); a alimentação normal é substituída por 20 gramas de proteínas (em pó, a ser diluído, ou em líquido já preparado) para serem tomados quatro a cinco vezes por dia.
- Para lutar contra os riscos de constipação intestinal, adiciona-se suco de limão e salada, e, para lutar contra eventuais carências, uma suplementação de vitaminas e sais minerais.
- É preciso beber muito, ao menos de 1,5 a 2 litros de líquido por dia (água e chás não adoçados etc.).
- A dieta faz eliminar gorduras no sangue, sob forma de corpos cetônicos. Eliminados pelos pulmões, eles podem causas hálito desagradável (cheiro de acetona). Ameniza-se esse efeito secundário, recomendando beber líquidos além da quantidade sugerida, para facilitar a eliminação pelas vias urinárias.
- Durante a segunda fase, que dura três semanas, o número de calorias autorizadas diariamente passa a 799 kcal (o que corresponde a 80 gramas de proteínas nas três refeições).
- Durante a terceira fase (que igualmente dura três semanas), o aporte diário é de 1.200 kcal e são autorizados frutas e laticínios a 0% de gordura.
- A quarta, e última fase, é de estabilização. Deve, portanto, ser relativamente prolongada. O aporte diário autorizado é de 1.700 kcal; a dieta de proteínas é interrompida e uma alimentação normal reiniciada.

Crítica

- Com essa dieta hipocalórica, o organismo põe rapidamente em marcha sistemas de adaptação que lhe permitem habituar-se a satisfazer-se com pouco; ele gasta cada vez menos e, portanto, tem também cada vez menos necessidade de calorias.

- A importância da restrição e da frustração acaba sempre num fenômeno de rebote, o gene da economia insiste em reconstituir as gorduras de reserva. Além disso, o cérebro reage a essa frustração por desvios da dieta e episódios de compulsão alimentar (ver pergunta de nº 26).
- Uma dieta assim torna-se, freqüentemente, porta de entrada para o sistema de restrição cognitiva, com um efeito sanfona e episódios depressivos.
- A perda de sal provocada pelo regime facilita a eliminação da água (que sempre tem efeito sobre a balança), mas é preciso atenção para que ela não seja muito significativa, a fim de evitar as quedas de pressão arterial.
- Durante os 19 primeiros dias, os aportes de proteínas, ainda que grandes, não impedem a perda muscular. O balanço protéico só volta ao normal no vigésimo dia. Se o tratamento for seguido por apenas dez dias, a queda de peso deve-se majoritariamente à perda de água e de músculos...
- Os efeitos colaterais são numerosos e podem levar à interrupção prematura do tratamento: aumento das taxas de ácido úrico no sangue e na urina (de 10 a 20% dos casos), hipotensão arterial (de 8 a 10%), queda de cabelos (9%), constipação intestinal (9%), fadiga (85%), unhas quebradiças (8%), pele seca (8%), cãimbras (7%), perturbações da menstruação (6%), estado depressivo (5%), dores de cabeça (3%) ou distúrbios sexuais (2%).
- Durante essa dieta proteinada, é preciso beber muito, para eliminar, sem risco para os rins, os dejetos do metabolismo protéico (uréia e ácido úrico: é preciso tomar 28 ml de água por grama de proteína ingerida. Quer dizer, durante a segunda fase: 80 x 3 x 28 ml = mais de 6,7 litros de líquido por dia. Pouquíssimas pessoas ingerem essa quantidade, daí os riscos de incidentes renais (especialmente cólicas de rins, por formação de cálculos renais à base de ácido úrico).
- Nos Estados Unidos, essas complicações chegaram a casos de morte súbita. Muitos foram explicados em razão da ingestão

de proteínas de má qualidade, outras sobrevieram em pessoas que haviam seguido a dieta protéica por mais tempo do que o recomendado. Há casos que permaneceram sem explicação.

- A cura deveria ser controlada estritamente por médicos, com eletrocardiogramas regulares (porque não se deve admitir que a perda muscular dos 19 primeiros dias atinja o coração!). Mas é fácil arranjar saquinhos de proteínas sem receita médica ou mesmo com uma receita antiga...
- A primeira fase jamais deve durar mais de quatro semanas e é indispensável respeitar um prazo de ao menos três meses entre dois tratamentos. Muitas pessoas não se atêm a esse calendário e compram saquinhos por conta própria, continuando por mais tempo uma dieta estrita, na esperança de emagrecer ainda mais rápido! Expõem-se assim a acidentes.
- A curto prazo, os resultados da dieta proteinada são bons (perda média de quatro quilos na primeira semana), mas eles somem ao longo de tempo. Após seis meses, o percentual de sucesso é de 38%; de 31% após um ano; de 14% após dois anos e de somente 2% após cinco anos... Por esse motivo, há alguns anos, o prof. M. Apfelbaum, pioneiro do método na França, foi levado a desaconselhar formalmente essa técnica para perder peso, quando não se tratar de uma obesidade efetiva (nesse caso, o IMC deve ser superior a 31) e grave, em razão da presença de complicações.

Hoje, a dieta proteinada deve ser prescrita unicamente aos obesos cujo IMC ultrapassar 31 e nos seguintes casos:

- Quando há necessidade de emagrecer uma pessoa antes de uma intervenção cirúrgica programada.
- Se a obesidade complicou-se com uma hipertensão arterial grave e difícil de ser reequilibrada.
- Se a pessoa que sofre de obesidade mostrar graves alterações psicológicas em relação a seu excesso de peso, especialmente se existe risco de suicídio.

Há quem empregue esse método no tratamento da obesidade quando o IMC é maior do que 31, mesmo que não exista nenhuma complicação, embora essa atitude seja discutível. Em contrapartida, recorrer à dieta proteinada, por razões unicamente estéticas, sem que haja excesso de peso ou excesso de peso moderado, é desaconselhado formalmente e ainda corre-se risco de uma condenação penal. Essa dieta só pode agravar os problemas que regimes repetidos ou mal conduzidos trazem a longo prazo (efeito rebote, agravamento do excesso de peso etc.).

Contudo, essa abordagem terapêutica é prescrita a esmo, por médicos pouco escrupulosos, a mulheres e homens que apresentam excesso de peso moderado ou até mesmo uma composição corporal normal, mas que querem pesar menos. O atrativo do lucro e/ou a fascinação por resultados tangíveis e rápidos (a curto prazo) levam a esses excessos que desrespeitam a ética e põem a saúde dos pacientes em perigo!

42 Qual pode ser o papel da medicina alternativa na perda de peso?

Não há várias medicinas, mas uma só, cujos meios terapêuticos são múltiplos. Métodos não-sérios ou ineficazes acabaram por desaparecer, vítimas de seu próprio fracasso, portanto, seria absurdo dizer que a acupuntura, que existe há mais de 50 séculos, ou a homeopatia, praticada há mais de 200 anos, devam ser consideradas tratamentos mágicos!

A acupuntura

Ciência tradicional baseada sobre a energética chinesa e a complementaridade do *yin* e do *yang*, passou por uma evolução nos últimos 50 anos, desde que seus mecanismos de ação foram postos em evidência pela neurofisiologia. Múltiplos modos de ação da acupuntura foram estudados (como no tratamento da dor). Em contrapartida, a obesidade não foi objeto de pesquisas tão sérias, sem dúvida porque os próprios acupunturistas perceberam que sua disciplina não poderia ser realmente recomendada para o tratamento do excesso de peso.

Aliás, nenhum estudo conduzido segundo os critérios estatísticos atuais e avaliando um número significativo de doentes pôde até hoje provar a eficácia da acupuntura nesse campo. Apesar do sucesso de alguns casos isolados, pode-se então afirmar que, em matéria de excesso de peso, a acupuntura (praticada com agulhas ou com laser) não revelou provas científicas de sua eficácia.

O mesmo acontece com a auriculoterapia, variante da acupuntura em que as agulhas são aplicadas em pontos localizados no pavilhão da orelha.

A homeopatia

Esse método terapêutico criado por Samuel Hahnemann, no fim de século XVIII, foi objeto, nos últimos anos, de pesquisas sérias que mostraram a eficiência de seus medicamentos em vários campos.

A escolha dos remédios homeopáticos faz-se, no tratamento de fundo, conforme a constituição (morfologia) e a diátese (predisposição a certas doenças e o modo de reação observado) de cada um.

Mas no campo do excesso de peso e da obesidade, faltam estudos científicos que permitam recomendar essa abordagem terapêutica.

Muito cuidado também com os profissionais que de homeopatas só têm o nome: alguns não têm escrúpulos em esconder em meio a autênticos medicamentos homeopáticos, moderadores de apetite e/ou extratos tireoidianos e/ou diuréticos, os quais contêm toxidade (ver pergunta de nº 43). Essa prática, formalmente proibida por lei, infelizmente ainda é encontrada.

A fitoterapia

A terapêutica pelas plantas é tão antiga quanto o próprio homem. Muitos tratamentos medicamentosos clássicos, aliás, são compostos à base de plantas, mesmo que geralmente seus princípios ativos sejas sintéticos em vez de empregar chás ou fervuras. Estudaremos, então, esse método junto com os medicamentos para tratar a obesidade (ver perguntas de nºs 43 e 44)

As massagens

Como a atividade física contribui para diminuir o excesso de peso, é o fisioterapeuta que tem todas as chances de emagrecer, não você!

Jamais foi comprovado que receber massagens contribua para mobilizar a gordura excedente, a fim de eliminá-la. Em contrapartida, para uma pessoa obesa que há muito tempo é sedentária, pode ser útil ser ajudada por um fisioterapeuta, a fim de que recomece uma atividade física progressiva e vá gradualmente aumentando-a.

Os fisioterapeutas também praticam a drenagem linfática em certos tratamentos específicos da celulite (ver pergunta de nº 66) e, às vezes, dirigem sessões de relaxamento.

O *spa*

O período que você escolheu emagrecer, figurativamente, é possível de ser definido como um parênteses na sua vida, momento em que de repente você tem tempo e vontade de cuidar de si mesmo. Um exame médico, um encontro com um nutricionista, uma impedânciometria (ver pergunta de nº 9) permitem determinar como iniciar bem o seu emagrecimento, num ambiente calmo, repousante e com a possibilidade de fazer um esporte ou hidroginástica.

Um *spa* pode dar a partida: ele permite começar a tentar perder excesso de peso com a cumplicidade de cardápios saborosos, porém, dietéticos, de um *chef* que conhece todos os truques para tornar um prato mais leve em gorduras. Não perca a chance de aprender lá mesmo a fazer esses pratos, nos cursos de culinária ministrados por um nutricionista. Mas cuidado na volta! Ao encarar o estresse diário, você corre o risco real de ter uma recaída se não mantiver firmeza e acabar deixando suas boas intenções esvanecerem-se.

Mas é preciso saber que o custo de uma temporada num *spa* ainda é relativamente elevado e, portanto, não está ao alcance do bolso de todas as pessoas.

O relaxamento

Alguns raros profissionais propõem cuidar do excesso de peso pela hipnose ou pela sofrologia. Durante as sessões, eles tentam persuadir o paciente de que seu excesso de peso é prejudicial para a sua saúde e imprimir-lhe a rejeição pelos alimentos mais suscetíveis de engordá-lo. Infelizmente, não existe nenhuma comprovação científica e estatística de que esses métodos possam ter resultados objetivos.

As técnicas de relaxamento são muito interessantes na medida em que elas proporcionam bem-estar e calma, e também porque ensinam como lidar bem com o estresse e a tomar consciência do próprio corpo. No entanto, também nesse campo, ainda não houve estudos sobre um número suficiente de casos para provar cientificamente a eficiência dessa prática.

Você pode iniciar-se no relaxamento num *spa* ou em qualquer instituição que cuide de pessoas que sofrem de excesso de peso.

Contudo, seja qual for o interesse dessas técnicas, resta a dificuldade de encontrar um profissional sério e bem formado (médico ou fisioterapeuta). Ainda hoje, pessoas demais praticam a sofrologia ou o relaxamento, tendo como bagagem para isso apenas uns seminários de formação ministrados durante alguns fins de semana!

Conclusão: recorrer a certas medicinas alternativas pode ser um "algo mais" interessante, mas isso não deve desviar o tratamento dietético e comportamental que continua sendo a base, associada às atividades físicas, dos cuidados contra o excesso de peso e a obesidade.

---

43 Complementos alimentares podem ajudar a emagrecer?

Uma situação ambígua

Os complementos alimentares têm uma situação legal mal definida, porque a regulamentação que os rege é um pouco vaga. Eles são considerados alimentos, no entanto, contêm proteínas, fibras, ácidos graxos e vitaminas em doses que não são as da alimentação costumeira. Além disso, são compostos por plantas e substâncias químicas que, em certas doses, fariam deles medicamentos. Aliás, alguns medicamentos contêm, às vezes, as mesmas substâncias.

Antes de ser comercializado, no Brasil, um medicamento necessita de uma autorização de venda liberada pela Anvisa (Agência Nacional de Vigilância Sanitária). Essa autorização é difícil de ser obtida e exige a apresentação de relatórios científicos completos, apoiados em pesquisas realizadas primeiro em animais, depois em humanos. Eles devem provar a eficácia do remédio e sua inocuidade para a saúde. A obtenção dessa autorização demora, às vezes, alguns anos, mas bastam alguns meses para conceber no papel a fórmula de um complemento alimentar, produzi-la e comercializá-la.

Ora, isso apenas apaga as pistas, a venda desses complementos, muitas vezes, ocorre em farmácias, o que parece conferir a esses produtos uma certa aura de seriedade, ainda que não haja nenhum controle de um organismo oficial antes de sua comercialização. Considerado como alimento, ele pode ser vendido como uma bala. Depois, até pode vir a ser objeto de investigação por órgãos de defesa dos consumidores, de repressão a fraudes ou por associações de consumidores. Uma publicidade enganosa, por exemplo, também pode levar a processos. Salvo em caso de acidente, ele pode, então, ser vendido com toda impunidade durante anos antes que as diversas investigações do governo ou os processos judiciais consigam levar à sua interdição.

É raro que um produto seja realmente perigoso, mas tudo depende da quantidade ingerida. Se um indivíduo consumir mais do que o previsto (esperando uma maior eficácia!), se ele utilizar vários produtos contendo complementos, se ele associar substâncias incompatíveis, arriscar-se-á a ser vítima de um incidente, ou mesmo um de um acidente.

Acidentes ocorrem porque esses produtos estão à venda livremente, não exigem receita e quem os consome não costuma informar seu médico a respeito. Todavia, na maior parte dos casos, eles contêm uma substância ativa que têm os efeitos anunciados pela propaganda ou escritos na embalagem, mas que é incorporada numa concentração baixa demais para ser eficiente. É o tipo de tapeação que os órgãos oficiais reprimem.

Saiba, no entanto, que esses processos podem levar meses, até anos, antes de fazer com que um produto desapareça das prateleiras.

Por fim, algumas substâncias não têm estritamente nenhum efeito, ainda que suas virtudes para diminuir as medidas ou emagrecer sejam abundantemente enaltecidas pela publicidade. Elas têm ainda uma grande desvantagem: a de fazer mal à sua carteira!

Análise crítica de certos produtos vendidos livremente

Plantas

Ainda que entrem na composição de inúmeros complementos alimentares (as fibras é que são mais utilizadas), a fitoterapia é uma terapêutica medicamentosa plena, voltaremos ao assunto na pergunta seguinte (ver pergunta de nº 43).

Fibras

Certas cápsulas vendidas para emagrecer contêm gomas (oriundas de leguminosas) ou alginas (extratos de algas). Ingeridas 30 minutos antes das refeições com um grande copo de água sem gás, elas incham no estômago e dão a impressão de saciedade. Por esse simples efeito mecânico (ocupar espaço), elas tiram a fome. Em seguida, quando chegam aos intestinos, diminuem a absorção das gorduras e dos carboidratos pelo organismo. Parecem, então, evidentemente interessantes...

Mas se pegarmos o exemplo do glucomana, absorvido na dose de 2 gramas por dia, ele não mostra nenhuma eficácia e seria preciso absorver 4 gramas por dia para obter uma perda de peso significativa. Nessa dose, no entanto, os efeitos colaterais são muito grandes: ventre e abdome inchados e gases insuportáveis!

Quando 12 gramas de psylium são ingeridas antes das três refeições, é um pouco mais suportado. Além do mais, ele tem o efeito de fazer baixar o colesterol e a glicemia (o que conduz à regressão da insulinorresistência, ver pergunta de nº 23).

Nenhum estudo científico permite garantir a utilização dessas várias fibras (que, aliás, também podemos encontrar na alimentação, ver pergunta de nº 54).

L-carnitina

A ação emagrecedora da L-carnitina, durante muito tempo, foi intensamente exaltada pela publicidade. Contrariando o que muito freqüentemente foi dito, essa enzima não queima as gorduras, mas facilita a utilização pelo organismo, como combustível, dos ácidos graxos vindos das gorduras de reserva.

Para que ela seja ativa, é preciso, então, num primeiro momento, fazer com que os ácidos graxos saiam dos estoques, e essa etapa fundamental só pode ser vencida graças a medidas dietéticas (escolha de carboidratos com índice glicêmico baixo).

Além disso, a L-carnitina está naturalmente presente no organismo, inúmeros alimentos a fornecem (carne de carneiro: 210 mg por 100 g; carne de boi, levedo de cerveja, leite), assim, um déficit de L-carnitina é excepcional. Por outro lado, jamais foi comprovado que fornecê-la como suplemento ao organismo faça emagrecer (ou melhore o desempenho esportivo).

Cromo

O hiperinsulinismo (taxa de insulina muito elevada, que impede a queima das gorduras) é agravado, em alguns diabéticos, por um déficit de cromo, mas isso é muito raro. Tomar cromo sistematicamente esperando emagrecer é um engano. Seria necessário detectar quais pessoas sofrem de déficit de cromo, o que é difícil.

Bromelina de abacaxi

Supostamente, ela facilita a saída dos ácidos graxos retido nas malhas do tecido da celulite. Ainda nenhum estudo sério provou esses efeitos em seres humanos.

CLA (ácido linoléico)

Esses ácidos graxos especiais têm a reputação de fazer emagrecer. Então, nem toda forma de gordura é um inimigo a combater! De repente, houve muita pressa em vender cápsulas de CLA. Mas estudos sobre seus eventuais efeitos como auxiliares do emagrecimento parecem fornecer resultados mais claros em ratos do que em seres humanos.

Se quisermos consumi-los, são encontrados nos leites integrais e na carne de boi.

TCM (triglicerídeos de cadeia média)

São também ácidos graxos com reputação de fazer emagrecer... São lipídeos que são duas vezes mais queimados pelo organismo e, por isso, teriam menos tendência a serem armazenados. Eles promoveriam, paralelamente, uma rápida saciedade. Alguns afirmam, então, que seria necessário não adicioná-los à nossa alimentação, mas substituir uma parte de nossos aportes em lipídeos por TCM. Mas outros pesquisadores mostraram que esses ácidos estimulam a secreção de insulina (que dificulta a perda de peso) e aumentam a taxa de triglicerídeos no sangue (o que favorece as doenças cardiovasculares). Levando em conta as contradições, é cedo demais recomendá-los como complementos alimentares.

Efedrina

Aumenta a termogênese (ver pergunta de nº 20) e estimula a secreção dos hormônios tireoidianos (o que leva a uma perda de peso, aumentando a termogênese e queimando mais músculos do que gorduras). Ela é ainda mais eficaz quando associada à cafeína. Mas, considerando seus efeitos colaterais quando atinge doses ativas, torna-se totalmente desaconselhada. Nos Estados Unidos, onde foi muito empregada, é causa de alguns acidentes graves: hipertensão arterial, alterações do ritmo cardíaco, hipertireoidismo, glaucoma, retenção aguda de urina nos prostáticos, tremores, agitação, insônia, cefaléias, suores... Ela é ainda mais nociva para a saúde quando associada a certos medicamentos.

Esse breve panorama mostra que muitos produtos elogiados pela propaganda são:

- Totalmente ineficazes, ou teoricamente eficazes, sem que, entretanto, sua ação tenha jamais sido cientificamente comprovada em seres humanos.
- Ineficazes nas doses propostas ou suportadas pelo organismo.
- Perigosos.

Mas como emagrecer sem dificuldade é o sonho de muitas pessoas, a novidade é sempre vendável. Não resta dúvida de que outras moléculas e produtos similares serão, por sua vez, lançados no mercado, beneficiando-se de publicidades vantajosas...

Mantenha o espírito crítico, peça a opinião de seu médico e leia artigos que falem desses assuntos nas publicações de defesa do consumidor.

44 Alguns medicamentos podem acelerar a perda de peso?

É preciso ter a franqueza de admitir: a fantasia de toda pessoa que deseja perder peso (e até das outras!) é poder comer de tudo, tanto quanto queira, e, em seguida, tomar um comprimido para emagrecer (ou para não engordar)...

O medicamento ideal, no entanto, para ser aceitável no plano médico e ético, deveria responder a alguns critérios:

- Ter eficácia comprovada por experimentações confiáveis e que possam ser reproduzidas.
- Oferecer tolerância, ou seja, pouco ou nenhum efeito colateral.
- Não provocar dependência, nem toxicomania.
- Apresentar efeito estável, já que uma eficácia menor, ao longo de meses, iria impor um aumento das doses para alcançar resultados idênticos.
- Ausência de toxicidade a longo prazo.

Significa dizer que esse comprimido ainda está bem longe de se tornar realidade, já que hoje nenhum produto se aproxima desse ideal!

Contudo, o que dizer dos remédios que foram ou ainda são propostos no tratamento do excesso de peso?

Diuréticos

Lembremos que emagrecer consiste em perder uma certa quantidade de gordura. Ora, os diuréticos só eliminam água, forçando a pessoa a urinar mais abundantemente. Seu resultado mais visível é o ressecamento da pele seca, abatimento geral, fadiga, vertigens e queda da pressão arterial, eventualmente até o desmaio. Ademais, com a água são eliminados sais minerais (sódio, potássio etc.), o que agrava a fadiga e pode favorecer outros problemas, como cãibras.

Por outro lado, ao fim do tratamento, o corpo reage como uma esponja que estivesse há muito comprimida e recupera muito rapidamente sua água e seu sal, sem contar que podem aparecer edemas, com risco de tornarem-se rebeldes. Ora, por conta de seus efeitos colaterais, o tratamento não pode ser mantido por muito tempo. É preciso estar consciente também que, a longo prazo, o efeito diurético é menos notável, já que o organismo adapta seu metabolismo para tentar suspender essa perda inoportuna de água.

É raro que os médicos que ainda prescrevem esse tipo de medicamento tenham a coragem e a honestidade de escrever com todas as letras nas suas receitas o nome de um diurético conhecido e habitualmente prescrito para tratar doenças específicas. Eles disfarçam usando o nome químico (desconhecido dos pacientes), incorporando-o discretamente às preparações manipuladas pseudo-homeopáticas.

Raciocinando da mesma maneira, desconfie de certas plantas ou de preparações batizadas como "drenagem", ou que apregoem "eliminar toxinas", as quais, sob um ar falsamente natural, têm um verdadeiro efeito diurético, mesmo que ele seja menos drástico do que o dos medicamentos.

Entre as plantas diuréticas, estão: pilosela, cavalinha, funcho, aspargo, cassis, bétula, bardana, barba-de-bode, alcachofra, dente-de-leão, freixo, ortosifão, videira vermelha e ginjeira.

Tomar tais diuréticos, ainda que sob controle médico, é desaconselhável: eles fazem perder água, mas não gordura!

Mesmo no caso de "retenções de água" (ver pergunta de nº 67), os diuréticos são desaconselhados.

Os diuréticos também não são indicados para o tratamento da celulite, das anomalias ligadas à água que sejam tratadas por drenagem linfática ou por melhora do estado circulatório venoso.

Tratar-se com plantas pode não ser inofensivo! Em 2000, em conseqüência de um erro de manipulação, uma planta que entra na composição de ervas chinesas, utilizada na Bélgica para perda de peso, foi trocada por uma outra, tóxica para os rins e cancerígena (*Aristolochia fangchi*). Vários pacientes foram vítimas de lesões renais gravíssimas, que os levaram a tratamento por diálise ou a transplante. Além disso, entre os indivíduos tratados, foram diagnosticados 36 casos de câncer das vias urinárias.

Extratos tireoidianos

A insuficiência tireoidiana pode, excepcionalmente, ser a causa do excesso de peso. Mas não há nenhuma razão para que um médico prescreva extratos tireoidianos se a tireóide funcionar bem. Essa prescrição, ao contrário, por colocar a glândula tireóide em repouso, tem o risco de provocar um hipotireoidismo (baixa dos hormônios produzidos pela tireóide) fictício.

A idéia de tomar extratos tireoidianos para perder peso surgiu do fato de que, em caso de hiperfunção da tireóide (hipertireoidismo), o excesso de secreção do hormônio tireoidiano (a tiroxina) provoca emagrecimento.

Mas os extratos tireoidianos, na verdade, pouco atuam sobre a queima das gorduras. Eles agem ligeiramente sobre a termogênese, contudo, sua ação é essencialmente concentrada sobre os músculos. Eles atacam a massa magra e não a massa gorda... Não devemos esquecer que o coração é um músculo.

Por outro lado, esses remédios têm efeitos colaterais muito incômodos: angústia, palpitação, taquicardia, tremores. Eles podem até precipitar a ocorrência de uma angina de peito preexistente ou mesmo favorecer alterações importantes do ritmo cardíaco.

Quando, apesar de tudo, eles são prescritos, também costumam estar escondidos em preparações complexas, sob a máscara de nomes químicos complicados ou de abreviações científicas.

Eles também são prescritos sob forma de plantas em fitoterapia. Vegetais simples como as laminárias ou o fuco parecem bem inofensivos, mas eles agem através do iodo que contêm, como os extratos tireoidianos... Eles até fazem parte da composição de certos adesivos "antiobesidade"; nesse caso, sua difusão no organismo é, sem dúvida, bem menor do que se fossem ingeridos.

O exemplo de Rogério: a prova de que certos medicamentos podem ter conseqüências extremamente graves sobre a saúde

Rogério, 42 anos, açougueiro, 1m78 para 110 quilos, chega à emergência de um hospital às 14h por causa de um mal-estar. À chegada, sua pressão está em 7, a máxima. Ele confessa usar uma "preparação" para emagrecer. Após rápido interrogatório, o médico percebe que a mistura contém, além de alguns medicamentos homeopáticos para iludir, diuréticos e extratos tireoidianos. O eletrocardiograma realizado às 14h30 mostra inquietantes alterações do ritmo cardíaco. Rogério é encaminhado ao CTI, onde é colocado em tratamento intensivo, mas seu estado agrava-se. Ele perde a consciência e depois, às 15h30, tem uma parada cardíaca. A equipe médica consegue reanimá-lo. Mas às 16h, ele recidiva. Apesar dos cuidados que lhe foram prestados e vários choques elétricos, ele foi declarado clinicamente morto às 16h25. Os resultados de seus exames de sangue revelaram uma baixa maciça de potássio no sangue. Rogério morreu de alterações do ritmo cardíaco gravíssimas (ligadas aos extratos tireoidianos), agravadas e tornadas irreversíveis pela falta de potássio (devido aos diuréticos), simplesmente porque quis emagrecer, seguindo, sem saber, um tratamento perigoso prescrito por um médico inconseqüente.

Laxantes

Quer se apresentem sob a forma de comprimidos ou, de maneira mais dissimulada, sob forma de plantas (sene, cáscara, babosa, ruibarbo etc.), os laxantes só fazem acelerar a eliminação das fezes. Eles permitem também a perda de água, mas não têm nenhum efeito sobre as gorduras... Esses purgantes drásticos podem, aliás, levar a um déficit de potássio que provoca cãibras, cansaço muscular e até distúrbios cardíacos. Além disso, certos laxantes são irritantes para o intestino e favorecem o aparecimento de uma temível doença chamada "doença dos laxantes", que consiste, notadamente, em espasmos dolorosos do cólon.

As pessoas que sofrem de distúrbios do comportamento alimentar (anorexia, bulimia) freqüentemente recorrem (além dos vômitos) aos laxantes. Elas provavelmente ignoram que eles apenas aceleram a evacuação do cólon, mas não impedem a absorção dos nutrientes no intestino delgado. Ou, então, são vítimas de uma fantasia de limpeza e purificação.

Os laxantes, aliás, são raramente prescritos hoje (preferimos medidas dietéticas), salvo em casos de pessoas idosas. São, portanto, totalmente contra-indicados no quadro de um regime para emagrecer.

Por fim, falemos aqui de uma nova moda, a da hidroterapia cólica, que se assemelha às lavagens que os médicos prescreviam... há um século, ou mesmo, aos clisteres tão caros aos médicos de Molière. Essa operação visa limpar o cólon de todos os seus dejetos, por meio de uma lavagem sob pressão. Supostamente, isso favorece o início do emagrecimento, permitindo melhores trocas no cólon. Nenhum estudo científico sério, no entanto, jamais veio comprovar essas afirmações.

Antidepressivos

Essa categoria de medicamentos compreende um grande número. Alguns, como os tricíclicos, engordam (ver pergunta de nº 16). Outras moléculas (a fluoxetina e a fluvoxamina, por exemplo), que aumentam a taxa de serotonina no cérebro, diminuem a atração pela comida e em determinado momento trouxeram esperança quanto a poderem ser utilizadas para emagrecer. Elas agem muito favoravelmente (em tratamentos curtos) nos casos de bulimia e têm ação terapêutica sobre um distúrbio de comportamento alimentar, mas nem por isso queimam as gorduras. Esses produtos não receberam a autorização para serem prescritos como auxiliares do tratamento para excessos de peso.

Em contrapartida, se uma pessoa com excesso de peso está deprimida e um tratamento se impõe, seu médico preferirá prescrever um antidepressivo a um tricíclico. Infelizmente, esses últimos têm muitos efeitos colaterais que tornam difícil sua tolerância (41% das pessoas que receberam prescrição para usá-los são obrigadas a interromper o tratamento por causa de seus efeitos indesejados).

Moderadores de apetite

Elaborados à base de anfetaminas, são substâncias químicas poderosas que agem sobre os neurotransmissores do cérebro (como a serotonina), diminuem o apetite e são fortes estimulantes. Por isso, são capazes de provocar um estado de excitação sobre o qual se instalarão distúrbios de comportamento. Seu maior defeito é levar a uma grave dependência, causa de toxicomania. Portanto, são drogas na acepção estrita do termo.

Ao interromper o tratamento, freqüentemente sobrevém, além de uma síndrome aguda de abstinência, uma depressão nervosa que pode até levar ao suicídio. No Brasil, eles estão proibidos desde 11 de julho de 1997 e há poucas fraudes nesse campo.

Dexfenfluramina ou Isomeride®

Comercializado na década de 1980, era uma anfetamina fluoretada cujo efeito estimulante havia sido suprimido e que, portanto, não provocava toxicomania. Ela agia sobre o metabolismo da serotonina cerebral, regulando o apetite e favorecendo a sensação de saciedade. Mas era mal tolerada: 37% daqueles que a tomavam viam-se obrigados a interromper o tratamento.

Aqueles que a suportavam e continuavam o tratamento perderam, em média, ao fim de 11 meses, 2,7 quilos a mais do que os que tomavam placebo (cápsula não contendo nenhum princípio ativo e que serve de comparação durante uma experimentação de um medicamento). A diferença foi considerada muito pequena. Mas, dois meses depois do fim do tratamento, os indivíduos sob placebo haviam recuperado, em média, apenas um quilo por mês, enquanto aqueles que haviam sido postos sob dexfenfluramina recuperaram dois quilos!

Então, era grande a tentação de prosseguir o tratamento por mais tempo ou multiplicar os tratamentos. Em 1995, venderam-se na França 5 milhões de caixas desse medicamento (eram necessárias duas caixas para um mês de tratamento)...

Surgiram, então, mesmo em tratamentos de curta duração, complicações graves que não haviam sido observadas durante as pesquisas realizadas com animais. Na verdade, elas levaram tempo para aparecer em seres humanos – e eram temíveis.

Em alguns pacientes, diagnosticou-se hipertensão arterial pulmonar primitiva muito grave, tendo, por conseqüência, sufocações anormais diante de esforços e desmaios. O medicamento foi, então, retirado do mercado francês em 1997. No Brasil, esses medicamentos foram proscritos em 3 de julho de 2000, quando estudos científicos comprovaram que podiam provocar lesões das válvulas cardíacas.

Mais dramático é o fato de que, no geral, as pessoas que foram vítimas de efeitos colaterais (entre as quais muitas mulheres), na realidade, precisavam perder somente poucos quilos e a prescrição do tratamento era apenas um "apoio psicológico"! Em princípio, ele era reservado às obesidades maiores, mas sob a pressão dos pacientes que queriam de qualquer jeito tomá-los, alguns médicos deixaram-se convencer...

Prescrita na França para cerca de 7 milhões de pessoas entre 1986 e 1997, a dexfenfluramina teria provocado 30 mortes e uma centena de vítimas de danos pulmonares graves, que só puderam sobreviver com um tratamento para toda a vida ou graças a um transplante de pulmões.

Nos Estados Unidos, o Redux® (associação de fentermina e dexfenfluramina) fez ainda mais estragos: além dos casos de hipertensão arterial pulmonar, ele está na origem de danos às válvulas cardíacas. Quatro mil americanos já foram indenizados pelos tribunais pelo prejuízo sofrido!

Sibutramina

Comercializada desde 1998 no Brasil, essa molécula próxima da anfetamina age sobre o metabolismo da noradrenalina e da serotonina, nos centros da fome do cérebro. Ela favorece a saciedade e limita a baixa da termogênese (ver pergunta de nº 20) durante a perda de peso.

Deve ser prescrita associada a um programa de emagrecimento às pessoas com excesso de peso que não responderam satisfatoriamente a um regime (perda de peso inferior a 5%, após três meses), àquelas que apresentam uma verdadeira obesidade, com IMC de 30 ou mais, ou que tenham IMC superior a 26, embora já com manifestações de fatores de risco – diabetes do tipo II (ver pergunta de nº 33) ou taxa elevada de colesterol ou de triglicerídeos no sangue.

A prescrição de sibutramina, no entanto, é contra-indicada em casos de antecedentes coronarianos ou de hipertensão arterial (HTA) mal controlada. A duração máxima do tratamento é de um ano.

Estudos mostraram que o número de pessoas submetidas a esse tratamento que perderam ao menos 10% de seu peso inicial é três vezes maior do que o daquelas que tomaram placebo. Além disso, ele aparentemente faz baixar a glicemia e a taxa de colesterol quando estes estavam altos demais.

Mas a sibutramina apresenta alguns efeitos colaterais: perda de apetite, constipação, ressecamento da boca, taquicardia, palpitações, náuseas, cefaléias, suores, alterações do paladar e, sobretudo, aumento da pressão arterial.

Na França, em 2002, foram recenseados 99 casos de efeitos colaterais sérios, dos quais dez graves, embora sem nenhum falecimento, ao contrário do que aconteceu na Itália e no Reino Unido (dois mortos em cada um dos países) e ainda nos Estados Unidos (29 mortos). A agência de avaliação de medicamentos européia (*Agence d'Évaluation du Medicament Européenne – AEME*) iniciou um processo para reavaliar a relação entre benefício e riscos do produto. Agora proibido na Itália, ele ainda é encontrado no Brasil, mas a Anvisa lançou um alerta aos médicos e sugere que sua prescrição inicial seja controlada.

Orlistat

Esse produto impede as enzimas (lipases) de digerir uma parte (cerca de 30%) dos lipídeos ingeridos à refeição. Eles não serão absorvidos, mas, sim, eliminados nas fezes. A quantidade assim eliminada corresponde a cerca de 20 gramas de gorduras, ou seja, o equivalente a 180 kcal. O orlistat é indicado associado a uma dieta hipocalórica (inferior a 1.500 kcal, 30% das quais lipídeos) para as pessoas que apresentam obesidade (IMC de 30 ou mais) ou IMC superior a 27 e quando já existem fatores de risco, como diabetes do tipo II ou taxa elevada de colesterol ou de triglicerídeos no sangue.

O tratamento só deve ser experimentado se a dieta isoladamente já permitiu perda de peso de pelo menos 2,5 quilos em quatro semanas consecutivas.

A perda de peso é modesta em um ano: de cerca de 6,1 quilos, contra 2,6 quilos sob placebo. O orlistat melhora também o controle da glicemia dos diabéticos de tipo II e a taxa de lipídeos sangüíneos. Sua prescrição deve ser limitada a dois anos e é contra-indicada em caso de má absorção digestiva crônica, assim como em pessoas que apresentam insuficiência hepática e renal (disfunção do fígado e dos rins).

Efeitos colaterais sobre a digestão são esperados (em mais de um quarto das pessoas tratadas) e penosos (flatulência, necessidade freqüente de evacuar, emissão de fezes muito gordurosas, corrimento anal gorduroso mais ou menos permanente). Contudo, eles contribuem para o aspecto pedagógico do produto: se comemos muita gordura, os efeitos secundários são muito incômodos, daí o desejo de comer menos gorduras, o que pode auxiliar o emagrecimento... Ainda que, até o momento, nenhuma conseqüência sobre o estado geral tenha sido percebida, nota-se, todavia, uma discreta diminuição das quantidades de vitamina lipossolúveis absorvidas pelo intestino delgado (vitaminas A, E, D e betacaroteno). Portanto, é preciso seguir uma dieta rica em frutas e legumes para compensar.

Por fim, surgiu uma inquietação dos resultados de uma pesquisa em que foram detectados 12 casos de câncer de mama em mulheres tratadas com o orlistat contra dois entre aquelas que receberam placebo. Essa descoberta levou os órgãos de controle americanos (*Food and Drug Administration*) a retardar a comercialização do orlistat nos Estados Unidos.

Novas pistas

A pesquisa sobre tratamentos do excesso de peso e da obesidade prossegue. Inúmeras moléculas estão em estudo: leptina, hormônio de crescimento, DHEA, agentes que aumentem a termogênese, peptídeos que agem sobre a digestão, substâncias que intervenham sobre o apetite, moléculas que ativam a queima das gorduras etc.

Mas é preciso saber que, no tratamento da obesidade, o medicamento é apenas um coadjuvante que intervém apenas num segundo momento, quando novos hábitos alimentares foram postos em prática. O medicamento vem, então, para potencializar os resultados aí alcançados.

Os efeitos colaterais às vezes associados devem ser objeto de acompanhamento médico regular estrito. Todos esperávamos que esses produtos, sucedendo-se uns aos outros fizessem emagrecer, mas, em razão dos dramas que esses medicamentos puderam causar, a relação entre os benefícios e os riscos deve ser cuidadosamente avaliada por cada um, conforme a própria fisiologia e estado físico.

Medicamentos não devem nunca ser prescrito para excesso de peso que não forem tão acentuados. Só se justificam se o IMC for igual ou superior a 30 e depois do fracasso ao menos parcial da dietética associada a um aumento da atividade física.

45 O que pensar da cirurgia gástrica no tratamento da obesidade?

Qual é seu objetivo?

O objetivo primeiro da cirurgia gástrica não é o de fazer emagrecer, mas diminuir o mais rapidamente possível os riscos de doenças ligadas ao excesso de peso, além de melhorar a qualidade de vida dos obesos.

Na obesidade grave, a ausência de emagrecimento coloca a vida do paciente em jogo, especialmente em caso de insuficiência respiratória importante. A relação entre risco e benefício pende, então, a favor da operação, mesmo que essa solução esteja longe de ser definitiva.

A perda de peso decorrente do ato cirúrgico traduz-se pela diminuição:

- Da pressão arterial.
- Da insulinorresistência (ver pergunta de nº 23).
- Do diabetes.
- Das taxas elevadas de lipídeos sangüíneos.
- Da insuficiência respiratória.
- Dos refluxos gastroesofagianos (subida do líquido gástrico ácido, às vezes, até a boca) favorecido pelo excesso de peso.

Quando propor um tratamento cirúrgico?

Ele só é proposto às pessoas obesas cujo peso é estável:

- Se o IMC for superior a 40.
- Se o IMC for superior a 35, mas já existam complicações sérias como diabetes, apnéias do sono etc.

E isso, salvo em caso de urgência, somente se um tratamento dietético de menos de um ano ou, melhor ainda, de dois a três anos, se possível, tenha fracassado.

Na França, cerca de 10% da população é obesa, mas só cerca de 300 mil pessoas (ou seja, 0,5% da população) respondem aos critérios que permitem beneficiar-se de uma cirurgia de obesidade.

Na verdade, não é realmente o médico que "propõe" a intervenção ao paciente. Ele informa sobre sua existência e explica-lhe as vantagens e inconvenientes. Se o obeso decidir-se pela operação, ele precisará antes que uma comissão médica multidisciplinar concorde.

Regra geral, esse tratamento cirúrgico não é praticado nem antes dos 18 anos nem depois dos 65 anos de idade.

Quais são as diferentes operações? Quais são suas possíveis complicações?

Gastroplastia vertical

Surgiu em 1960 e é menos freqüente hoje em dia, mas alguns cirurgiões ainda a praticam. A taxa de mortalidade operatória (cuja causa principal é a embolia pulmonar) é de cerca de 0,5%. Existem complicações operatórias que se situam ao nível da parede abdominal (infecção e perfuração).

Após abrir o abdome, a operação consiste em criar, por grampeamento, uma bolsa gástrica tubular ao longo da pequena curvatura do estômago, separando-a da maior parte. A bolsa assim formada tem um volume de cerca de 50 mililitros, contra os 500 mililitros de um estômago normal.

Esse "pequeno estômago" artificial obriga a pessoa a comer durante o dia oito refeições de pouca quantidade e ingeri-la lentamente

CIRURGIAS PARA OBESIDADE MÓRBIDA

GASTROPLASTIA VERTICAL

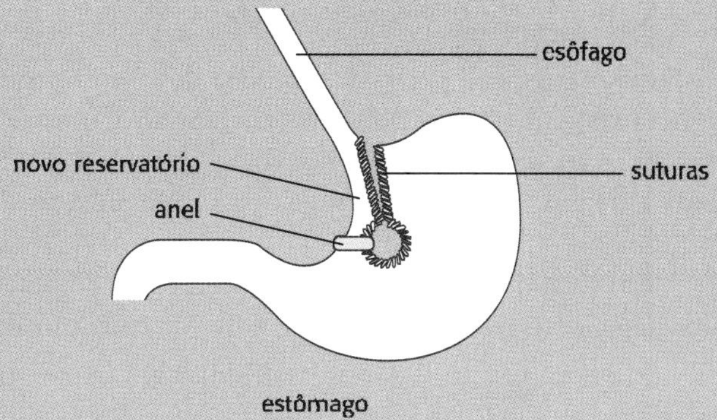

BANDA GÁSTRICA

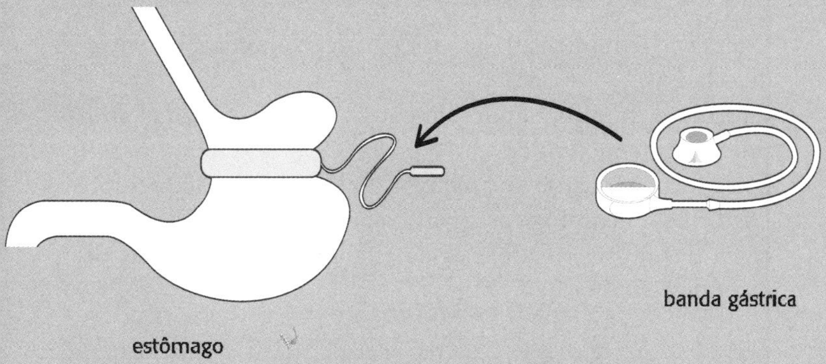

DERIVAÇÃO BILIO-PANCREÁTICA

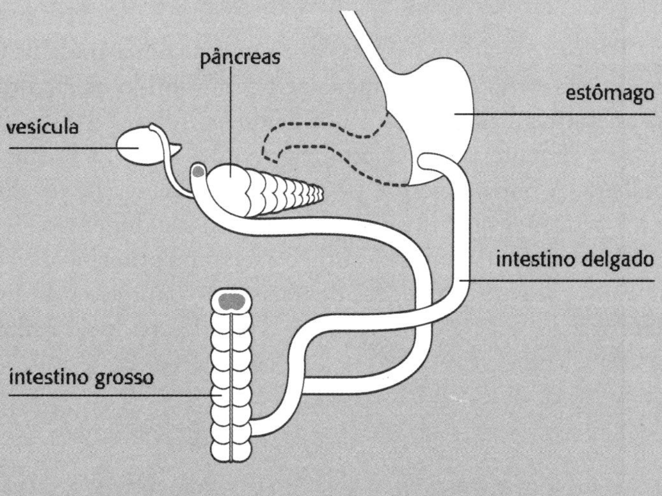

após uma mastigação perfeita, sob pena de vômitos (que são freqüentes, manifestando-se em 30% dos pacientes). Como a bolsa formada pela operação tem um pequeno volume, a sensação de saciedade é rápida e de longa duração, já que a passagem entre as duas bolsas faz-se lentamente.

Em média, a perda é de 60% do excesso de peso, mas os resultados dependem dos hábitos alimentares de cada um. De fato, o consumo de alimentos líquidos ou semilíquidos de alto poder calórico (açucarados ou não) é a causa freqüente de maus resultados e da retomada de peso após esse tipo de intervenção.

A longo prazo, podem ocorrer:

- Estenose (retraimento) do orifício de comunicação entre as duas bolsas.
- Obstrução do orifício por alimentos pouco mastigados ou não suficientemente líquidos.
- Esofagites, por causa dos refluxos do líquido gástrico ácido.
- Distúrbios neurológicos (particularmente polineurites), por causa das possíveis carências de vitaminas B provocadas pelos repetidos vômitos.

Essas complicações originam 50% de novas intervenções cirúrgicas.

Banda gástrica ajustável

Reduz-se a circunferência do estômago com a ajuda de um anel colocado em torno dele, de maneira a comprimi-lo. A circunferência desse anel é regulada graças a um balonete inflável. Pouco a pouco, reduz-se a circunferência. O estômago ganha, então, a forma de uma ampulheta. A bolsa superior, de volume menor, recebe os alimentos, mas em pequenas quantidades, por causa da sua dimensão.

A colocação de um anel gástrico é sempre a primeira operação proposta a um paciente que precise de tratamento cirúrgico para sua obesidade (exceto se seu IMC for superior a 60). Ela pode ser realizada por laparoscopia: quando os instrumentos cirúrgicos são introduzidos no corpo, através de pequenas perfurações feitas na pele do abdome, e a intervenção é visualizada por um sistema óptico especial). Isso evita uma cirurgia de maior vulto, que é sempre arriscada numa pessoa obesa.

A taxa de mortalidade dessa intervenção ainda assim é de 0,3%.

Paralelamente, uma vez encerrada a cirurgia, o paciente ainda sofre um pouco. Ele deve seguir uma dietética muito restritiva que tem reflexos sobre a vida social:

- É preciso fracionar as refeições.
- O volume de uma refeição não pode ultrapassar 100 mililitros, o que exclui toda refeição social.
- É preciso comer lentamente e mastigar bem.
- É preciso suprimir os alimentos líquidos ou semilíquidos (sorvetes, por exemplo), que passariam muito rapidamente para a bolsa inferior.
- É preciso evitar carnes gordas, fritas, pipoca, amêndoas e amendoins.
- É preciso parar de comer logo que se sentir saciado, caso contrário, surgem vômitos e pode ocorrer, com o tempo, a dilatação da bolsa superior.
- Os vômitos (freqüentes sobretudo no início, quando o paciente ainda não notou direito a dose máxima de comida que o novo tamanho de seu estômago admite) favorecem a carência da vitamina B1, o que pode causas distúrbios neurológicos sérios.

Em 15% das pessoas operadas, o médico é obrigado a reintervir, especialmente naquelas que comem demais, quando aparece uma dilatação da bolsa superior e refluxos gastroesofagianos (subida do líquido ácido gástrico para o esôfago, ou mesmo até a boca), que obrigam a desmontar o anel e a decidir-se por uma outra intervenção (gastroplastia vertical, *by-pass* gástrico ou inversão bilio-pancreática). Em 5% dos casos, defeitos do material são a causa da reintervenção.

By-pass gástrico

Essa operação consiste em criar uma pequena bolsa de 20 mililitros completamente separada do resto do estômago e suturar o jejuno (parte do intestino delgado) ao estômago. Realiza-se, assim, um curto-circuito gastrointestinal: a saciedade é rapidamente obtida, uma vez que os alimentos em dez minutos passam para o intestino delgado. O risco operatório é alto: 0,5 a 1% de mortalidade, mas um cirurgião bem treinado pode fazer a intervenção por endoscopia (introdução no corpo de um tubo óptico munido de um sistema de iluminação), o que exige uma cirurgia menos pesada. Essa intervenção é logo indicada se o IMC for superior a 60 ou se o paciente recusar limitações alimentares relacionadas ao anel gástrico. É que, nesse caso, não há desconforto alimentar nem anomalias do trânsito intestinal, e as limitações alimentares são poucas.

Mas o curto-circuito das alças do intestino delgado provoca uma carência de cálcio, ferro e vitamina B12, dos quais será, então, preciso garantir o fornecimento por suplementação alimentar pelo resto da vida. Se o paciente omite seus complementos alimentares, ele pode vir a ser vítima de ulcerações digestivas ou de anemia.

Derivação bilio-pancreática

O cirurgião retira parte do estômago e sutura o resto ao intestino delgado (após supressão do duodeno). Esse é o método mais eficaz entre todos os que existem atualmente. Não exige nenhuma precaução alimentar específica, mas provoca má-absorção significativa, que exige, para evitar carências, multissuplementação (aporte via medicamentos de vários oligoelementos e vitaminas que fariam falta) e acelera o trânsito intestinal.

Como a operação não pode ser feita por endoscopia, o risco é elevado (a mortalidade operatória é de 1 a 1,5%).

Quase todos os tratamentos cirúrgicos da obesidade, dos quais citamos os principais, são reversíveis, quer dizer, sempre é possível desfazer a montagem ou retirar a banda se o paciente assim o desejar ou se o médico julgar útil.

Qual é a eficácia dessas intervenções?

A médio prazo

Ao fim de um ano, quanto se perde do excesso de peso?

- Gastroplastia vertical: 60%
- Banda gástrica: 45%
- *By-pass* gástrico: 68%
- Derivação bilio-pancreática: 80 a 90%

Em média, a perda de peso é de 20 a 40 quilos. Mas a taxa de reintervenção é de 25%.

A longo prazo

Com a banda e o *by-pass* gástricos, a volta ao peso normal está excluída. O emagrecimento cessa dois anos após a intervenção. Quanto à manutenção do peso, os resultados são pouco conhecidos a longo prazo.

Se os pacientes, desobedecendo ao que lhes foi explicado, suprimem os alimentos sólidos e só tomam alimentos líquidos, a passagem rápida gástrica e a inexistência de desconforto favorecem, no terceiro ano, uma retomada de peso (que ocorre em 20,7% dos casos), às vezes bem acentuada.

Quais as perspectivas para esta cirurgia?

Ao longo de 2000, na França, quase 10 mil bandas foram colocadas e 2 mil gastroplastias verticais realizadas.

A eficácia dessas intervenções a longo prazo, no entanto, ainda não é conhecida e as complicações permanecem freqüentes e significativas.

Um estudo realizado na região de Rhône-Alpes, na França, mostrou que dos 140 pacientes operados, só 16 haviam perdido dez quilos em dois anos. Ainda mais inquietante: em 30% dos casos, as complicações ligadas à obesidade não haviam diminuído, apesar da perda de peso correta (consulte informações sobre pesquisas realizadas no Brasil na página 335).

Para coibir abusos, da parte dos profissionais deve haver um programa de controle dessas cirurgias, incluindo a verificação do respeito às indicações e às "boas práticas".

De fato, a análise dos relatórios da região de Rhône-Alpes mostra que os cirurgiões se desobrigam de algumas regras pré-operatórias. Observou-se especialmente que:

- Não foi respeitada a regra da necessidade de fracasso de um tratamento dietético e médico de um ano.
- Não foi respeitada a regra de um IMC superior a 40 (em 23% dos casos).
- Não houve uma comissão multidisciplinar para opinar, da qual fizesse parte um psiquiatra e um endocrinologista-nutrólogo (em 84% dos casos).

46 Pode-se recorrer à cirurgia plástica estética?

A cirurgia estética é uma cirurgia de alto nível técnico: é difícil determinar em que casos ela é indicada e qual será a operação mais adequada. Também é preciso dirigir-se a um profissional cuja competência para realizar esse trabalho seja garantida pelo Conselho de Medicina e pelas sociedades médicas das respectivas especialidades.

Lipoaspiração

O objetivo da lipoaspiração é corrigir o contorno da silhueta, reesculpindo as massas de gorduras localizadas e feias ("celulite"). Trata-se de retirar, sob anestesia local, o tecido adiposo, aspirando-o por meio da ação mecânica de uma cânula introduzida por uma pequena incisão no local desejado. Se a elasticidade cutânea e da derme não forem danificadas pela operação, a pele se pregueará e se retrairá sobre essa nova base. No fim, o cirurgião envolve o paciente com atadura elástica que age como um curativo compressivo, diminuindo o edema pós-operatório.

O paciente pode mover-se e andar já no dia seguinte, mas um certo desconforto permanecerá por oito dias. A atadura deve ser usada noite e dia durante um mês. Os hematomas desaparecem ao fim de duas semanas, o edema e todo o inchaço após dois meses. É preciso evitar qualquer exposição ao sol durante um mês, assim como a prática de certos esportes (particularmente o tênis).

Contudo, não é possível melhorar, com lipoaspiração, uma assimetria constitucional da bacia ou o aspecto de "casca de laranja" que a celulite dá à pele.

Às vezes, ocorrem acidentes no curso da operação, devidos a um erro de técnica e/ou a um volume excessivo de gordura retirada. Podem sobrevir perfurações digestivas, embolias gordurosas (passagem de tufos de gordura para o sangue, os quais vão entupir um vaso) ou choques devido a uma maciça transferência, para o subcutâneo do soro, do sangue extravasado pela ruptura dos pequenos vasos durante passagem da cânula. Se isso acontecer, a massa sangüínea (composta de soro e de glóbulos vermelhos) perde muito de seu volume líquido (que está sob a pele), a bomba cardíaca esvazia-se e não é mais eficaz. O indivíduo entra em estado de choque e deve ser reanimado de urgência para manter-se vivo.

Para prevenir esses riscos, além da competência do cirurgião, é necessária a presença de um anestesiologista especializado e a realização da intervenção numa verdadeira sala de cirurgia, o que permitirá ao médico agir em caso de eventualidades.

A ocorrência de infecções pós-operatórias é rara, mas grave (choque infeccioso conseqüente a uma septicemia ou gangrena).

Posteriormente, em caso de resultado imperfeito, a prática de massagens ou drenagem linfática por um fisioterapeuta pode melhorar a situação. Mas se o profissional domina mal sua técnica, vão-se observar buracos, depressões ou um aspecto antiestético, como o de uma placa ondulada nas partes tratadas.

Plástica abdominal

Cada indivíduo tem seu capital de elasticidade cutânea. Quando esse é gasto, a pele pode contrair-se de novo, sendo, então, necessário fazê-lo cirurgicamente.

O excesso de peso vai romper a armadura elástica da pele do abdome. Assim sendo, depois de um emagrecimento significativo, ela forma uma espécie de bolsa que cai. A principal intervenção consiste em recortar o excesso de pele e depois repuxá-la. Eventualmente, o cirurgião intervém também nos músculos abdominais, que em geral estão distendidos. Esse relaxamento acontece também nas coxas e na face interna dos braços, onde igualmente pode-se intervir.

Plástica mamária

Pode ser feita a operação de redução numa jovem obesa. Seios muito volumosos são desconfortáveis, pesados, dificultam a prática esportiva, favorecendo as deformidades da coluna vertebral (cifose dorsal).

Se a jovem sofre de distúrbios psíquicos evidentes ligados a esse excesso de peso localizado e, desde que tenha a concordância de um psiquiatra, a operação pode ser feita num hospital da rede pública. Durante a intervenção, o cirurgião pode retirar até um quilo de gordura de cada seio.

A cirurgia estética pode consistir também na colocação de próteses mamárias após um grande emagrecimento que tenha dado aos seios, vazios de sua gordura, um aspecto caído.

Estrias

São verdadeiras cicatrizes da derme, cujas fibras elásticas romperam-se definitivamente durante um ganho de peso significativo, o qual distendeu demais a pele. As estrias são indeléveis.

Seu aspecto e sua extensão, todavia, podem ser atenuados pela ablação e "repregueamento" de certas partes da pele.

No entanto, é melhor preveni-las do que remediá-las. Sua prevenção reside em alguns conselhos: não fumar, expor-se ao sol de maneira racional e utilizar produtos cosméticos adequados, sobretudo durante a gravidez. É essencial manter uma boa hidratação cutânea para proteger sua maciez.

Mas, em todos os casos, a prática de ato cirúrgico estético num ex-obeso que emagreceu só é eficaz se o peso realmente estabilizou-se. A retomada do peso anularia todos os benefícios do tratamento, que, em seguida, não poderia ser repetido após cada emagrecimento!

CAPÍTULO 4

Agora é com você

"O regime é o único jogo onde se ganha quando se perde..."
KARL LAGERFELD

Estratégias para emagrecer

47 Quais devem ser meus objetivos?

Para emagrecer, você deve impor-se diferentes objetivos que, mesmo sendo diferentes, têm todos um denominador comum: cabe a você agir, o médico está lá apenas para lhe mostrar o caminho, ajudá-lo e apoiar seus esforços para que você alcance por si mesmo o resultado almejado.

Isto implica que você dedique um mínimo de tempo para aperfeiçoar sua cultura em matéria de nutrição. O pequeno trabalho de leitura e compreensão exigido agora será logo recompensado. Um bom conhecimento dos alimentos e de suas propriedades vai lhe permitir maleabilidade e margem de manobra: você poderá ser autônomo para escolher seus pratos durante sua perda de peso e, assim, ao final, você tenha estabilizado seu peso. Fazer suas compras, montar seus cardápios, escolher no menu do restaurante ou organizar um piquenique não lhe trará nenhuma dificuldade... Você pode aprender a comer melhor sem ser obrigado a seguir cardápios preestabelecidos especialmente penosos.

O principal objetivo que você terá que se fixar é, claro, o peso a alcançar.

Não se esqueça de que ele deve ser razoável, caso contrário o fracasso é garantido. Discuta abertamente com seu médico. Ou o peso é racional e pode ser considerado como o objetivo a ser atingido ou ele é despropositado e, nesse caso, mais vale que seu médico o faça saber. Vocês fixarão juntos, então, um objetivo aceitável. Simplificando, pode-se definir como realista uma perda de 10 a 15% do peso atual.

Uma queda de 5% em geral já é suficiente para diminuir os riscos de complicações ligadas a um excesso de peso importante.

Uma atmosfera de esperança justificada é mais propícia como empurrão inicial de um emagrecimento do que a perspectiva desencorajadora de um peso inacessível!

E se você consegue mais do que o previsto, ficará ainda mais satisfeito, e seu médico também.

Alcançar o peso que você se fixou é uma coisa, mas também é preciso que você seja capaz de mantê-lo o ano todo: esse será seu segundo objetivo.

Não se trata de se perguntar: "Por quanto tempo devo fazer esta dieta?", porque este raciocínio subentende que sua tentativa é temporária, que em seguida você vai voltar aos maus hábitos que o levaram a ter um excesso de peso do qual você hoje quer se livrar. Voltar aos maus hábitos alimentares é recaída na certa.

Trata-se, portanto, de mudar profundamente sua maneira de se alimentar, de comer diferentemente para adequar sua alimentação com as necessidades de seu organismo (e com sua herança genética).

A decisão de emagrecer deve ser duradoura e não efêmera.

Contudo, o fator tempo deve certamente ser lembrado, já que os emagrecimentos mais progressivos são os mais duráveis. Sempre se diz que a perda de peso é dez vezes mais rápida do que a constituição da sobrecarga de peso. Isso não significa que você vá adotar uma dieta expressa, pelo contrário, porque o excesso de peso que você tem hoje às vezes levou muito tempo para se constituir. Sendo assim, um ano será necessário para perder o que você acumulou em dez... Mas atenção: raramente uma perda de peso é linear, ela pode ser entrecortada por etapas durante as quais o peso pára antes de baixar de novo.

Só uma obesidade severa (IMC superior a 40), dando lugar a complicações graves, ou a necessidade urgente de uma cirurgia podem justificar um emagrecimento rápido.

Os cuidados com a alimentação são necessários, mas não bastam... Você precisará também rever sua atividade física e trabalhar para encontrar um novo equilíbrio, tanto nas suas relações com os alimentos quanto consigo mesmo e com os outros. Este será seu terceiro objetivo principal.

Por fim, se você sofre de um grande excesso de peso, é preciso empenhar-se em reduzir as complicações relacionadas. O papel de seu médico não é apenas adequar sua perda de peso, mas também assumir o tratamento das complicações e pôr em prática, qualquer que seja sua idade, a mais eficaz estratégia de prevenção cardiovascular possível.

Ele ajudará prescrevendo escolhas alimentares adequadas e, quando necessário, medicamentos (imediatamente, se o risco que você correr for grande, ou mais tarde, se ele notar que o regime alimentar, embora estritamente observado, não surtiu o resultado esperado após três meses). Se você fumar, ele também pedirá que pare, já que a nicotina também favorece as doenças cardiovasculares.

Todas essas medidas podem parecer muito rígidas. Contudo, emagrecer não obriga a viver como um fanático apegado à balança de cozinha e à tabela de calorias, nem a entediar-se comendo pratos sem graça e sem sabor ou preparando sua comida à parte! A idéia de que emagrecer exige enormes sacrifícios é muito forte. Mas você pode chegar lá sem para isso privar-se da convivência e da gastronomia. Grandes *chefs* nos provam todo dia que dietética e gastronomia são perfeitamente compatíveis. Além disso, os brasileiros cultivam o prazer das refeições.

Alimentação, movimento e equilíbrio são as três palavras-chaves do emagrecimento. Tempo, estabilidade, convivência e prazer são as palavras-chaves do êxito em manter-se magro a longo prazo.

---

48 É preciso comer menos?

Por muito tempo, pensou-se que uma pessoa com excesso de peso ou obesa comia sempre demais. Então, para emagrecer, era preciso diminuir seus aportes energéticos adotando uma dieta hipocalórica (1.550 kcal por dia, às vezes menos). Os repetidos fracassos dessa maneira de encarar a obesidade trouxeram novas perguntas.

Contar as calorias é confiável?

Você já comparou várias tabelas de calorias? Para um mesmo alimento, existem às vezes valores diferentes. Por causa disso, na França decidiu-se oficialmente só utilizar a tabela de composição alimentar do CIQUAL (*Centre Informatique sur la Qualité des Aliments* – Centro de Informação sobre a Qualidade dos Alimentos). No Brasil, as tabelas utilizadas são de autores e pesquisadores brasileiros, como Guilherme Franco e também do IBGE-ENDEF.

Todavia, uma tabela de calorias, qualquer que seja, nunca pode ser totalmente confiável: o modo de criação modifica a composição da carne de um animal. Assim sendo, uma vaca nutrida nos pastos tem uma carne menos gorda do que o animal mantido confinado. Ora, as tabelas de composição não consideram essas diferenças!

Da mesma forma, elas não levam muito em consideração a maneira de preparo, que é essencial, porque tem grande influência (para mais ou para menos) sobre o número final de calorias ingeridas.

Por outro lado, o olho avalia mal o peso exato da porção preparada. Mesmo assim, é inviável pesar tudo o que se come. Então, inevitavelmente as quantidades ingeridas serão aproximadas.

Por fim, o valor calórico calculado é o de um alimento no prato, quer dizer, antes de ser digerido; contudo, é preciso levar em conta o que se vai passar após a ingestão da refeição. Durante a digestão, a presença ou não de fibras tem um grande papel (se presentes, elas impedem a absorção de uma parte das gorduras). Se você come uma maçã, você soma ao aporte energético total o valor calórico da fruta (rica em fibras solúveis, entre as quais a pectina), mas você não subtrai do total as calorias lipídicas não absorvidas graças à pectina! O total de calorias ingeridas será então apenas uma estimativa.

Além disso, os trabalhos de cronobiologia de A. Reinberg mostraram que a utilização de nutrientes pelo organismo varia conforme a hora do dia e até mesmo de acordo com a estação do ano. Os carboidratos, por exemplo, são mais facilmente queimados de manhã do que à noite e mais no verão de que no resto do ano.

Concluindo, é muito difícil calcular, com precisão, as calorias fornecidas pelos nutrientes que realmente passam para o sangue. Isso exige a intervenção de um nutricionista experiente.

Nosso aporte calórico é excessivo?

Ao longo dos anos, o aporte calórico dos franceses vem caindo:

- 20% entre 1900 e 1994
- 0,8% entre o estudo ASPCC (1994) e o estudo INCA (1999).

Entretanto, durante este período, a percentagem de pessoas obesas na população total, como já vimos, só aumentou (consulte informações sobre pesquisas realizadas no Brasil na página 335).

Sabemos que, ao restringirmos demais a quantidade de aportes, o organismo por um lado ajusta progressivamente seus gastos, daí uma estagnação da curva de peso, e por outro lado a menor variação o leva a reconstituir os estoques de gordura, criando reservas obstinadamente. É o efeito sanfona.

Aliás, nos últimos anos, pesquisadores descobriram que existe um hormônio gástrico até então desconhecido, a grelina, que estimula o apetite. Em caso de restrição calórica, a taxa deste hormônio aumenta mais de 24%. Isso explica em parte as inevitáveis recaídas que vitimam as pessoas que buscam perder peso fazendo restrições alimentares.

Como adaptar os aportes calóricos?

Portanto, para emagrecer não se deve fixar arbitrariamente dietas de 1.800 ou 1.500 kcal, mas sim calcular o débito energético médio e diminuir dele os aportes calóricos diários em cerca de 300 kcal.

Assim, alguém que gaste 2.500 kcal emagrecerá comendo 2.200 kcal; outra pessoa, que queime 2.300 kcal, deverá comer 2.000 kcal.

Por que se sacrificar logo de cara e passar fome com uma dieta de 1.500 kcal se você pode muito bem emagrecer comendo de acordo com sua fome, com um aporte calórico correto? E como o cálculo calórico é não somente cansativo mas também uma estimativa, mais vale voltar-se prioritariamente para a qualidade do que você come do que para a quantidade!

Para emagrecer, não é necessário comer menos, mas sim comer melhor.

Portanto, o essencial é que você escolha criteriosamente seus nutrientes: proteínas, lipídeos, carboidratos e fibras. A quantidade, claro, tem sua importância, mas não resolve tudo, assim como as proporções dos alimentos na alimentação. A prova é que, na França, o consumo de carboidratos aumentou em 4,6% e o dos lipídeos baixou em 5,5%. Esses valores caminham no sentido desejado pelos nutrólogos e, no entanto, ao longo desse período, a obesidade aumentou em 1,4%...

Então, a escolha dos nutrientes conta mais que sua percentagem respectiva no aporte energético total. E para escolhê-los bem é preciso classificá-los, o que permite selecionar alguns mais que outros.

49 Há alimentos proibidos?

Durante muito tempo, a concepção da nutrição foi maniqueísta e moralizadora. Havia alimentos "bons" e "maus". Daí a tentação de classificar todos os ingredientes em duas categorias: os permitidos e os proibidos!

Essas exclusões não têm sentido e são até perigosas. Proibir batatas fritas sob pretexto de que elas contêm muita gordura pode provocar um desejo ainda maior. Um dia, cansado dessa frustração, você acaba por não agüentar mais: ora, essa compensação será mais perniciosa do que se você tivesse comido um pouquinho um dia ou outro.

Nenhum alimento deve ser "amaldiçoado". Evidentemente, alguns são mais calóricos que outros, mas não devemos nos ater somente a esse aspecto da coisa. Você deve também levar em conta sua densidade nutricional, quer dizer, saber além de seu aporte energético, qual é sua composição detalhada em macronutrientes (proteínas, carboidratos, lipídeos, fibras, álcool) e micronutrientes (vitaminas, sais minerais e oligoelementos) para avaliar seu interesse maior ou menor.

Um alimento "com calorias vazias", que é tão-somente uma fonte de energia sem fornecer vitaminas ou sais minerais, certamente é menos interessante de consumir do que outro, talvez mais calórico, mas também rico em micronutrientes.

Convença-se de que não há alimentos que façam engordar, outros que façam emagrecer. É o equilíbrio alimentar global da refeição que conta, ou mesmo o do dia... ou da semana!

Enfim, o essencial não é unicamente o alimento em si, mas igualmente o que é ingerido antes, depois ou com ele. Não se pode avaliar um hábito alimentar sem examinar a maneira como alguém se alimenta durante uma semana, daí o interesse num questionário alimentar bem realizado por um nutricionista e/ ou a leitura comentada de um diário alimentar (ver perguntas de nºs 37 e 38). Também não devemos negligenciar o fato de que uma pessoa com excesso de peso ou obesa, consciente ou inconscientemente, às vezes subestima o que diz consumir. Ora, para emagrecer não é necessário adotar uma dieta hipocalórica ou proibir-se certos alimentos, mas mesmo assim é preciso comer menos do que se gasta.

Um bom meio para avaliar uma "dieta" proposta por uma revista ou um livro: evite segui-la se inclui tabelas com duas colunas contendo listas de alimentos autorizados e outros a evitar!

Não exclua nenhum alimento, mas regule suas quantidades e freqüência. Além de tudo, isso permitirá que você aceite convites e, na sua casa, não precise se conformar com uma culinária monótona se você ou alguém de sua família resolver emagrecer. Aquele ou aquela que necessita perder uns quilinhos não precisa fazer suas refeições sozinho ou preparar pratos separadamente, pode comer com todo mundo e ter acesso ao mesmo tempo ao prazer dos ingredientes e à alegre companhia de uma refeição em família.

50 O que se entende por "alimentação equilibrada"?

De tanto ser repetida, como um refrão, tanto em dietética quanto em nutrição, a noção de "alimentação equilibrada" acabou um pouco vazia e ninguém mais sabe direito o que ela significa.

Em teoria, uma "alimentação equilibrada" deveria ser constituída, do ponto de vista do aporte energético (portanto, levando-se em conta o valor calórico dos diversos nutrientes), de:

- 15% de proteínas, das quais 50% de origem vegetal e 50% de origem animal.
- 30 a 35% de lipídeos, dos quais 25% de ácidos graxos saturados; 50% de ácidos graxos monoinsaturados; 25% de ácidos graxos poliinsaturados.
- 50 a 55% de carboidratos, privilegiando aqueles com índice glicêmico baixo.

- 30 gramas de fibras por dia, majoritariamente solúveis.
- Sem esquecer de garantir os aportes diários recomendados de vitaminas, de sais minerais e de oligoelementos.

Mas quem consegue comer o dia todo obedecendo a esses critérios? Nem mesmo um médico nutrólogo se arriscaria num tal exercício...

Somente um nutricionista decidido, munido de um sofisticado programa de computador, pode chegar a realizar esse prodígio do equilíbrio. Diante da teoria, a prática impõe soluções freqüentemente mais pragmáticas que requerem muito mais simplicidade!

É o objetivo das páginas seguintes. Para tanto, falaremos não mais apenas de nutrientes, mas de alimentos, e você aprenderá como conseguir uma alimentação equilibrada não apenas por um dia, mas por uma semana (ver pergunta de nº 65).

51 Qual é a importância das proteínas?

Como defini-las?

As proteínas são compostos de aminoácidos (aa) que são seus elementos básicos. Elas formam a trama celular de sustentação do organismo que se renova parcialmente a cada dia e contribuem para a manutenção da massa muscular, para a formação dos hormônios e dos ácidos biliares que intervêm na digestão das gorduras.

Onde encontrá-las?

- Nos alimentos de origem animal: carne, aves, coelho, frios, embutidos, peixe, ovos, crustáceos, frutos do mar, queijos.
- Nos vegetais: soja, alimentos integrais, leguminosas, grãos, oleaginosos, tubérculos, raízes, cogumelos.

ALIMENTAÇÃO EQUILIBRADA

A PIRÂMIDE ALIMENTAR*

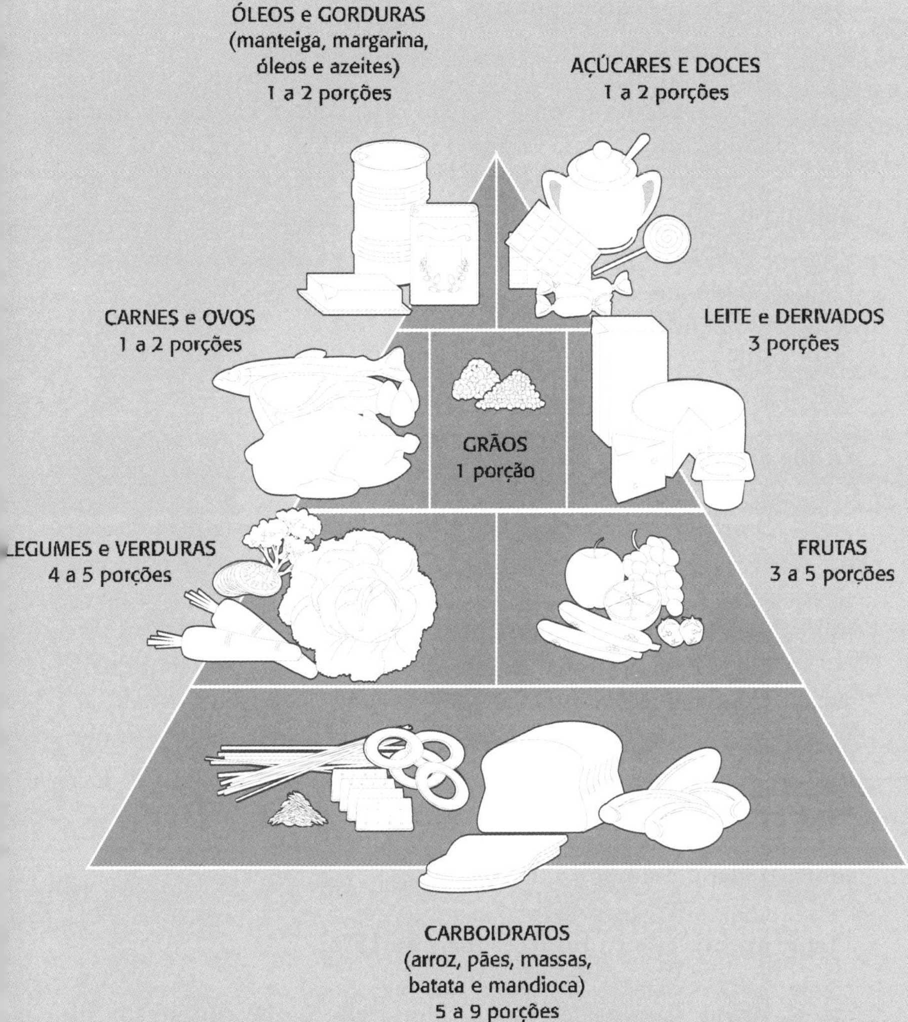

* Pirâmide alimentar baseada na adaptação que a profa. dra. Sônia Tucunduva Philippi, da Faculdade de Saúde Pública da Universidade de São Paulo, fez baseando se nos hábitos dos brasileiros.

Quanto devemos comer por dia?

Eles devem representar pelo menos 15% do aporte energético. Que raciocínio levou à escolha desse valor? Ele foi calculado para renovar corretamente as proteínas destruídas; o organismo deve receber diariamente 1 grama de proteínas por quilo corporal (com um mínimo de 60 gramas e um máximo de 90 gramas). Se uma pessoa pesa 70 quilos, ela deve ingerir 70 gramas de proteínas, ou seja, 280 kcal (já que 1 grama de proteína = 4 kcal). Se você considerar que o aporte energético médio usual é de 1.850 kcal por dia, essa quantidade de proteínas corresponde mais ou menos a 15% do aporte energético necessário.

O que acontece se eu fornecer menos de 15%?

O organismo estará então em estado de carência para efetuar os "reparos cotidianos". Assim, ele vai procurar proteínas lá onde elas se encontram em reserva, ou seja, nos músculos. Então, você perde músculo e não gordura, o que é perigoso.

A.-F. Creff mostrou que uma dieta hipocalórica com uma quantidade insuficiente em proteínas leva a uma "obesidade paradoxal" (a pessoa não emagrece mais, apesar de um aporte calórico muito baixo). Ora, algumas mulheres habituadas a porções restritivas têm facilmente um aporte inferior a 40 gramas de proteínas por dia!

O cálculo calórico é entediante e difícil, já o cálculo do aporte protéico diário é simples e importante.

O que acontece se eu fornecer mais de 15%?

Alguns especialistas propuseram regimes que continham até 25% de proteínas, ou seja, 1,6 grama por quilo de peso corporal e por dia. É interessante na medida em que as proteínas facilitam a saciedade. Mas para eliminar corretamente os dejetos surgidos do metabolismo das proteínas (ácido úrico e uréia), é preciso beber muito líquido.

Considera-se que é necessário absorver 28 mililitros de líquido por grama de proteína consumida. Uma pessoa de 70 quilos deverá então ingerir $70 \times 1{,}6 \times 28 = 3.740$ mililitros de líquido por dia. Ora, muitas pessoas não conseguirão ou "esquecerão" de beber esses quase quatro litros diários. Haverá então um risco de acidente renal, já que o débito urinário será insuficiente para eliminar os dejetos protéicos.

Em contrapartida, é preciso saber que beber muito não tem os mesmos efeitos que tomar diuréticos: enquanto os diuréticos provocam a perda de sódio e de potássio, o que é ruim e perigoso para o coração, a ingestão de líquidos em grande quantidade certamente aumenta a eliminação de líquidos pela urina, mas nesse caso o organismo sabe reter os sais de que precisa.

Quais proteínas escolher para emagrecer?

Conhecemos ainda pouco sobre a influência das proteínas sobre os adipócitos (células que armazenam a gordura) e a massa gorda. No entanto, o papel de algumas proteínas láteas começa a ser determinado. Algumas têm um efeito ansiolítico (daí seu interesse em caso de estresse), outras combatem a hipertensão arterial (complicação freqüente nos obesos), e uma delas, oriunda da caseína (fosfoproteína do leite), diminuiria o volume das refeições. Os laticínios devem então fazer parte da alimentação das pessoas com excesso de peso. Quais escolher? Veremos adiante (ver pergunta de nº 59).

Quanto aos outros alimentos fontes de proteínas citados acima, não se sabe qual é a influência, positiva ou não, de suas proteínas sobre o emagrecimento. No campo das proteínas, a quantidade tem ainda prioridade sobre a qualidade.

52 Como escolher as gorduras?

Os lipídeos são freqüentemente condenados, no entanto, são indispensáveis à vida e têm um valor nutricional essencial.

Como defini-los?

Os lipídeos alimentares são compostos de 98% de triglicerídeos constituídos de uma molécula de glicerol, suporte ao qual se juntam três ácidos graxos.

O consumo de lipídeos é indispensável porque:

- Eles formam as membranas celulares.
- Entram na composição dos tecidos, especialmente os cerebrais.
- Permitem a fabricação de hormônios e de outras substâncias químicas.
- Estão na base da síntese de sais biliares, que intervêm no processo da digestão.
- Carregam no organismo as vitaminas solúveis em gorduras: A, D, E, K.

Vê-se que uma dieta muito pobre em lipídeos não é recomendável, já que, apesar de acusados de serem os responsáveis pela obesidade, eles só são nocivos quando consumidos em excesso.

Como classificá-los?

As propriedades dos lipídeos dependem da natureza de seus ácidos graxos (AG).

Conforme sua fórmula química, pode-se classificá-los:

- Ácidos graxos saturados.
- Ácidos graxos poliinsaturados.
- Ácidos graxos monoinsaturados.
- Ácidos graxos trans.

Onde encontrá-los?

Nenhum alimento contém apenas um tipo de ácido graxo e, sim, uma mistura em proporções variadas. Contudo, encontramos certos ácidos graxos majoritariamente em determinados alimentos.

Encontramos AG saturados sobretudo em:

- Produtos de origem animal: manteiga, leite integral, creme de leite, queijos, certos embutidos e carnes.
- Produtos vegetais: gordura vegetal hidrogenada, óleo de coco, azeite-de-dendê.

Encontramos AG monoinsaturados sobretudo em: azeite de oliva, óleo de girassol, de canola, de amendoim, gordura de ganso, chocolate (após digestão) e os frutas oleaginosas (amêndoas, pistaches, avelãs, nozes).

Quanto aos AG poliinsaturados, conforme a fórmula química, pode-se classificá-los em:

- Série ômega 3, que encontramos, entre os animais, nos peixes gordos de mares frios, nos frutos do mar que contêm DHA e EPA e nos vegetais e produtos de origem vegetal, no óleo de canola, de soja, de linhaça e de nozes. Hoje em dia, alguns alimentos são enriquecidos em ômega 3 (ovos, presunto, massas, pão). Leia as etiquetas!
- Série ômega 6, que encontramos, dentre os produtos de origem animal, nos ovos, na manteiga, nos laticínios, e dentre os produtos de origem vegetal, nas frutas oleaginosas, nos óleos de canola, de girassol, de noz, de milho, de semente de uva, de borragem, de prímula e nos óleos compostos.

Por fim, encontramos os AG trans, sobretudo, em: biscoitos, tortas, pães industrializados que contêm gorduras, certas margarinas e massas para tortas, diversos óleos, sorvetes, batatas *chips*.

Em que proporção consumi-los por dia?

A distribuição de ácidos graxos considerada ótima é:

- AG saturados: 25%
- AG monoinsaturados: 50%
- AG poliinsaturados: 25%
- AG trans: < 2g/dia

Que interesse existe em diferenciar esses diversos tipos de ácidos graxos?

Classificados conforme sua fórmula química, esses ácidos graxos têm, de acordo com seu tipo, propriedades bem diferentes do ponto de vista cardiovascular:

- AG saturados e trans favorecem as alterações dos vasos (ateroma), portanto devemos consumi-los com moderação.
- AG monoinsaturados (como os contidos no azeite de oliva) são benéficos do ponto de vista cardiovascular, por isso devemos estimular seu consumo.
- AG poliinsaturados da série ômega 3 (presentes principalmente no peixe) são protetores do ponto de vista cardiovascular.
- AG poliinsaturados da série ômega 6 são protetores do ponto de vista cardiovascular, desde que preservados da oxidação por um aporte suficiente de antioxidantes: betacarotenos, vitaminas C e E, selênio, polifenóis (contidos principalmente no tanino do vinho tinto, do chá verde e do chocolate amargo).

E esses ácidos graxos também não se comportam de maneira idêntica quando se trata de serem armazenados (ganho de peso) ou de serem eliminados (emagrecimento).

Quais lipídeos escolher para emagrecer?

Que ácidos graxos devemos privilegiar?

- Os poliinsaturados ômega 3 dos peixes gordos dos mares frios (sardinhas, arenque, atum, cavala, salmão, de preferência selvagem), porque eles facilitam a mobilização e a eliminação das gorduras de reserva (lipólise).
- Os monoinsaturados e sobretudo os do azeite de oliva, porque eles reduzem o hiperinsulinemia. Lembre-se de que a diminuição da taxa de insulina favorece a utilização dos ácidos graxos e, portanto, a eliminação das gorduras de reserva, daí a perda de peso. A redução do excesso de insulina (ou hiperinsulinemia) faz cessar a insulinorresistência, fator de manutenção da sobrecarga ponderal (ver pergunta de nº 23).

Quais ácidos graxos devemos consumir em quantidades limitadas?

Os que se armazenam mais facilmente e, portanto, favorecem o ganho de peso, principalmente:

- Os AG saturados.
- Os AG trans.

Lipídeos que se deve escolher quando se quer perder peso

Não devem ser consumidos exageradamente, mas entre os ingeridos:

- Privilegiar os peixes (especialmente os de mares frios), o azeite de oliva, o óleo de canola e o óleo de nozes.
- Consumir racionalmente carne, aves, ovos e laticínios (queijos, leite semidesnatado, iogurtes naturais desnatados ou integrais). No que diz respeito à freqüência de consumo, ver pergunta de nº 64.

---

53 Que "açúcares" devo consumir preferencialmente?

Para escolher bem os carboidratos, é preciso classificá-los, porque, conforme a categoria à qual pertençam, eles têm diferentes efeitos fisiológicos no organismo.

Como classificá-los?

Primeiro, podemos classificar os carboidratos de acordo com sua fórmula química. Temos então:

Os açúcares simples:

- Constituídos por uma única molécula: glicose, frutose, galactose.
- Constituídos de duas moléculas: sacarose = frutose + glicose (é o açúcar de cana e o de beterraba), maltose = glicose + glicose, lactose = glicose + galactose.

Os açúcares complexos à base de amido, molécula constituída por várias centenas de moléculas de glicose, encontradas nos cereais, leguminosas, tubérculos, raízes, grãos.

À luz dessa primeira classificação, considerou-se durante muito tempo que os açúcares simples (compostos somente de uma ou duas moléculas) necessitavam de poucas transformações disgestivas pelas enzimas nutricionais para serem digeridos. Pensava-se, então, que sua absorção pelo intestino delgado fosse rápida. Esta é a razão pela qual eles foram chamados de "açúcares de absorção rápida", ou, mais simplesmente, "açúcares rápidos".

Ao contrário, os açúcares complexos à base de amido, constituídos por numerosas moléculas de glicose, deviam, pensava-se, sofrer longas e múltiplas transformações digestivas pelas enzimas antes de serem quebrados em moléculas simples facilmente absorvíveis. Então, eles foram qualificados como "açúcares de absorção lenta", ou, mais simplesmente, "açúcares lentos".

Na realidade, essa classificação foi elaborada a partir de experiências feitas em laboratório, e não se verificou que fosse dessa forma no homem. O esvaziamento do estômago é progressivo e variável conforme os carboidratos. Apesar disso, os trabalhos de G. A. Wahlqwist mostraram que todos os carboidratos aparecem ao mesmo tempo no sangue, ao fim de cerca de 20 a 30 minutos, com um intervalo quase nulo comparado às três horas que dura em média a digestão. Essa descoberta tornou obsoleta a noção de carboidratos rápidos e de carboidratos lentos.

A evolução da glicemia (taxa de glicose no sangue) é um dado importante a ser conhecido (ver gráfico a seguir). Em jejum, ela é de 1 grama por litro de sangue. Depois de uma refeição contendo carboidratos, ela aumenta (de maneira variável segundo a natureza dos carboidratos ingeridos) até atingir uma taxa máxima 20 a 30 minutos mais tarde, o que constitui o pico glicêmico. A insulina então secretada pelo pâncreas faz a glicose entrar nas células que dela precisam (principalmente músculos, cérebro, rins e glóbulos vermelhos). Em seguida, a taxa de glicemia abaixa, desce para 1 grama cerca de duas horas após o início da refeição, e baixa ainda um pouco mais para voltar a 1 grama ao longo da terceira hora.

Evolução da glicemia (taxa de glicose no sangue) após ingestão de um alimento ou de uma refeição contendo carboidratos

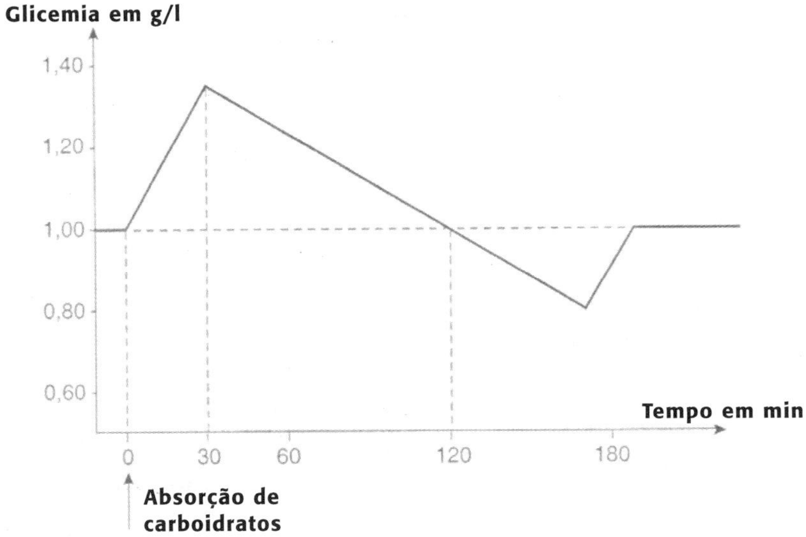

O pico da glicemia, quaisquer que sejam os carboidratos (simples ou compostos) consumidos majoritariamente, situa-se sempre cerca de 20 a 30 minutos após a refeição; em contrapartida, a amplitude do aumento da glicemia varia conforme os carboidratos (ver gráfico na página seguinte).

Essa constatação deu lugar a um novo tipo de classificação dos carboidratos de acordo com seu índice glicêmico.

Diferentes curvas de glicemia após ingestão de quatro alimentos contendo uma quantidade equivalente de carboidratos

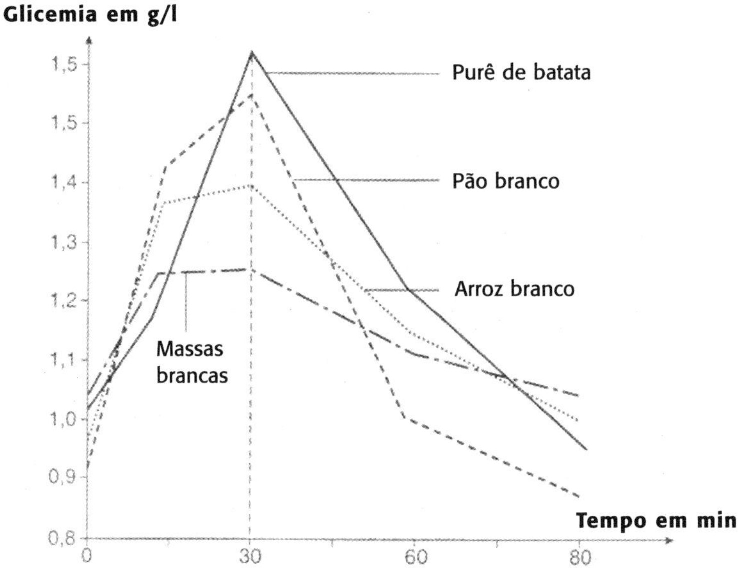

Essas diferentes curvas permitem constatar que o pico de glicemia ocorre cerca de 30 minutos após a ingestão para os quatro produtos; em contrapartida, a intensidade do aumento da taxa de glicemia é bem variada para cada um. Ela alcança1,25g/l com as massas brancas, mas 1,60 g/l com o purê de batata.

O índice glicêmico

Criado por P.-A. Crapo e D.J.A. Jenkins, este índice atribui um valor a cada alimento que contém carboidratos de acordo com a importância da área do triângulo sob o pico de glicemia (ver gráfico na página seguinte).

Esquema da curva de glicemia que define o alto ou baixo índice glicêmico de acordo com a importância da área do triângulo situado sob a curva

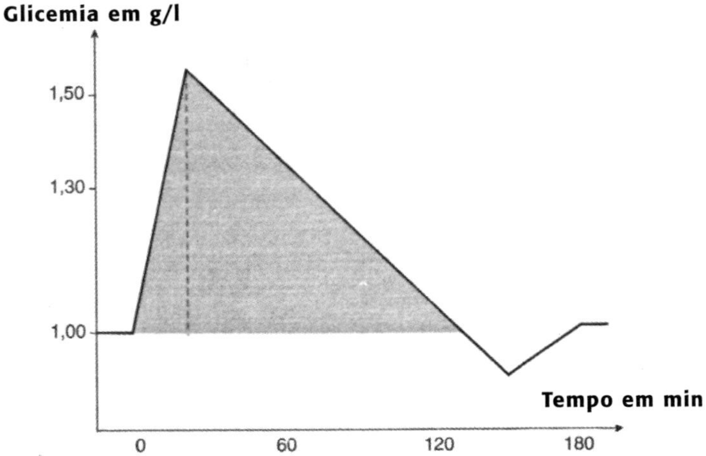

Alto índice glicêmico

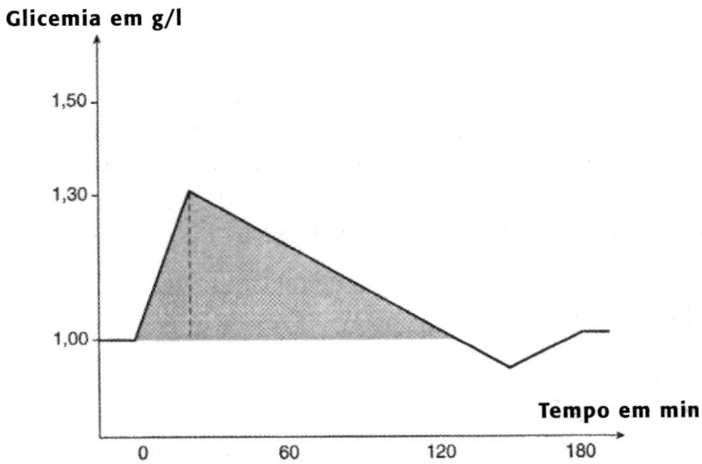

Baixo índice glicêmico

À glicose é atribuído o índice 100 e os outros índices glicêmicos são calculados em relação a este índice.

Tabela dos alimentos que contêm carboidratos com seu respectivo índice glicêmico

Alimentos	Baixo IG (inferior a 50)		Médio IG (de 50 a 74)		Alto IG (superior a 74)	
Açúcares	Lactose	45	Sacarose (de cana ou de beterraba)	65	Maltose	110
	Frutose	20			Glicose	100
					Mel	75
Cereais e produtos com cereais	Talharim al dente	45	Milho	65	Arroz pré-cozido	90
	Ravióli	40	Cuscuz	65	Biscoitos de pipoca de arroz	90
	Pizza de queijo	60				
	Espaguete	40	Arroz branco	55		
	Massas integrais	35	Trigo integral	55		
	Massas com ovos	30	Trigo sarraceno	50		
	Talharim	50	Arroz integral	50		
Cereais de café da manhã	Flocos de aveia	40	Granola	65	*Corn-flakes*	85
	All Bran®	30	Mingau de aveia	60	*Chococrisps* da Kellogg's	80
Pães	Pão de farelo de aveia	45	Pão integral	70	Bisnaga	95
	Pão de cereais	45	Pão de centeio	50	Pão de hambúrguer	85
	Pão alemão	40			Pão sueco	80
					Pão branco	75

Tabela de alimentos que contêm carboidratos com seu respectivo índice glicêmico

Alimentos	Baixo IG (inferior a 50)		Médio IG (de 50 a 74)		Alto IG (superior a 74)	
Batatas			Batatas cozidas descascadas	70	Purê	90
			Batatas cozidas com casca	65	Batatas assadas	85
			Batatas doces	60	Batatas fritas	75
			Carás	55	Couve-nabo	70
			Batatas *chips*	55		
Legumes	Ervilhas secas	45	Beterrabas	65	Nabos	75
	Vagem	30	Ervilhas	60	Cenouras cozidas	75
	Feijão manteiga	30	Cenouras cruas	50		
	Outros legumes verdes	< 25				
Leguminosas	Feijão vermelho	40			Favas	80
	Feijão branco	40				
	Grão-de-bico	35				
	Lentilhas	30				
	Feijão rajado	25				
	Soja	20				

Tabela de alimentos que contêm carboidratos e seus respectivo índices glicêmicos

Alimentos	Baixo IG (inferior a 50)		Médio IG (entre 50 e 74)		Alto IG (superior a 74)	
Frutas	Uvas	45	Bananas	55 a 70	Melancia	75
	Laranjas	45				
	Peras	40	Uvas passas	65		
	Maçãs	35	Abacaxi	65		
	Damascos secos	30	Melão	60		
	Pêssegos	30	Manga	55		
	Toranja	25	Kiwi	55		
	Ameixas	25				
	Cerejas	20				
	Nozes	15				
	Amendoins	15				
Bolos e biscoitos de maçã	*Muffins*	45	*Croissant*	70		
	Chocolate amargo com 70% de cacau	25	Biscoito doce	65		
			Barra de cereais	60		
	Bolo	60				
	Pipoca	55				
	Geléia	50				
	Chocolate ao leite	5				
Laticínios	Creme inglês	60	Creme de baunilha	60		
	Leite achocolatado	35				
	Iogurte desnatado	35				
	Leite desnatado	35				
	Leite integral	30				
	Iogurte edulcorado	15				
Bebidas	Suco de maçã	40	Refrigerante	65		
			Suco de laranja	50		

A respeito das diferenças entre os diversos pães (integral, *pumpernickel*, branco etc.), veja a pergunta de nº 59).

Quais carboidratos escolher para emagrecer?

Quanto mais aumenta a glicemia, mais aumenta a insulina. Considerando que quanto mais elevada a insulina, mais ela favorece o armazenamento de gorduras e fica mais difícil emagrecer, é preciso escolher preferencialmente os carboidratos com índice glicêmico médio ou baixo. Como eles não aumentam muito a glicemia, fazem secretar menos insulina e facilitam a eliminação das gorduras de reserva e a perda de peso.

- Insulina elevada = armazenamento de gorduras cuja eliminação é bloqueada = ganho de peso
- Insulina pouco elevada = menor risco de armazenamento de gorduras e possibilidade de eliminação das gorduras acumuladas = perda de peso.

Para favorecer o emagrecimento, deve-se consumir:

- Muito e diariamente alimentos com baixo índice glicêmico.
- Freqüentemente alimentos com médio índice glicêmico.
- Em pequenas quantidades e de vez em quando alimentos com alto índice glicêmico.

Na prática

Para seu café da manhã, dê preferência:

- Aos pães ricos em fibras.
- Aos cereais sem açúcar e com oleaginosos (granola sem acréscimo açúcar).
- Aos laticínios.
- Às frutas e sucos 100% naturais.

Nas principais refeições, prefira:
- Alimentos crus.
- Leguminosas (feijão branco, lentilha).
- Massas cozidas al dente ou integrais.
- Arroz.
- Batata cozida com casca.
- Legumes frescos, tomates.
- Pães ricos em fibras.
- Frutas frescas.
- A frutose ou os adoçantes para adoçar, se necessário, o iogurte ou café. Mas, com o tempo, o melhor é você desacostumar-se do gosto açucarado.

54 Qual o papel das fibras?

São substâncias de origem vegetal compostas de carboidratos complexos, que não são digeridos pelas enzimas digestivas do intestino delgado (por isso, foram por muito tempo chamadas de "carboidratos não digeridos"), mas fermentam quando se encontram no intestino grosso.

Na França, são consumidos em média cerca de 20 gramas por dia, mas seria preferível que essa ingestão alcançasse 30 ou 40 gramas.

Como classificá-las?

Distinguem-se:

- Fibras solúveis em água:
  - A pectina das frutas.
  - As gomas das leguminosas.
  - Os alginatos das algas (muitas vezes adicionados aos sorvetes).
  - A hemicelulose do farelo de aveia e de cevada.

- Fibras insolúveis em água:
  - A celulose das frutas, legumes e cereais.
  - A maioria das hemicelulose dos cereais e das leguminosas.
  - A lignina das sementes de frutas, das cascas dos grãos e dos cereais.

Quais fibras escolher para emagrecer?

No estômago, as fibras solúveis formam com os líquidos um gel que limita a absorção intestinal dos carboidratos e dos lipídeos pelo intestino delgado. Eles também diminuem o pico de glicemia e, portanto, a secreção de insulina, o que favorece o emagrecimento.

Além do mais, elas baixam a taxa de colesterol e de triglicerídeos, o que reduz os riscos de complicações da obesidade, já que o excesso de gorduras no sangue pode se depositar nas artérias (placas de ateroma) e reduzir o calibre das artérias, ou formar um coágulo que vai entupir um vaso, podendo ocasionar acidentes vasculares. Por fim, as fibras promovem uma saciedade precoce, o que evita o excesso de comida.

Assim sendo, não hesite em consumir frutas e leguminosas e acrescente farelo de aveia a seu iogurte ou a seu purê.

As fibras insolúveis são menos interessantes do ponto de vista de uma ajuda ao emagrecimento, ainda que favoreçam a saciedade. Seu papel essencial é regular o trânsito intestinal, prevenindo a obstipação.

Quem não tem o hábito de consumir fibras precisa lembrar que a quantidade delas na dieta alimentar deve ser progressivamente aumentada. É necessário dar tempo para que a flora intestinal se adapte. Se o aumento for muito rápido ou o consumo bruscamente abundante, ocorrerão gases, estufamento do abdome, até dores abdominais muito desagradáveis. Isso também explica que, embora os complementos alimentares que fornecem fibras ao organismo pareçam interessantes, a dose necessária para serem eficazes seria sinônimo de efeitos digestivos secundários problemáticos demais.

55 O aporte de vitaminas, sais minerais e oligoelementos influencia a perda de peso?

Há micronutrientes (vitaminas, oligoelementos) que seriam interessantes consumir em quantidades maiores ou, ao contrário, em doses menores para ajudar na perda de peso?

O papel do cromo

As carências de cromo são raras e é difícil detectar as obesidades (e/ou diabetes) em que essa falta seja uma das causas. Não é, portanto, o caso de tomar comprimidos de cromo.

Todavia, o consumo diário regular de levedo de cerveja baixa a glicemia e, principalmente, diminui a insulinemia após as refeições (para 150 Unidades Internacionais em vez das 250 UI habituais após cinco meses de suplementação regular). Isso porque o levedo de cerveja é rico em cromo.

Quer seja ou não a causa real de sua ação sobre a glicemia e a insulinemia, é sempre possível acrescentar levedo aos iogurtes, às saladas, aos alimentos crus e aos purês (porque é encontrado em pó e pode também ser ingerido em comprimidos), levando em conta sua riqueza em vitaminas B, potássio, fósforo e magnésio.

Você pode por fim associar de maneira proveitosa o germe de trigo, cuja composição é semelhante, mas contém também vitamina E, um poderoso antioxidante. Os antioxidantes combatem os radicais livres, variedade de oxigênio que oxida as células e as corrói (como a ferrugem altera o metal). Se a alimentação não é suficientemente rica em antioxidantes (vitamina E, vitamina C, betacaroteno, selênio, polifenóis), as células se alteram, o que pode não somente provocar um envelhecimento, mas ainda favorecer as doenças cardiovasculares e outras doenças.

O papel do cálcio

A importância do cálcio na obesidade foi descoberta um pouco por acaso, durante as pesquisas realizadas por M.B. Zemel sobre sua possível ação na hipertensão arterial e na massa óssea. Ele percebeu que um aumento nos aportes diários de cálcio de 600 a 1.000 miligramas, sob forma de consumo de iogurtes, em pessoas obesas estava associado a uma queda média de cinco quilos de massa gorda ao fim de um ano.

Quais os mecanismos de ação do cálcio?

O consumo regular de produtos lácteos reduziria a insulinorresistência. Além disso, o cálcio associado à vitamina D facilita a lipólise (degradação das gorduras) e frearia a lipogênese (estocagem de gorduras).

Sendo aporte nutricional aconselhado de cálcio de 900 miligramas por dia para um adulto, é preciso alcançar um consumo mínimo de 1.500 miligramas por dia para poder obter um efeito visível, quer dizer, acrescentar à sua porção diária (se ela já corresponder à porção recomendada) pelo menos 600 miligramas de cálcio. Esse acréscimo não apresenta risco se você beber bastante líquido e seu funcionamento renal for normal. Somente as pessoas que já tiveram cálculos renais compostos de cálcio devem evitar um aporte muito grande de cálcio.

Os laticínios fornecem cálcio abundante e bem absorvido pelo intestino. Outros alimentos também o contêm em maiores ou menores concentrações:

Quantidade de cálcio (mg)	Quantidade de cálcio (mg)	Leite e produtos lácteos	Outros alimentos
1.000-1.300	1.230	Leite em pó desnatado	
	1.183	Parmesão	
600-1.000	756	Queijo provolone	
	731	Queijo prato	
	721	*Cheddar*	
	685	Queijo branco	
300-600	517	Queijo Mussarela	Amêndoa torrada
	510	Tofu	Sardinha
	388	*Camembert*	
100-300	207	Ricota	Couve-manteiga
	183	Iogurte desnatado	Farinha de soja
	151	Requeijão	
	123	Leite desnatado	
	121	Iogurte natural	
	119	Leite integral	
60-90	60	*Cottage*	Feijão cozido

Fonte: Tabela de Composição de Alimentos (Philippi, 2002).

Teor de cálcio (mg/100 g)	**Frutas e legumes**	**Peixes e crustáceos**	**Outros**
400-600		Sardinhas em óleo	
200-400	Amêndoas Cerefólio	Anchovas em óleo	Suflê de queijo Sanduíche de queijo e ovo
150-200	*Tofu* Avelãs Salsa Farinha de soja	*Escargots*	Chocolate ao leite
120-150	Gergelim Pistache Dente de leão	Ostras Saint Jacques	Gema de ovo Sorvete *Quiche* Creme inglês
90-120	Rabanete escuro Espinafre Nozes	Linguado Mexilhão Lagostim Ostras Camarões	*Cheeseburger* Omelete Ovos mexidos Açúcar mascavo Pizzas Pasta de amêndoas Sal marinho Flan Levedo Lasanha Bomba
60-90	Cassis Tâmaras secas Uvas Azeitonas pretas Brócolis cozido	Sardinha crua Lagosta	

Fonte: Tabela de Composição de Alimentos (Philippi, 2002).

O papel do sal

Para emagrecer, você precisa mobilizar sua massa gorda excedente, mas o sal não tem nenhuma ação sobre ela, nem boa nem ruim. Então, uma dieta com pouco sal não tem nenhuma razão de ser. Aliás, ela não faz perder água e pode ser perigosa se não for indicada pelo médico. Uma dieta sem sal também não é recomendada em casos de retenção de água (problema comum entre as mulheres), ainda que nesse caso seja interessante não comer salgado demais para não agravar o fenômeno. Apenas os edemas devidos a uma insuficiência cardíaca ou hepática, ou um tratamento com cortisona em doses altas e de longa duração, podem justificar uma dieta sem sal.

56 Qual cozimento escolher?

Seria realmente uma pena desperdiçar uma escolha alimentar criteriosa por causa de uma maneira de cozinhar discutível!

Não se prive de alimentos que contêm gordura (que realça o gosto), mas cozinhe-os utilizando o mínimo possível de ingrediente gorduroso. Quando ocasionalmente você usá-los, prefira os mais estáveis ao calor e ricos em ácidos graxos monoinsaturados como o azeite de oliva ou a gordura de ganso (ver pergunta de nº 52), que têm a vantagem de serem protetores do ponto de vista cardiovascular.

Em contrapartida, os ingredientes gordurosos mais ricos em ácidos graxos poliinsaturados, como o óleo de girassol, são quimicamente menos estáveis: eles podem desnaturar-se ou oxidar-se ao calor, o que os torna perigosos do ponto de vista cardiovascular.

Quanto às gorduras ricas em ácidos graxos saturados (manteiga, margarina, banha de porco), elas favorecem a hipercolesterolemia e o ateroma, depósito de gorduras sobre as paredes arteriais; se utilizadas com freqüência ou em excesso, podem causar danos cardiovasculares.

Coma muito excepcionalmente frituras, empanados e produtos à milanesa.

Prefira assar no forno, envolvendo em embalagens (de alumínio ou papel-mateiga), escaldar, preparar numa frigideira antiaderente ou, ainda, no microondas.

57 O que beber para perder peso?

Nenhuma bebida (correndo o risco de desagradar certos publicitários...) emagrece. Beber água não elimina gorduras. Mas como devemos beber o suficiente para satisfazer as necessidades de água de nosso organismo (sobretudo com uma alimentação rica em proteínas e cálcio), é preciso saber escolher as bebidas dentre as muitas que existem. Até porque algumas delas são bem pouco recomendáveis quando se quer perder peso.

O corpo é composto de 60% de água, a qual deve ser renovada, por isso, o organismo necessita de fornecimento líquido suficiente.

Quais são as necessidades líquidas?

O corpo perde a cada dia cerca de:

- 1.400 mililitros de urina.
- 600 mililitros de vapor d'água pela respiração.
- 400 mililitros de suor.
- 100 mililitros de líquido pelas fezes.

Ou seja, cerca de 2,5 litros de líquido.

Essas quantidades são variáveis. Lembre que as perdas são mais importantes se faz muito frio, se faz calor demais, quando se pratica um esporte ou se realiza um trabalho físico com esforço. Uma partida de futebol, por exemplo, faz perder cerca de quatro litros de líquido...

Para compensar os dois litros e meio perdidos diariamente, nós encontramos o fornecimento necessário ao mesmo tempo naquilo que bebemos e naquilo que comemos. Por exemplo, para satisfazer essas necessidades, bastam:

- 1.500 mililitros de água (1 garrafa grande de água natural ou mineral).
- 800 mililitros da água contida nos alimentos que ingerimos.
- 200 mililitros de água sintetizada durante a oxidação dos nutrientes.

Não devemos esquecer que inúmeros alimentos são muito ricos em água, seu maior componente:

Frutas frescas :	70 a 94%
Legumes :	90 a 95%
Leite:	87%
Tubérculos e raízes:	75%
Ovos:	75%
Carne, peixe:	60%

Quando beber?

Você pode, por exemplo, distribuir da seguinte maneira o litro e meio de líquido que não é fornecido pela alimentação:

- Ao acordar: 150 mililitros (= um copo grande) de suco de fruta fresca.
- No café da manhã: 300 mililitros (= uma caneca grande) de leite semidesnatado, chá ou café.
- Às 10h: 150 mililitros de água.
- No almoço: 200 mililitros de água + 1 taça de vinho + 1 café.
- Às 15h: 150 mililitros de água.
- Às 17h: 150 mililitros de água ou de chá.

- No jantar: 200 mililitros de água + 1 taça de vinho.
- Ao deitar: 150 mililitros de água ou uma xícara ou leite desnatado quente.

Antes, aconselhava-se não beber durante as refeições para não diluir os sucos intestinais. Na verdade, isso não tem importância: a acidez gástrica ou a secreção de peptinas necessárias à digestão não são absolutamente modificadas pelo fato de beber água ao comer, e isso não atrapalha o funcionamento das secreções pancreáticas e biliares que intervêm em seguida, já no intestino delgado.

O que beber?

A água é a única bebida verdadeiramente vital para o organismo. Você pode escolher entre água filtrada e água mineral. Tudo depende da qualidade da água de sua região e de suas necessidades pessoais (por exemplo, se você acha que sua alimentação não é bastante rica em cálcio, você pode recorrer a uma água mineral rica em cálcio, ver pergunta de nº 55).

Você já ouviu falar em: “Beba e elimine”? Mas exatamente o que eliminamos? Certamente, não as gorduras, e sim água e dejetos do metabolismo (ácido úrico, uréia), dejetos que se formam quando as células, que se renovam incessantemente, morrem. A vantagem das águas minerais, mais do que fazer “eliminar”, é a de conter os sais minerais de que o organismo precisa, sobretudo cálcio, que intervém favoravelmente no funcionamento das células, e do magnésio, que ajuda a combater o estresse, fator potencial agravante de um excesso de peso.

As infusões podem ter características calmantes que regularizam o humor ou o sono. Mas desconfie dos efeitos diuréticos ou laxantes dessas plantas.

O café às vezes tem sido estigmatizado por aumentar a secreção de insulina. Isto é verdade, mas o efeito negativo é compensado pelo efeito estimulante da cafeína sobre os gastos energéticos (ver pergunta de nº 43). Portanto, pode-se consumi-lo.

Alguns chás, por causa da catequina que contêm, molécula idêntica à cafeína, foram dotados de virtudes emagrecedoras. Nas doses empregadas, isso não é garantido. Provavelmente a "perda de peso" que se pode constatar nos adeptos dos chás seja mais relacionada a uma perda de água, visto que certos chás são mais diuréticos que outros. Qualquer que seja o chá, ele não tem efeito benéfico sobre a mobilização do tecido gorduroso, mas protege do ponto de vista cardiovascular.

O leite desnatado também é uma excelente bebida, considerando-se o cálcio e as proteínas que contém.

O cacau desengordurado sem açúcar é uma ótima bebida para o café da manhã, por causa de sua riqueza em magnésio, que ajuda a combater o estresse, e em potássio, que protege contra a hipertensão arterial.

Os sucos de frutas frescas ou os sucos industrializados 100% naturais fornecem carboidratos com baixo índice glicêmico, assim como vitaminas e sais minerais. Eles são bem-vindos tanto no café da manhã quanto no lanche.

Os sucos de legumes, preparados com uma centrífuga, são ricos em vitaminas e sais minerais.

Os refrigerantes, ricos em açúcar, deveriam ser banidos da alimentação (um litro e meio de bebida cola contém o equivalente a trinta torrões de açúcar!). Mas se você aprecia muito essas bebidas, compre sua versão *ligh* ou *diet* com adoçantes.

O vinho, em pequenas doses (uma a duas taças por dia), contribui para corrigir uma secreção anormal de insulina; portanto, ele é benéfico, até porque, nessas doses baixas, ele tem propriedades de prevenção cardiovascular. Mas acima delas seu consumo torna-se mais problemático, por um lado porque o álcool transforma-se em gordura que vai então ser armazenada nas células adiposas, e por outro porque ele coloca a saúde em jogo.

A cerveja bebida às refeições e até dois copos por dia não tem efeito sobre o peso.

Alimentação e boa forma

58 Como respeitar os ritmos biológicos do corpo?

Convém comer bastante de manhã e pouco no jantar? Um jantar farto favorece o ganho de peso? Para emagrecer mais facilmente, devo fazer três ou cinco refeições por dia? Quando você deseja emagrecer, há muitas perguntas a fazer.

Diversos estudos confirmam que o emagrecimento é facilitado e mais acentuado quando se toma um café da manhã farto. Em contrapartida, é muito interessante que o jantar seja leve.

O provérbio árabe "De manhã, coma toda a sua refeição; ao meio-dia, divida-a com um amigo; a refeição da noite, dê a seu inimigo" é cheio de sabedoria.

Essas sugestões são certamente difíceis de colocar em prática de uma vez para uma pessoa com excesso de peso, que tem tendência a comer pouco ou nada de manhã, a comer pouco ao meio-dia, mas a fazer uma refeição bem substancial à noite para se recuperar... Entretanto, é preciso saber que transferir o essencial do aporte alimentar para a primeira parte do dia sem sequer reduzir as quantidades já pode emagrecer. E, nos indivíduos que seguem uma dieta, J. Danguir observou que um maior aporte de calorias no início do dia (30% dos aportes alimentares diários no desjejum, 50% no almoço e 20% no jantar) aumenta a perda de peso em 15%. Tente e verá!

Alguns recomendam fazer cinco ou seis refeições constituídas de pequenas porções alimentares distribuídas no dia. G. Debry até mostrou que, nas pessoas obesas, para um aporte calórico igual, sete refeições emagrecem mais que três.

Essa maneira de se alimentar de fato opõe-se mais facilmente à estocagem de gorduras. É verdade que os apreciadores de pequenas refeições freqüentes têm menos problemas de peso que os outros. Talvez seja devido ao fato de que a digestão de cada refeição promove um gasto energético (cerca de 100 kcal por refeição), o qual será, portanto, maior quanto mais numerosas elas forem. É evidente que o aporte energético total dessas cinco ou seis refeições não deve ser mais significativo do que o de três grandes! É igualmente importante não confundir "pequenas refeições balanceadas", tomadas em horários quase regulares, uma boquinha fora de hora.

Algumas experiências mostraram que os animais deixados à sua própria sorte com uma certa quantidade de comida têm tendência a se alimentar o dia inteiro sem por isso se tornarem obesos, enquanto aqueles que recebem apenas uma refeição por dia engordam.

Uma outra experiência, realizada com ratos, mostrou igualmente as vantagens de uma alimentação fracionada sobre a massa gorda: aqueles que tiveram livre acesso à comida têm uma massa gorda inferior à massa magra; passa-se o contrário com os outros, que receberam apenas uma refeição diária.

59 O que comer no café da manhã?

A principal refeição

Não é difícil compreender a importância do desjejum: depois da noite, é preciso "quebrar o jejum", ou seja, romper o período de jejum de oito a nove horas que se estende do jantar ao despertar, durante o qual o corpo fez funcionarem seus sistemas de adaptação, para fornecer continuamente, sobretudo para o cérebro, provisões suficientes de glicose. O café da manhã permite recompor plenamente a energia para assegurar o desempenho físico e intelectual da manhã.

Para ser balanceado, ele deve consistir de:

- Pão ou cereais.
- Um laticínio.
- Uma fruta.
- Uma bebida.

É a refeição ideal para aumentar sua ingestão de carboidratos complexos (ver pergunta de nº 53).

Deve-se preferir pão ou cereais?

Há boas opções de pães pobres em gordura e açúcar (exceto alguns pães industriais, já que aqui não se trata de pães doces). Escolha de preferência pães com baixo ou médio índice glicêmico (ver pergunta de nº 53): pão do tipo alemão (*pumpernickel* ou *schwartzbrot*), pão integral, pão integral com farelo, pão de centeio, pão de cereais, pão com farelo.

O trigo, uma vez moído, é peneirado de maneira mais ou menos importante. Esse processo consiste em separar a farinha do farelo. Mas, infelizmente, com o farelo perde-se também uma grande parte das proteínas e do germe de trigo (rico em preciosos ácidos graxos essenciais).

Pão fabricado	Quantidade de farinha obtida após peneiragem a partir de 100 kg de trigo
Pão para hambúrguer	67 a 70 kg
Pão francês	75 a 78 kg
Pão com farelo	82 a 85 kg
Pão integral com farelo	90 a 92 kg
Pão integral	96 a 98 kg

Assim, o pão integral contém quase integralmente os componentes do grão de trigo. Os pães alemães (*pumpernickel* ou *schwartzbrot*) são preparados a partir de farinha integral e trazem grãos ainda inteiros: essa textura "rústica" contribui para baixar ainda mais seu índice glicêmico.

Como eles conservam a casca do trigo, que é a parte do grão que recebe o essencial dos tratamentos químicos eventualmente administrados aos cereais, alguns consumidores preferem comprar pães feitos com farinhas biológicas ou oriundas de agricultura sem agrotóxicos, para limitar os riscos de um eventual consumo de pesticidas.

Se você não tem tempo de comprar pão fresco todo dia e se ele não se conserva muito tempo em relação ao seu ritmo de consumi-lo, corte-o em fatias, coloque no congelador, tire as fatias à medida que for comê-las e aqueça-as na torradeira.

Evite os biscoitos e o pão sueco, mais ou menos ricos em gorduras.

Só muito excepcionalmente ceda à tentação dos pães doces (*croissants*, pão com passas, pão com chocolate), gordurosos demais e ricos em ácidos graxos trans.

Se você optar pelos cereais, esteja atento, porque seu índice glicêmico ainda é raramente indicado na embalagem. Para não se enganar, prefira a granola sem açúcar ou os cereais não refinados. Evite os flocos de milho e as fórmulas à base de cereais em flocos, em que o grão aberto tem como conseqüência a maior digestibilidade do amido, daí um índice glicêmico mais elevado. Adicione a eles um iogurte ou leite desnatado em quantidade suficiente para ter um bom aporte de proteínas e de cálcio.

O que colocar no pão?

Por que não 10 gramas de manteiga, o que traz a ingestão diária de vitamina A de que você necessita? A outra vantagem da manteiga é que um pouco de lipídeos que você coloca no pão baixa seu índice glicêmico.

Você também pode espalhar no pão um pouco de geléia tradicional ou sem açúcar. Em contrapartida, evite o mel, ou utilize-o raramente, por causa de seu alto índice glicêmico (85). Ele tem, por outro lado, virtudes medicinais interessantes para pessoas que sofrem de faringite ou de inflamações de garganta virais, mas sua composição nutricional, contrariando antigas concepções, não fornece grande vantagem nas doses em que o consumimos. Seria preciso comer um pote toda manhã para ter um aporte significativo de vitaminas, sais minerais e oligoelementos!

Laticínios e frutas

Prefira os laticínios fermentados, como o iogurte, que é sempre bem digerido e traz ao corpo todos os benefícios de sua flora.

Importante saber: entre um iogurte natural e um iogurte *diet*, há pouca diferença de gordura! Não é necessário, portanto, impor-se um sacrifício optando por esses com 0%, a menos que você os prefira pelo gosto...

Tipo de iogurte	Quantidade de lipídeos em 1 pote de 125 g
Diet natural	0,1 g
Diet com frutas	0,1 g
Com frutas	1,3 g
Natural	2,2 g
Cremoso natural	4,5 g

Entre os laticínios não-fermentados (que podem provocar flatulência se você digere mal a lactose), você pode consumir leite desnatado ou semidesnatado, queijo branco a 0 ou 20% de gordura, ou *petits-suisses*.

A fruta da manhã, rica em fibras, garante um aporte de carboidratos de baixo índice glicêmico (ver perguntas de n.os 53-54). De preferência, as que sejam fonte de vitamina C; kiwis, laranjas, abacaxi a fornecem abundantemente. Se você hesita entre suco de fruta ou fruta inteira (embora um não impeça o outro), saiba que a fruta inteira é mais interessante, na medida em que contém a polpa, rica em fibras solúveis.

O que beber?

A bebida do café da manhã pode, é claro, ser ou leite desnatado ou semidesnatado ou um suco de fruta fresco ou um suco industrializado 100% da fruta.

Café, chá e chocolate (sem gordura) são costumeiramente consumidos de manhã e sua cafeína contribui para dar um pequeno empurrãozinho para a arrancada do dia. O importante é beber, para fornecer líquido a um organismo desidratado pelo jejum noturno. Mas o que quer que você beba, se possível evite o açúcar.

Se necessário, coloque adoçante na sua bebida do desjejum, mas o melhor é não adicionar nada, caso você possa passar sem o gosto adocicado. E é importante, no contexto de uma alimentação equilibrada, aprender a não adicionar açúcar. Aliás, sem açúcar, o chá ou o café tem um gosto mais autêntico e mais poderoso! Você gosta de açúcar? Você o encontra nas frutas e, de vez em quando, num pedaço de bolo ao fim da refeição.

O que fazer se não tenho fome de manhã?

Pessoas obesas ou com excesso de peso tendem a não ter fome ao despertar. É possível postergar a hora do café da manhã e só tomá-lo às 10h ou tomá-lo em duas vezes, às 7h e às 10h. Mas nem pensar em pular essa refeição, porque haveria o risco de, por medida de compensação, agravar o armazenamento das gorduras das refeições posteriores e, portanto, o ganho de peso. Um adulto, assim como uma criança, se tomar a segunda parte de seu café da manhã às 10h, pode levar para seu local de trabalho um iogurte, uma fruta (uma maçã) ou fatias de pão. Mas não biscoitos, pães doces ou barras de chocolate!

Por fim, para aumentar seu apetite pela manhã, faça um jantar mas leve na véspera.

60 Convém lanchar no meio da manhã?

Normalmente, um café da manhã farto, fonte de proteínas e carboidratos (fornecidos pelos laticínios, o pão ou os cereais) e um pouco de lipídeos (10 gramas de manteiga, por exemplo), fornece energia suficiente para toda a manhã. Portanto, você não deveria ter fomes súbitas nem ataque de cansaço. Se, contudo, isso ocorre, aumente sua porção de pão ou escolha um alimento ainda mais rico em fibras. Como último recurso, forneça a seu organismo mais proteínas, mas sem aumentar o aporte de lipídeos, sob forma de peru ou de presunto sem gordura.

Em contrapartida, para aqueles, como os vendedores nas feiras, que tomam um café da manhã muito cedo, aí pelas 3h ou 4h da madrugada, e não almoçam antes das 15h, um lanche matinal é indispensável. Pode compor-se, por exemplo, de um sanduíche de peru com verduras cruas, acompanhado de uma fruta.

O lanche das 10h pode, assim, ser a segunda parte de um café da manhã tomado em duas vezes.

61 Como compor bem o almoço?

A refeição do meio dia, se for em casa, pode manter uma estrutura tradicional: uma entrada, um prato principal com acompanhamento, laticínio e/ou fruta.

Como entrada, prefira verduras cruas (sem maionese!), sopas, e evite o excesso de embutidos muito gordos, de empadões e de frituras. Como molho, use o vinagrete tradicional: suprimir o azeite seria um grave erro, já que ele contém ácidos graxos indispensáveis para as células e vitamina E.

Como prato principal, escolha entre uma carne, ave, peixe ou ovos. Além das proteínas, o prato principal traz lipídeos, por isso deve-se evitar que a entrada e a sobremesa tragam gorduras em excesso.

- Exemplo de almoço contendo gordura demais:
  - Salada de maionese.
  - Contrafilé + fritas
  - Musse de chocolate.

- Exemplo de refeição em que o aporte lipídico é bem controlado:
  - Salada de folhas com vinagrete.
  - Frango + purê de batata.
  - Iogurte natural.
  - Salada de frutas.

O acompanhamento pode constituir-se de metade de legumes e metade de tubérculos e raízes com baixo índice glicêmico (feijão branco ou vermelho, lentilhas, ervilhas secas, massas *al dente*, arroz preferencialmente integral). As batatas, sobretudo ao forno ou em purê, que têm um índice glicêmico mais elevado, só devem ser comidas esporadicamente e cozidas com casca. Fritas são muito calóricas, portanto, evite as da lanchonete, mas se um dia você vir umas que o atraiam, deixe-se cair em tentação e acompanhe-as com legumes ou salada. O volume do acompanhamento deve sempre ser maior do que o do prato principal. Sendo assim, se seu pedaço de carne é de 150 gramas, sirva-o com 120 gramas de lentilhas e 120 gramas de brócolis. Não se trata de pesar todo dia o que você come, mas de fazê-lo uma ou duas vezes no início, para em seguida poder avaliar a olho as quantidades necessárias. Aqueles que não conseguem ficar sem repetir, que adotem, como nos restaurantes, o prato feito para não cair em tentação.

O pão deve fazer parte de sua refeição. Coma um rico em fibras (integral, integral com farelo ou comum com farelo), com um baixo índice glicêmico.

O ideal é tomar um laticínio a cada refeição. Se você opta por um queijo, não escolha os *light*. Se puder, coma um queijo francês, um dos tesouros da gastronomia mundial. Coma um pequeno pedaço e, à noite, prefira um iogurte, um queijo branco ou um *petit-suisse*.

Considere que a melhor sobremesa é sempre uma fruta. Mas de vez em quando, se você não agüentar e, além do mais, um doce parecer-lhe excepcional, permita-se. Uma sobremesa láctea de chocolate pode também ser suculenta e apreciada.

Mais vale um desvio bem assumido do que uma frustração mal vivida que poderia levar a uma crise de abstinência, ou até a um verdadeiro distúrbio de comportamento alimentar, como a bulimia.

O café pode ser acompanhado de um pedacinho de chocolate amargo; esse pequeno prazer de 5 gramas não põe em perigo seu emagrecimento!

Hoje, a vida moderna faz com que raramente seja fácil permitir-se um almoço assim tão completo, sobretudo para as pessoas que trabalham fora e não têm tempo de almoçar em casa. Como quer que seja, não pule uma refeição, porque isso incita os beliscos.

Nesse caso, coma:

- Num restaurante: um prato único quente ou uma grande salada.
- Num restaurante italiano: salada crua e massa simples ao sugo.
- Numa lanchonete: um sanduíche natural com uma salada.
- No escritório, preparado em casa e levado em recipientes plásticos com tampa ou *tupperware*: uma salada composta. Em caso de urgência: um queijo branco, pão e um tomate.

Termine com um iogurte e uma fruta, que você terá tido o cuidado de levar com você e que será fácil comer no seu local de trabalho.

Refeições de negócios não são um problema, nem mesmo num período de emagrecimento. Pelo contrário! No restaurante, a escolha é *à la carte*. Aja criteriosamente. Cuidado com o acompanhamento do prato principal, principalmente se vier batata frita; informe-se e peça outra coisa. Como aperitivo, prefira os legumes crus e beba um suco de tomate em vez de uma bebida alcoólica. Ao longo da refeição, seja razoável quanto ao seu consumo de vinho (dois copos no máximo).

62 Convém lanchar?

O lanche permanece indispensável para as crianças. Além de um suco de frutas naturais, deve constar de:

- Ou um pão com geléia e um iogurte.
- Ou uma fruta e um laticínio (leite, iogurte líquido).
- Ou *crackers* integrais com queijo branco com 20% de gordura.
- Ou cereais (sem adição de açúcar) no leite semidesnatado.

Para os adultos, que raramente comem um laticínio ou uma fruta nas principais refeições, o lanche é a oportunidade de introduzi-los na alimentação diária aí pelas 17h. E mais vale isso do que um salgadinho ou um queijo aí pelas 19h, enquanto prepara o jantar. Não se trata de comer mais só porque você toma um lanche (portanto, uma refeição suplementar), mas de repartir mais ou menos as mesmas quantidades por quatro refeições em vez de três.

Se você pratica uma atividade física no fim do dia, recarregue seus músculos uma hora antes fornecendo a seu organismo carboidratos: frutas frescas ou secas (damascos, figos, tâmaras), pão, suco de frutas. Evite acrescentar lipídeos, que retardariam a digestão e a disponibilidade de glicose para os músculos. Amanteigados e/ou recheados e barras de chocolate são portanto menos indicados antes do esporte do que depois.

63 O que consumir no jantar?

As opiniões divergem sobre se o jantar deve forçosamente ser mais leve que o almoço. Se você deseja emagrecer, é preferível que sim, já que à noite, com o metabolismo reduzido, o organismo dificilmente utiliza a energia excedente de um jantar muito farto. Além do mais, durante o sono, os hormônios são "programados" para reconstituir as reservas. Um excesso de carboidratos ou de lipídeos pode então ser armazenado sob forma de gordura.

O jantar pode ser composto, como o almoço, de quatro pratos. Por exemplo:

- Entrada: sopa de legumes.
- Prato: omelete de cogumelos (ou omelete com recheio de queijo branco e tomate) e salada verde + pão.
- Laticínio: iogurte.
- Sobremesa: morangos (melancia ou laranja).

Você pode aproveitar o jantar para fazer uma refeição vegetariana, em que o aporte protéico provenha dos ovos e dos laticínios, ou seja, puramente vegetal: queijo branco, soja (*tofu*), cereais integrais (massas) e leguminosas.

64 É preciso equilibrar a alimentação a cada refeição, a cada dia ou a cada semana?

Encontram-se no comércio pratos preparados que se pretendem equilibrados do ponto de vista nutricional. Desconfie deles, porque sua composição nem sempre considera o fato de que se possa comer antes uma entrada e depois uma sobremesa!

O ideal seria que a alimentação fosse equilibrada a cada refeição, mas já vimos que um excesso ou uma carência podem ser compensados por melhores escolhas nutricionais na refeição seguinte. Basta, portanto, garantir o equilíbrio de sua alimentação a cada dia. À noite, uma vez que seu formulário alimentar esteja completo, faça o balanço e assegure-se de que você não cometeu nenhum grande erro, por falta ou excesso:

- Comi pelo menos cinco frutas e legumes hoje (naturais ou embalados, crus ou cozidos, inteiros, em sopa ou em purê)?
- Esqueci de tomar um laticínio em alguma refeição?
- Comi molhos demais durante o dia?

Comer pelo menos cinco frutas e legumes por dia não é complicado! Você pode, por exemplo, comer:

- No café da manhã: um kiwi (maçã, pêra ou laranja).
- No almoço: repolho e morangos (melancia ou laranja).
- No lanche: uma maçã.
- No jantar: uma sopa de legumes e uma salada verde ou uma fruta.

O *Programme National Nutrition Santé* (Programa Nacional de Nutrição e Saúde da França) recomenda consumir:

■ Frutas e legumes:	ao menos cinco por dia.
■ Pão, cereais, tubérculos e raízes:	a cada refeição.
■ Leite e laticínios:	duas a três vezes por dia.
■ Queijos:	uma vez por dia.
■ Carne, aves, frutos do mar, ovos:	uma a duas vezes por dia.
■ Adição de gorduras:	com cuidado.
■ Produtos açucarados:	limitar.
■ Sal:	limitar.
■ Água:	à vontade.
■ Vinho ou cerveja:	um copo por dia para as mulheres, dois por dia para os homens.

Para melhor distribuir os pratos principais da semana (ou seja, 14 principais refeições), sugere-se o seguinte:

- Carne (ou embutidos): três vezes por semana.
- Ave, coelho: três vezes por semana.
- Peixe: três vezes por semana.
- Ovos: três vezes por semana.
- Queijo: uma vez por semana.
- Alimentos integrais + leguminosas: duas vezes por semana.

Aqui também, ao recapitular a semana no seu formulário alimentar, você notará que escolhe mais determinados pratos que outros e que você às vezes tende a negligenciar alguns tipos de alimentos. Será preciso tentar restabelecer o equilíbrio nas semanas seguintes.

65 Como evitar déficits e carências?

Algumas dietas muito restritivas (inferiores a 1.500 kcal, em geral) não permitem obter porções suficientes de todos os nutrientes. Seguindo uma dessas dietas, pode-se estar sujeito a uma falta de proteínas e de micronutrientes (vitaminas, sais minerais, oligoelementos). É um estado enganador, já que não se trata de grandes carências (tais como no beribéri ou no escorbuto), mas de um simples déficit que se manifesta por sinais pouco claros: fadiga, cabelos fracos e quebradiços, unhas quebradiças, pele seca, vulnerabilidade às infecções etc.

As dietas que excluem drasticamente certas categorias de alimentos não têm sentido; elas só levam a uma alimentação desequilibrada, fonte de carências.

Para preveni-las, é importante comer de tudo de forma variada e diversificada.

Em contrapartida, evite os alimentos com calorias "vazias" (como as balas), que trazem calorias e nada mais, porque são desprovidos de vitaminas, sais minerais e oligoelementos. Prefira os alimentos com boa densidade nutricional, como o chocolate, que é fonte de magnésio, de potássio, de vitamina E, de flúor etc.

Comer pelo menos cinco frutas e legumes por dia e respeitar a distribuição dos pratos sugerida acima já é a certeza de um correto aporte de numerosos nutrientes.

Convém comer alimentos orgânicos?

Algumas pessoas, preocupadas com o meio ambiente e a própria saúde, temendo encontrar nos produtos de consumo diário resíduos de insumos agrícolas e de pesticidas, preferem consumir alimentos "orgânicos". Todavia, seu valor nutricional não é obrigatoriamente superior ao dos alimentos oriundos da agricultura ou da criação tradicionais.
Comer organicamente? Por que não, mas a prioridade deve permanecer o respeito aos princípios de um bom equilíbrio nutricional.

---

66 Como se livrar da celulite?

A celulite, obsessão de inúmeras mulheres, é bem diferente da simples sobrecarga de gordura que caracteriza o excesso de peso e exige um tratamento específico.

O que é celulite?

É uma reserva de gordura destinada a assegurar um aporte energético correto durante uma gravidez ou aleitamento, mesmo em caso de períodos de escassez alimentar. Hoje em dia e nas nossas sociedades, em que o aporte diário de suprimentos necessários às necessidades vitais está praticamente garantido, esta precaução da natureza parece supérflua e esse depósito é considerado sobretudo antiestético. Se ele se torna muito grande, fala-se de lipodistrofia ou mais comumente de "celulite".

Qual sua origem?

O fator deflagrador da celulite é hormonal. Ou se trata de um excesso de secreção de estrogênios (hormônios femininos secretados em grande parte pelos ovários) ou de uma hipersensibilidade a eles, mesmo quando presentes em quantidade normal. Os estrogênios agem sobre as células adiposas aumentando seu número e seu tamanho. Sob sua ação, os adipócitos cheios de gorduras aumentam de volume e comprimem os vasos. As trocas circulatórias tornam-se então defeituosas: a área subcutânea aumenta (casca de laranja), os dejetos celulares são mal-eliminados, os movimentos da água dificultados e as terminações nervosas comprimidas (daí uma dor difusa nos tecidos). O tecido conjuntivo de sustentação, que dá estrutura aos diferentes volumes situados sob a pele, enrijece-se e acaba por compartimentar os depósitos de gordura.

As diferentes celulites

Ao examinar, o médico pode diagnosticar:

- Uma celulite adiposa: quando as células adiposas crescem e têm seu funcionamento perturbado, a gordura mole é abundante.
- Uma celulite infiltrada: quando distúrbios circulatórios venosos e linfáticos predominam.
- Ou uma celulite endurecida: quando os tecidos tornam-se fibrosos, quer dizer, endurecem.

Mas também há formas mistas de celulite.

Como prevenir a celulite?

Seria preciso prevenir seu aparecimento desde a puberdade, sobretudo nas moças que já apresentem distúrbios venosos. Dentre as diferentes estratégias a pôr em prática, deve-se priorizar:

- Impedir o início de um excesso de peso.
- Evitar toda "delinqüência alimentar", especialmente os excessos de álcool e de açúcar.
- Lutar contra a insuficiência venosa, se necessário com medicamentos, mas também evitando as longas exposições ao sol e o tabagismo (que diminui o calibre dos pequenos vasos, especialmente os da pele).
- Combater o sedentarismo por meio de uma atividade física moderada (caminhar, subir escadas etc.) e a prática de um ou de vários esportes (particularmente a natação), já que músculos pouco desenvolvidos deixam espaço para as almofadinhas gordurosas.
- Aprender a administrar o estresse.

Esses conselhos, se aplicados, teriam um verdadeiro efeito preventivo. Infelizmente, eles podem ser palavras ao vento, já que é difícil imaginar uma moça de 18 anos, que quer abraçar a vida, submeter-se a tantas obrigações...

O que fazer para melhorar seu aspecto geral?

Mesmo quando a celulite já está instalada, nunca é tarde demais para agir, mas saiba que quanto mais cedo intervier, melhor será o resultado. Não existe um único tratamento da celulite: o escolhido depende do estágio de evolução da celulite e inclui o emprego de diversos meios, quer dizer, ele visa cuidar globalmente do problema, o que implica uma revisão dos hábitos de vida.

Primeiro, é preciso dedicar-se em corrigir todo excesso de peso, já que isso agrava as compressões devidas à celulite.

Uma vez resolvido um eventual excesso de peso, torna-se mais fácil determinar de quais volumes antiestéticos a celulite pode realmente ser acusada e conseqüentemente realizar um tratamento local.

O ideal é tratar a celulite adiposa por lipoaspiração (ver pergunta de nº 46). Em um certo estágio de evolução, é o único tratamento eficaz. Mas isso continua sendo uma verdadeira intervenção cirúrgica, com todos os riscos que ela comporta, que deve ser feita por um especialista e não por um cirurgião geral.

A celulite linfática responde melhor à drenagem linfática manual (efetuada por um fisioterapeuta) ou à mesoterapia (múltiplas microinjeções subcutâneas, feitas por um médico, de substâncias que melhoram a circulação venosa e aceleram a queima de gorduras). É recomendável vestir calcinhas e meias de contenção, ainda que feias ou incômodas no calor, assim como o uso de cremes anticelulite.

No caso de uma celulite endurecida, indica-se a endermologia, que consiste em massagens terapêuticas praticadas por um fisioterapeuta com um aparelho chamado Cellu M6. A mobilização das áreas com celulite e a ativação circulatória operadas por essa técnica têm um real efeito benéfico.

Todas essas técnicas, caras, são apenas um dos aspectos do tratamento; elas devem sempre ser acompanhadas de bons hábitos de vida, como os que são preconizados para a prevenção da celulite.

67 O que fazer em caso de retenção de água?

Algumas mulheres sofrem de maneira mais ou menos permanente ou somente no período pré-menstrual, de um inchaço característico do ventre, seios, tornozelos, às vezes, até dos dedos ou das pálpebras.

Se, além disso, elas tiverem tendência a edemas nas pernas, isso pode ser agravado pela má circulação venosa, induzida ou não, por uma obesidade ginecóide (ver pergunta de nº 9).

Essa retenção de água deve-se freqüentemente a um desequilíbrio hormonal que pode às vezes ser corrigido por um tratamento hormonal, prescrito por um ginecologista, mas isso não é obrigatório.

Quando esse tipo de infiltração aquosa aparecer em certas áreas do corpo, as mulheres são tentadas a racionar seus aportes de água para estarem menos expostas ao problema. Erro grave! Elas devem persuadir-se, nessas circunstâncias, que, bem ao contrário, é preciso beber muito! O melhor diurético é a água. Quanto mais se bebe, mais se urina e, com o tempo, elimina-se mais do que o que se bebeu e o corpo acaba por desinchar.

Em contrapartida, não se deve absolutamente acreditar que um tratamento diurético terá um efeito similar ou superior. Ele tem, claro, um efeito imediato, mas apenas momentâneo e rapidamente menos evidente. Assim que se interrompe o tratamento, o organismo, por muito tempo oprimido, incha de novo como uma esponja e retém às vezes ainda mais água do que antes. Fazendo esses tratamentos, você inaugura um círculo vicioso. Além disso, os diuréticos favorecem a perda de sais minerais (como o potássio), o que não se observa com uma diurese aumentada pelo aumento do volume de bebidas.

Convém optar por uma dieta sem sal? Ingerir menos de 1 grama por dia é algo muito difícil de ser posto em prática (consumimos em média 15 a 20 gramas por dia). Aliás, é uma recomendação reservada aos problemas graves de saúde, como a insuficiência cardíaca. Contente-se em salgar menos ao cozinhar e não acrescentar sal à comida no prato.

Para afinar a silhueta, a drenagem linfática manual, efetuada por um fisioterapeuta, pode constituir uma terapia adicional, mesmo sabendo que sua eficácia é passageira.

68 Como não ter barriga?

Mesmo com alguns quilos a mais, você gostaria de ter uma silhueta harmoniosa e sua barriga pronunciada a entristece bastante! Para responder a essa preocupação, que costuma ser bem feminina, é preciso antes determinar a origem do problema.

Descubra a causa!

Barriga grande e excesso de peso nem sempre estão ligados. Algumas mulheres, quer elas tenham três ou quatro quilos a mais, quer não tenham nenhum excesso de peso, acordam de manhã com o ventre discreto (que elas "agüentam" uma grande parte do dia), até que ele se agrava após o almoço com o aparecimento, lá pelo meio-dia, de uma barriga proeminente. Esse enchimento súbito, agravado pelas refeições, muitas vezes, acompanha-se de uma flatulência intestinal. Freqüentemente, isso é decorrência de uma má alimentação, causa de fermentações gasosas, comum em pessoa ansiosa, tensas: o estresse direciona seus efeitos secundários negativos justamente nos intestinos.

A barriga é, então, um "receptor de emoções".

Em certos casos, a manifestação desse estresse é a constipação intestinal. Quem sofre disso percebe sensações desagradáveis de peso e tem a impressão de que, se evacuasse regularmente, desinchariam. A síndrome pré-menstrual também pode agravar as coisas.

Outras mulheres, sobretudo após a menopausa, têm uma obesidade global, mista, ao mesmo tempo ginecóide e andróide, e muitas vezes uma flacidez da parede abdominal devida a uma musculatura bem pouco desenvolvida. Às vezes, elas têm má postura ou simplesmente não sabem respirar. Nesse caso, o diafragma, muito distendido, repuxa a região lombar e projeta a barriga para a frente.

Por fim, acontece de a celulite criar na barriga um "pneusinho" feio. Essa proeminência é permanente e não varia conforme as refeições ou a alimentação.

A maneira de encarar o problema será forçosamente bem diferente em função de suas diferentes causas. Dá para compreender facilmente que aqui também não há um tratamento "miraculoso" e único. Essa ou aquela "pilulinha", a maior parte das vezes, tem pouco efeito em causar uma barriga reta. Além do quê, ela não tem nada de educativa, porque não obriga a refletir sobre as causas do inchaço e não incita a melhorar a alimentação a fim de voltar a ter um abdome definido!

Portanto, é necessário um balanço para saber relacionar essa barriga indesejável a algum efeito, até porque várias causas podem estar relacionadas a isso.

Aplique a solução adequada

Para aquelas que acordam com a barriga reta que incha ao longo do dia:

- Conscientize-se de que a digestão começa na boca, com uma boa mastigação. Leve tempo comendo, sentada, calmamente, sem assistir televisão. Abandone as refeições rapidinhas num canto do escritório ou sanduíches engolidos na rua. Uma correta mastigação permite impregnar bem o amido dos alimentos feculentos com a amilase salivar. Se sua digestão não começar pela boca, o amido chega em grandes quantidades ao intestino grosso, onde ele fermenta sob a ação da flora intestinal, gerando flatulência.
- Escolha os alimentos de maneira a encontrar um bom equilíbrio de consumo de fibras. Se for regular, ele ajuda a emagrecer. Mas excesso de fibras insolúveis, principalmente se elas provêm de alimentos crus, agridem as paredes intestinais, o que explica as dores que acompanham a flatulência devida à fermentação. Cuidado para não desequilibrar sua alimentação ao suprimir muitos alimentos sob pretexto de que você tem a impressão de não tolerá-los. Você se arrisca a apresentar déficits de vitaminas, sais minerais ou oligoelementos. Coma um pouco mais de frutas e legumes cozidos e aumente as fibras solúveis. Use e abuse dos iogurtes, cujos fermentos são excelentes para regularizar as funções intestinais. O mesmo vale para certos alimentos funcio-

nais criados pela indústria agro-alimentar, como os leites fermentados à base de *Lactobacillus caseï*, que estimulam a flora dos intestinos e harmonizam seu funcionamento. Tudo isso depende de um equilíbrio nutricional que pode revelar-se sutil e exigir os conselhos de uma nutricionista. Não abuse das bebidas gasosas, das especiarias, dos produtos que contêm adoçantes do tipo polióis (encontrados, por exemplo, nas balas, nos chicletes sem açúcar ou em certos substitutos de refeições). Não ingira demais bebidas ricas em cafeína, excitante dos intestinos, como o café, o chá e as bebidas cola.

- Fique zen! O estresse agrava seu problema, se não for a causa principal. Escolha alimentos ricos em magnésio (pó de cacau sem gordura e sem açúcar, frutas secas, *escargots*) e em vitaminas do grupo B (fígado, rim, levedo de cerveja, germe de trigo, cogumelos, leguminosas). Faça yoga, relaxamento ou acupuntura. O tempo necessário à aprendizagem dessas técnicas é largamente compensado por todas as vantagens para o resto da vida na gestão harmoniosa do cotidiano. Domine seu corpo, em vez de sofrer com ele!
- Incremente a atividade física. Se você não apresenta nenhuma contra-indicação e se tem sinal verde de seu médico, faça um pouco de esporte. A prática regular promove a produção de endorfinas (substâncias secretadas pelo cérebro e que tem um efeito antiestresse, dando uma sensação de euforia e de bem-estar).

Cuidado! Flatulência e dores abdominais podem esconder certas doenças. Seu médico é que deve informá-la, então, consulte-o. Pode ser que você sofra:

- De uma irritabilidade do cólon ou de uma colopatia espasmódica, verdadeira doença da parede intestinal que, além de uma boa dietética, pode exigir um tratamento específico.
- De uma intolerância à lactose, glicídio do leite. Algumas pessoas não suportam laticínios não-fermentados (leite, queijo branco,

petits-suisses), mas podem consumir os fermentados (iogurte, queijos), já que estes não contêm mais lactose).
- De intolerância ao glúten, proteína de numerosos cereais. Essa é uma afecção freqüente. A causa dos distúrbios não são as fibras dos cereais integrais e, sim, o glúten. É preciso, então, seguir certas regras dietéticas bem exatas.

Nenhuma dessas causas deve ser negligenciada, sob risco dos problemas persistirem!

Para aqueles ou aquelas que têm constipação intestinal, eis alguns conselhos fáceis de seguir:

- Beba abundantemente. Muitas mulheres bebem pouco demais. O ideal é tomar pelo menos um litro e meio de líquido (de preferência não-gasoso) por dia, ou principalmente, quando está calor ou em caso de exercício físico. Água natural não incha. Você pode alternar água e chás (que não irritem os intestinos), sucos de polpa de frutas ou suco de ameixas pretas para regularizar seu trânsito intestinal.
- Consuma alimentos ricos em fibras: frutas (ameixa preta), legumes, alimentos integrais, algas, farelo de aveia. Tenha o cuidado de alternar frutas cozidas e cruas para evitar os problemas digestivos, especialmente flatulência ou gases desagradáveis. Se até então você tinha uma alimentação pobre em fibras, não mude bruscamente seus hábitos alimentares, já que passar sem transição de 150 gramas de pão branco para 150 gramas de pão integral por dia seria uma catástrofe! Introduza fibras progressivamente, por exemplo, 3 gramas a mais por dia a cada 15 dias (o equivalente a 50 gramas de pão integral ou 60 gramas de lentilhas cozidas) e tudo correrá tranqüilamente. Aqui também, recorra ao aconselhamento de uma nutricionista ou um nutrólogo para evitar os desequilíbrios, causa de carências.

- Tome uma colher de sopa de azeite de oliva de manhã, ao despertar, em jejum (ele estimula bastante a secreção biliar, o que melhora o trânsito intestinal).
- Tenha uma boa atividade física: caminhada rápida pelo menos 30 minutos por dia.
- Às vezes a parede abdominal não é bastante musculosa, o que dificulta a evacuação se a pessoa tem constipação intestinal: é possível recuperar essa musculatura graças a um esporte como a natação ou com a ajuda de um fisioterapeuta.

Algumas pessoas, incluindo muitas mulheres, sofrem ou sofreram de constipação intestinal durante toda a vida, não é um fenômeno novo. É importante tratar corretamente esse problema, sobretudo quando ele se torna incômodo. Mas, seja você homem ou mulher, desconfie de uma constipação recente, não corriqueira e que não passa nunca. Isso pode ser sinal de um câncer de intestino grosso ou de reto. Não seja descuidado. Converse a respeito com seu médico.

Os distúrbios menstruais fazem você inchar e provocam desconforto.

Na semana que antecede sua menstruação, escolha alimentos ricos em magnésio e em vitamina B6 (soja, fígado, rim, arroz integral, peixe, levedo de cerveja, germe de trigo). Mesmo tendo às vezes a impressão de que está retendo água, beba! Nunca é demais repetir: o melhor diurético é a água... Racionar seus aportes líquidos seria um erro (ver pergunta de nº 67). Se os distúrbios são muito incômodos, fale com seu clínico geral ou seu ginecologista: você pode estar sofrendo de um desequilíbrio hormonal que precisa ser corrigido com medicamentos.

Em caso de problema de postura ou de musculatura flácida.

Se a causa de sua barriga proeminente é uma má postura ou um relaxamento muscular, consulte um fisioterapeuta. Algumas sessões permitem aprender a técnica da respiração abdominal e de melhor postura. Faça sessões de eletroestimulação (os músculos são solicitados por um influxo elétrico, o que permite que se tonifiquem) e peça a seu fisioterapeuta para ensinar-lhe exercícios para recuperar sua parede abdominal.

Se a causa de sua barriga é um acúmulo de celulite sobre o púbis.

No início, a mesoterapia é eficaz. Mas quando um "pneu" está francamente instalado, só a lipoaspiração ou a cirurgia o eliminará (ver pergunta de nº 46).

No entanto, sob essa massa gordurosa encontra-se a parede abdominal cuja musculatura pode ser retonificada de maneira a que essa massa não se sobressaia demais. Deve-se também evitar os alimentos que causam flatulência intestinal, ao inflar a parede abdominal, tornam o volume de celulite mais visível.

Cuidado com os medicamentos!

Atenção com pílulas que prometem devolver-lhe sua barriguinha em poucos instantes! Como vimos, em certos casos elas não ajudam em nada, já que não tratam o problema. São em geral à base de argila e apenas disfarçam nossa negligência ao atuar como uma compressa que forra as paredes dos intestinos. Elas podem atenuar um pouco a flatulência e acalmar as dores, mas elas atrapalham a absorção de medicamentos. Portanto, não confie nelas se você está fazendo um tratamento de longa duração. Ouça a opinião de seu médico: se ele concordar, vai prescrever-lhe medicamentos similares.

Comprimidos à base de carbono ajudam a absorver os gases, mas têm o inconveniente de escurecer as fezes e atrapalhar a absorção de medicamentos.

Cuidado com laxantes: nunca os tome sem indicação médica! Alguns são muito irritantes para os intestinos, ainda que tenham a inocente aparência de chás de castanha da Índia ou de sene! O óleo de parafina deve ser proscrito, porque impede a absorção de vitaminas solúveis em gordura (A, E, D) e já ocasionou complicações.

69 Qual a vantagem dos produtos *light*?

A denominação *light* não altera a natureza fundamental de um produto; a redução de um nutriente, fixada em porcentagem, deve ser significativa para ser realmente interessante. Mas ainda é preciso saber do que se trata...

Um prato *light* em calorias pode não saciar ou fornecer uma ração insuficiente de proteínas. Repare bem na composição nutricional para avaliar seu interesse.

Um prato *light* com "menos 25% de gordura" pode ser interessante tanto para limitar o ganho de peso quanto para as pessoas que tem colesterol alto. Para o prato tornar-se mais leve assim basta adicionar um ingrediente menos gordo a uma receita: por exemplo, leite desnatado ao iogurte, água (emulsão) ou ar (na batedeira) à manteiga, ou substituir, nos embutidos, a gordura pelo amido.

Os pratos *light* em carboidratos, às vezes, são enganadores, já que seu valor calórico não necessariamente cai muito. Freqüentemente, eles contêm mais lipídeos do que sua versão clássica e, portanto, não têm nenhuma vantagem. Tornar mais leve em carboidratos significa empregar adoçantes: polióis ou edulcorantes intensos. Eles não induzem à produção de insulina, apesar do gosto doce na boca. Outra vantagem: esses produtos com gosto açucarado não favorecem o aparecimento de cáries.

Quando a quantidade de lipídeos não aumenta, substituir o açúcar por adoçante reduz a densidade energética desse alimento (ele contém menos calorias que sua forma usual); mas isso não diminui o aporte energético total do dia: há compensação para cobrir o déficit energético. Se, no almoço, você recorrer a produtos *light*, seu organismo se sentirá frustrado (por causa do aporte calórico insuficiente da refeição) e, no jantar, você se arrisca a comer mais do que de costume num horário em que o risco de armazenar todo excesso sob forma de gordura é maior.

Todavia, ao fim de um mês, essa compensação é apenas parcial, da ordem de 40%. O emprego de produtos *light* tem, portanto, a médio prazo, um impacto – limitado – sobre a perda de peso. Recorrer a eles é uma ajuda modesta, mas não basta para resolver um problema de peso. Aliás, os americanos lançaram diversos produtos *light* (sem açúcar, sem gordura) e isto não resolveu o problema de obesidade de que sofre uma larga parcela de sua população!

Apenas os refrigerantes *light* são interessantes, já que beber refrigerantes açucarados entre as refeições é um fator de obesidade, sobretudo na criança e no adolescente. Então, se eles não podem passar sem, compre preferencialmente as versões sem açúcar da bebida favorita deles.

O estudo SU.VI.MAX em curso (que estuda o impacto sobre a saúde do uso de anti-oxidantes) mostra que nos adultos de 45 a 60 anos o consumo de produtos *light* certamente permite diminuir seletivamente o consumo de um nutriente (carboidratos ou lipídeos), mas que, em contrapartida, ele não permite controlar os aportes energéticos totais e o ganho de peso. Em certos casos, o peso até aumenta, talvez porque, com a consciência iludida, o consumidor consuma quantidades maiores do produto!

De fato, a redução do teor de lipídeos (por exemplo, no caso do leite desnatado) é mais interessante para prevenir as doenças cardiovasculares do que para emagrecer!

70 Posso utilizar pratos prontos quando desejo emagrecer?

Por que não! Não se deve acusar a indústria agro-alimentar por todos os males... Mas quando você compra um produto bruto e que você mesmo o cozinha, você sabe os ingredientes que utilizou.

Para os pratos prontos ou os produtos manufaturados (biscoitos, cereais do café da manhã, *crackers*, pães industriais etc.) repare, por um lado, na lista de ingredientes e, por outro, na composição nutricional final do produto.

Isso pressupõe que você só compre os produtos que os industriais dignaram-se em etiquetar de maneira suficientemente clara e informativa (o que atualmente é obrigatório).

Você fará descobertas surpreendentes olhando a lista de ingredientes! O pão de forma da padaria quase não contém lipídeos, mas não é o mesmo para aquele, embalado em plástico, que você compra no supermercado. As torradas e pãezinhos suecos também contêm gorduras, mas seu teor varia muito conforme a marca. Quanto ao presunto, ele contém açúcar como conservante etc.

Atenção ao amido (índice elevado, em torno de 90) contido no molho de numerosos pratos.

Observe e compare! Compre o produto que tem a melhor composição de acordo com as escolhas nutricionais expostas neste livro (não esqueça de levar seus óculos quando for fazer compras: certas menções são escritas com letrinhas bem pequenas!). Torne-se um consumidor esclarecido. Não hesite em consultar as revistas de consumidores independentes para ler a análise crítica dos produtos recentemente colocados no mercado e daqueles que estão expostos nas prateleiras. Telefone para o número de SAC anotado nas embalagens para perguntas detalhes exatos sobre o produto, uma nutricionista atenderá a ligação e dará informações precisas sobre a composição nutricional do produto e, se você assim desejar, conselhos dietéticos ou culinários.

71 Como ler uma etiqueta alimentar?

A etiquetagem dos alimentos pré-embalados é obrigatória e comporta uma valorização (alegação) nutricional ("rico em ferro", por exemplo). Também a dos produtos dietéticos. Em contrapartida, na França e na Europa, para os outros produtos ela é facultativa, ainda que cada vez mais os industriais queiram trazer o máximo de informações sobre seus produtos. No Brasil, ela é obrigatória.

Algumas etiquetas são mais informativas do que outras:

- Nas do grupo 1 (etiquetagem reduzida) figuram o aporte energético em quilocalorias e o teor de proteínas. Carboidratos e lipídeos (expresso em gramas). Podem também estar inscritos o teor em vitaminas, sais minerais e oligoelementos e a percentagem que o produto fornece em relação aos Aportes Diários Recomendados (DRA). Os valores são expressos sobre 100 gramas (ou 100 mililitros) e por porção ou por unidade.Além de 10% de lipídeos, um prato é considerado rico em gorduras.

Os glicídios complexos (amido) devem ser majoritários, ainda que sejam os carboidratos simples que dão gosto doce a um alimento, se o alimento for doce.

- Nas do grupo 2 (etiquetagem mais completa) figuram o valor energético, o teor de proteínas, de carboidratos (entre os quais o açúcar), de lipídeos (entre os quais os ácidos graxos saturados – os mais nocivos), de fibras e de sódio. Essas informações podem ser complementadas pelas taxas de vitaminas, sais minerais e oligoelementos, ou de polióis, colesterol e até a proporção de ácidos graxos poli e monoinsaturados que o produto contém.

Hoje somos mais cuidadosos quanto às quantidades de sal presentes nos produtos, então, atenção à confusão entre sódio e sal! Lembre-se de que 1 grama de sódio = 2,4 gramas de sal...

Um produto orgânico apresentará um selo certificando que ele corresponde às normas precisas exigidas para ter direito a essa classificação específica de produto biológico. Os produtos vendidos a varejo ou cortados na hora não são etiquetados: então, é difícil conhecer seu valor nutricional, o que é lamentável.

Se você deseja emagrecer, prefira os produtos cuja composição nutricional esteja estampada, já que o teor calórico, a quantidade e a qualidade das gorduras, assim como a abundância de carboidratos complexos e de fibras são todos elementos importantes de serem verificados antes de se comprar um produto.

Como corrigir um distúrbio do comportamento alimentar

Esses tipos de tratamentos só podem ser empreendidos por um terapeuta formado nessas técnicas específicas, em que não há lugar para improvisação.

Esse especialista pode ser um nutrólogo competente nesse campo, um psicoterapeuta, um psiquiatra ou um behaviorista ou mesmo vários deles associados.

72 Como cuidar das boquinhas e da compulsão alimentar?

Além da reeducação comportamental, alguns conselhos dietéticos contribuirão para melhorar este distúrbio.

Como evitar as boquinhas?

O café da manhã, tomado em horário regular, deve conter bastante carboidratos com índice glicêmico baixo e proteínas para que a energia assim liberada estenda-se bem ao longo de toda a manhã, o que evita sensações de cansaço e fomes súbitas. Um café da manhã bem elaborado permite reduzir – ou evitar – os aportes de gordura e açúcar de uma eventual boquinha.

Se a tentação de mordiscar entre as refeições for muito forte, fracione sua dieta alimentar tomando uma colação no meio da manhã e um lanche às 17h.

Essas cinco refeições:

- Evitam a hiperglicemia seguida de uma hipoglicemia com sensação de fome (aumento depois queda da taxa de açúcar no sangue).
- Diminuem a secreção de insulina.

Parar de fazer boquinhas exige sua participação ativa e você deve diferenciar bem as colações em horas fixas de uma comilança desenfreada!

Como lutar contra a compulsão alimentar?

Se você apresenta esse distúrbio alimentar (ver pergunta de nº 26) e é mais atraído pelos alimentos achocolatados, não se trata de suprimi-los de uma vez de sua alimentação. Mais vale tentar regular seu consumo de chocolate, limitando-se, por exemplo, a alguns quadradinhos que você se permitirá a cada dia, por exemplo, ao fim das duas principais refeições. Paralelamente, evite os biscoitos, doces, tortas, muito ricos em lipídeos.

Por outro lado, nada de dietas restritivas: elas constituem um fator de risco e podem agravar ou mesmo originar um distúrbio alimentar.

Os conselhos alimentares dados para evitar as boquinhas permanecem válidos para barrar a compulsão alimentar! Por exemplo, por que não consumir carboidratos complexos (feculentos) a cada refeição, para acalmar a fome e prevenir a compulsão? É preciso buscar, ao longo das refeições, uma sensação de saciedade máxima a fim de não ser tentado a voltar a comer pouco tempo depois.

Por fim, não esqueça de que a atividade física, fornecedora de endorfinas, promove uma sensação de bem-estar que torna os atos compulsivos menos tentadores.

73 Como tratar a bulimia?

O tratamento desse distúrbio alimentar (ver pergunta de nº 27) geralmente se faz em domicílio, sendo raramente necessária a hospitalização. Ele compreende várias partes:

No plano alimentar

- As dietas restritivas de tipo hipocalórico são totalmente proibidas.
- A pessoa que sofre de bulimia deve necessariamente fazer quatro ou cinco refeições por dia em horários regulares (ainda que no início persistam episódios bulímicos).
- As refeições são compostas de alimentos que assegurem um bom equilíbrio nutricional e, principalmente, de feculentos.

No plano medicamentoso

Às vezes, é necessário prescrever, por um curto período, um antidepressivo que aja sobre a serotonina no cérebro, substância que diminui as tendências compulsivas.

No plano psicológico

As terapias cognitivo-comportamentais demonstraram seu valor; elas são a pedra angular do tratamento. Na maioria das vezes, desenrolam-se em pequenos grupos, uma sessão de 24 minutos por semana durante quatro a cinco meses. O programa de trabalho inclui:

- Observação do comportamento e do consumo alimentares com ajuda do formulário alimentar.
- Revisão da fisiologia digestiva, a fim de cada um compreenda como os alimentos são absorvidos e pare de recorrer a comportamentos inúteis e perigosos como o consumo de laxantes.
- Identificação dos pensamentos automáticos e dos meios existentes para modificá-los.
- Aprendizagem das técnicas de autoafirmação (trabalho contra recaídas).
- Utilização de técnicas de ajuda para a mudança, de desdramatização.
- Abertura para novas perspectivas de vida para não mais centrar-se unicamente na alimentação.

O caso de Sílvia

Sílvia, 32 anos, vem à consulta por causa de bulimia. Seu verdadeiro problema é que ela nem chega a sentar-se à mesa por medo de comer demais. Ela está casada há um ano e jamais fez uma refeição junto com seu marido. Ela o serve, o vê comer, mas não se senta com ele.

Em vista das tensões que se criaram entre o casal, Sílvia vem buscar ajuda para evitar um divórcio que ela não deseja, já que ama seu marido. Ela é atendida no contexto de uma terapia comportamental de grupo. Os progressos são perceptíveis e, ao fim de cinco meses, ela é capaz de fazer refeições com seu marido, ainda que continue a ser vítima de alguns episódios bulímicos solitários noturnos. Depois, a descoberta de uma gravidez a cura completamente, porque ela decide, pela criança, ter uma alimentação completamente normal.

---

74 Como combater a restrição cognitiva?

Antes de tudo, não prescreva dieta a uma pessoa que sofra de restrição cognitiva (ver pergunta de nº 28)! Em contrapartida, é preciso:

- Fazê-la sair do ciclo de restrição provando-lhe, na prática, que comendo mais e melhor ela não ganhará peso, mas, ao contrário, emagrecerá (mesmo que no início isso seja racionalmente difícil de admitir).
- Ensinar-lhe a não ter fome (aumentando a parte de carboidratos complexos ricos em fibras que a saciam).
- Ensinar-lhes as boas opções em matéria de nutrição (privilegiar o qualitativo sobre o quantitativo).
- Incitá-la a aumentar seus gastos físicos praticando uma atividade esportiva. Assim, se ela realmente quer afinar sua silhueta, ela poderá conseguir sem restringir seus aportes.

75 Como tratar a anorexia nervosa?

A terapêutica desse grave distúrbio (ver pergunta de nº 29) é difícil, exige atendimento a ser feito por um clínico geral (um "mediador" na relação com a família), psiquiatra, médico de um hospital, nutricionista e enfermeiro.

A forma do atendimento varia conforma a gravidade do estado do anorético e, para avaliá-lo, é preciso fazer uma impedanciometria, porque o peso na balança pode ser enganadoramente tranqüilizador.

Será então possível descobrir que a jovem anorética aparentemente "em forma", por ser muito ativa, na verdade, perdeu parte importante de sua massa muscular e está embebida de água?

Se o estado não for preocupante demais, pode-se tentar um tratamento em domicílio, depois de ter combinado com a jovem (ou mais raramente com o jovem – ainda que muito excepcionalmente esta doença também atinja os rapazes, lembre-se disso!) uma progressão obrigatória do peso: ela deve ganhar pelo menos 500 gramas por semana e manter um formulário alimentar diário. Todos esses detalhes devem ser consignados por escrito e assinados pela doente, que, desse modo estabelece um verdadeiro compromisso.

Em caso de fracasso ou se o estado é preocupante (IMC inferior a 14 ou perda de dez quilos em menos de dois meses), a hospitalização é indispensável. As condições para que ela seja eficaz são muito estritas. A jovem será colocada em total isolamento, sem telefone, sem rádio nem televisão, nem música, nem nenhuma visita exterior: ela só terá contacto com o pessoal médico. O contrato definirá como essas rigorosas regras serão atenuadas à medida em que o peso for sendo recuperado.

Se a alimentação espontânea não assegurar uma notável retomada de peso (num ritmo estabelecido no tratamento), a pessoa anorética será alimentada por sonda gástrica, à razão de 1.000 kcal no primeiro dia, depois 500 kcal por dia até alcançar 3.000 kcal. Quando o peso combinado no tratamento for atingido, essa forma de administração será suspensa. Começará, então, uma negociação quanto ao retorno às refeições normais. Posteriormente, à medida em que a curva de peso for se normalizando, a forma de hospitalização será amenizada e até mesmo liberada.

Em seguida, ocorre a reintrodução dos alimentos rejeitados, depois a paciente reaprende a comer corretamente e a cozinhar: esse aprendizado acontece durante as "refeições terapêuticas", em que as pessoas da equipe servem de "modelos" para a pessoa anorética e durante as oficinas culinárias com o nutricionista ou o enfermeiro da equipe.

Esse tratamento pode exigir de três a seis meses de hospitalização num serviço especializado. Essa modalidade terapêutica pode surpreender, mas é a única que se mostrou eficaz. Seu rigor é necessário, não se pode esquecer que é uma doença grave, sujeita a recaídas, cujo prognóstico permanece sombrio: 5 a 10% das pessoas que sofrem de anorexia morrem nos dez anos que se seguem ao início da afecção.

Esporte e emagrecimento

Quando uma pessoa deseja perder peso, às vezes ela se inscreve na academia de ginástica de sua vizinhança, mas será que este é realmente um bom meio para emagrecer?

O médico freqüentemente pede à pessoa obesa que faça um esporte, mas ela não recebe mais detalhes; ora, para ser eficaz, essa prescrição deve vir acompanhada de conselhos bem precisos.

76 Esporte ou atividade física?

Ao lado da dietética, a atividade física constitui o segundo elemento chave dos cuidados a um excesso de peso.

Aquele ou aquela que tem alguns quilos a mais pode começar o jogging (mas tem mesmo vontade?), mas tal sugestão não é realista se for dada a um homem que pesa 130 quilos e resfolega ao menor esforço.

Também é preciso distinguir corretamente entre atividade física corriqueira e esporte.

Pedir a alguém com excesso de peso que faça esporte assim como o entendemos (atividade física intensa) sem que ele tenha realmente vontade e sem aliás saber se jamais ele quis fazê-lo, é garantia de fracasso. Obrigar uma pessoa com excesso de peso a ir à piscina já mostra que não se avaliou bem o que representa para ela a simples idéia de vestir a roupa de banho em público!

Somente uma prescrição adaptada e realista deve portanto ser proposta a uma pessoa com excesso de peso. A simples atividade física tem tanto valor quanto o esporte.

Seus benefícios são os mesmos dos de uma atividade física intensa:

- Perde de peso é favorecida pela utilização das gorduras como combustível.
- Ela é máxima no tecido adiposo abdominal e visceral.
- A oxidação dos lipídeos, que leva à sua utilização como combustível energético do organismo, é incrementada nos tecidos.
- A massa muscular é preservada , às vezes aumentada .
- A retomada de peso é limitada, a estabilização ponderal facilitada.
- Os níveis de pressão arterial melhoram.
- As cifras da glicemia e as taxas sangüíneas de lipídeos abaixam.
- Os riscos cardiovasculares diminuem.

Quando uma pessoa engorda, ela acumula gordura mas aumenta também sua massa muscular para suportar seu excesso de peso. Ora, lembre-se que o débito energético de repouso (DER) é em parte proporcional à massa muscular (ver pergunta de nº 20). Sendo assim, se esta pessoa emagrece, sua massa gorda claro vai diminuir de volume, mas seus músculos, que tem que carregar menos peso, vão igualmente definhar um pouco. E esta diminuição da massa muscular vai provocar uma queda do DER e portanto dos gastos do organismo, o que dificultará a estabilização ponderal. O único meio de evitar esta queda dos gastos é aumentar a massa muscular incrementando sua atividade física.

Com a idade, o exercício físico, que permite preservar a massa magra, é também a única solução para limitar a diminuição do débito energético de repouso. Ao longo dos anos, a massa muscular diminui, por isso, o débito energético diário de uma pessoa idosa muito sedentária pode ser inferior em 700 kcal ao de um adulto jovem e ativo da mesma altura e peso.

Por fim, a prática de uma atividade física permite tomar melhor consciência de seu corpo e descobrir um certo prazer em perceber as sensações de esforço. Inicialmente às vezes sentida como uma provação, ela torna-se lúdica e motivadora, talvez graças às endorfinas cuja produção ela induz, as quais dão uma sensação de bem-estar e de euforia.

77 Qual atividade física faz perder mais peso?

Quer sofra de obesidade, quer esteja simplesmente preocupado com alguns quilos a mais, você pode facilmente aumentar sua atividade física diária:

- Caminhe meia hora após o almoço. Você deve dar passos regulares e rápidos, sem parar. O organismo, para evitar esgotar totalmente suas últimas reservas energéticas de glicose (acumuladas na forma de glicogênio no fígado e nos músculos) vai mudar de combustível e pegar sua energia nas gorduras de reserva, que então vão se queimar... você vai emagrecer.
- Utilize as escadas em vez de elevadores e escadas rolantes. Se você mora no décimo-segundo andar, claro que não vai subir tudo a pé, mas desça, por exemplo, no décimo andar e suba os dois últimos andares a pé.
- Cultive um jardim mais freqüentemente e por mais tempo (escave, pode, colha etc): não somente isto será benéfico do ponto de vista fisiológico como também suas jardineiras ficarão mais bonitas.
- Passeie mais longamente com seu cão. Neste caso específico, a vantagem de um animal de companhia é inestimável, já que é preciso sair diversas vezes por dia. Dê uma longa volta e não uma curta, varie os itinerários, faça-o brincar.
- Para ir para o trabalho, se você usa transporte coletivo, salte um ou dois pontos antes de sua parada habitual e termine o trajeto a pé.
- Não pegue seu carro para fazer uma comprinha.
- Evite ficar muito tempo sentado, por exemplo, diante da televisão ou de um computador. De vez em quando, vá dar uma volta ou mesmo cuide um pouco da casa, passe roupa ou faça reparos. Todas estas atividades contribuem para aumentar seu dispêndio de energia.

Essa lista é apenas um exemplo de sugestões; claro, não esgota o assunto. Você terá outras idéias de atividades e o ideal é que elas despertem seu interesse e tragam-lhe prazer.

É claro que uma pessoa que tem apenas uma sobrecarga ponderal média pode sem grande dificuldade praticar esporte. Mas é preciso, sobretudo se for um homem de 50 anos ou mais, que um cardiologista dê seu aval, depois de submetê-lo a uma prova de esforço para detectar qualquer insuficiência coronariana latente (angina de peito), a qual é uma complicação freqüente em casos de sobrecarga ponderal.

Segundo uma pesquisa, 66% dos franceses pensam que para emagrecer é necessário fazer esporte.

No entanto, lembre-se dos cálculos do dr. de Mondenard de que o esporte efetivamente aumenta o débito energético, mas não de maneira significativa para fazer alguém emagrecer rapidamente.

Quantas horas de esporte contínuo é preciso fazer para perder 1 quilo de peso?

Esporte	Homens	Mulheres
Caminhada normal	138 horas	242 horas
Marcha rápida	63	96
Golfe	36	47
Bicicleta	30	38
Natação de lazer	17	21
Jogging	14	18
Tênis	13	16

O Dr. de Mondenard calculou também que, se uma pessoa quer perder 5 quilos em quatro meses unicamente fazendo esporte, ela deve praticar 90 minutos de jogging cinco dias por semana!

Mas para que o esporte praticado tenha uma eficácia máxima e um resultado satisfatório, as modalidades da atividade esportiva são muito precisas: é preciso praticar um esporte de resistência (jogging, bicicleta, patins, natação) durante do mínimo quarenta minutos pelo menos três vezes por semana. É preciso acrescentar que o esforço não deve ser intenso demais – não se tratar de ir fundo, mas sim aproximadamente 50% de sua potência máxima. Além do mais, uma interrupção de mais de três dias anula os resultados obtidos antes (melhora na oxidação dos lipídeos); será então necessário recomeçar do zero... Equivale a dizer que aconselhar qualquer um a fazer esporte sem lhe dar todos os detalhes não levará a um resultado excelente em termos de perda de peso.

De qualquer maneira pense no lazer, escute seu corpo, tente perceber se está sentindo uma dor ainda que difusa. O esporte também é uma maneira de reaprender seu corpo, não de maltratá-lo.

Mesmo um antigo esportista não deve buscar refazer os desempenhos que realizava outrora, ele não está mais num contexto de competição e sim de "esporte de lazer".

De tudo isso, evidencia-se que uma atividade física muito fracionada, durante a qual o esforço não seja constante, como a ginástica na sala, quase não solicita as reservas de gordura como combustível do organismo, já que então o corpo só utiliza a glicose colocada de reserva no glicogênio muscular. Isso não significa que a ginástica é inútil, já que ela contribui para remodelar a silhueta, substituindo a gordura perdida por músculos. Além do mais, quando o corpo torna-se musculoso, o desenvolvimento progressivo da massa muscular aumenta os débitos energéticos de repouso (DER).

O que fazer quando não se consegue mais emagrecer

78 Por que as mulheres emagrecem menos facilmente do que os homens?

Um casal resolve emagrecer ao mesmo tempo. O homem perde cinco quilos no primeiro mês, enquanto que sua mulher só perde um... Essa constatação aflige você porque, já que sua alimentação é a mesma, por que tanta diferença!

As mulheres preocupam-se demais

Veja o exemplo de um homem de 45 anos um pouco gordinho, especialmente na barriga. De tanto aquentar as zombarias de seus filhos, as admoestações de sua mulher e o cenho franzido de seu médico, ele decide pela primeira vez na vida emagrecer. Algumas mudanças nos seus hábitos alimentares bastam para dar um resultado que lhe parece bastante espetacular. Ele reconhece satisfeito que ele tinha uma tendência a "deixar ässim". Ele não se sente privado, e uma vez tomada sua decisão, ele a mantém. Ele até volta ao tênis duas noites por semana e, nos fins de semana, brinca com os filhos...

Sua mulher, igualmente quarentona, conhece todas as dietas possíveis e tentou todas... Há um mês, ela destacou a última que seguiu, descoberta numa revista qualquer. Da última vez, o resultado mostrou-se bom logo no primeiro mês, mas desta vez, a balança só marca um quilo a menos! Por quê?

Muito simplesmente porque ao primeiro regime, o corpo responde sem problemas. Ao segundo, ele é surpreendido e aceita fazer, mas bloqueia a perda de peso mais rápido ao modificar os gastos ligados à termogênese. No terceiro, ele multiplica as células adiposas para garantir que tenha mais células onde acumular as gorduras em casos de restrições freqüentemente repetidas. No quarto, após uma gravidez durante a qual a mulher pode ceder a alguns desejos irresistíveis de doces, o corpo aproveita-se de um estado hormonal favorável para constituir-se algumas reservas suplementares sob forma de celulite. Depois do quinto regime restritivo, entrecortado por refeições às vezes exageradas e caracterizado por um aumento da secreção de grelina (hormônio que abre o apetite), o peso não somente volta a seu ponto de partida, como também aumenta quatro quilos suplementares: o corpo, posto em alerta por essas sucessivas restrições, constitui reservas...

Imagine que essa mulher inicie agora seu sexto regime: seu organismo não se deixa mais pegar desprevenido! Ele secreta hormônios que dão o sinal para acumular gorduras e modifica o funcionamento do sistema simpático para bloquear a partida de lipídeos; Assim, ele consegue só deixar escapar um quilo. O organismo então controla bem a situação e ainda tem alguns quilos de reserva, que ele não está pronto para descarregar facilmente!

Este exemplo ilustra bem o fato de que um organismo escaldado por dietas sucessivas – e sob a influência de seu gene da "economia" – coloca tudo em ação para não somente evitar a perda de peso (pelo menos por bastante tempo) mas ainda para, após cada episódio de restrição, constituir reservas suplementares...

O homem entabulava sua primeira dieta: por que seu organismo estaria desconfiado? Se ele fizer outras em seqüência, o resultado também poderá ser menos espetacular, no entanto, a disposição de seu organismo não será interrompida como no da mulher por suas secreções hormonais e não será refreado pelo cuidado de guardar, custe o que custar, uma reserva de gordura que possa fazer face a uma eventual gravidez.

A massa gorda das mulheres é diferente

- Sua distribuição é mais ginecóide que andróide (exceto depois da menopausa). Ora, a gordura ginecóide é constituída por acúmulos gordurosos que são uma reserva energética potencial para o caso de uma gravidez ou aleitamento num período de escassez. Ela é menos sensível às modificações dietéticas e menos reversível que a gordura andróide (ver pergunta de nº 9).

- Além de ser hipertrófica, ele é hiperplásica: as células adiposas podem encher-se de gorduras, mas além disso, a repetição de sucessivas dietas provoca também uma multiplicação dos adipócitos. Ora, quanto mais células houver, maior o risco delas acumularem gorduras (ver pergunta de nº 9).

Para ser claro, um homem emagrece mais facilmente na barriga do que uma mulher nos quadris!

- Ela é sensível às variações hormonais. Ao contrário ao homem, a mulher tem um clima hormonal variável em função do ciclo menstrual. Antes da menstruação, o apetite é maior e os alimentos açucarados são particularmente procurados (talvez porque o açúcar aumenta a secreção de serotonina, que melhora o humor, e pode induzir a secreção de endorfinas, que evitam o aparecimento das dores menstruais). Por outro lado, as grandes variações hormonais (puberdade, uso de pílula, gravidez, menopausa, tratamento hormonal) favorecem, em certas circunstâncias, um aumento da massa gorda (ver perguntas de nºs 83-85).

As mulheres são mais sensíveis ao estresse

É sabido que as mulheres são mais vulneráveis aos acontecimentos exteriores que os homens. Talvez a razão para isso seja que a serotonina (hormônio fabricado pelo cérebro e que tem uma influência sobre o humor) pode abaixar bruscamente em 52%. Ora, as alterações de humor atuam sobre o estresse, os distúrbios de comportamento alimentar ou a depressão, e todas estas circunstâncias podem ser causa de um ganho de peso.

As mulheres têm massa muscular menos desenvolvida

É possível aumentar os débitos energéticos e particularmente os de repouso (DER), aumentando a massa muscular. Mas a menos que se seja adepta do fisiculturismo, a massa muscular feminina é menos importante do que a dos homens. A atividade física, a musculação ou o esporte têm por isso uma ação menos espetacular sobre a mulher do que sobre o homem.

É uma ilusão comparar a perda de peso dele e dela. O organismo feminino é geneticamente mais programado para dispor de reservas gordurosas e conservá-las do que o masculino. Portanto, perder peso é sempre mais difícil para um indivíduo do sexo feminino do que do sexo masculino.

79 O que impede a perda de peso?

Às vezes acontece que não se consiga obter o emagrecimento desejado ou só lentamente o alcance. Se for o caso, você pode ficar desencorajado e reclamar com seu médico, porque você gostaria que o processo de perda de peso fosse mais rápido. Observe-se para tentar compreender quais são os fatores que favorecem esse bloqueio.

Seu peso atual é realmente anormal?

Apesar dos conselhos de moderação de seu médico, o peso que você sonha atingir não é irracional? Então, é normal que você não consiga! Talvez já tenha sido seu peso há alguns anos, mas hoje, ele provavelmente não é seu peso de referência. Seja razoável! E não tente ir mais longe, já que com o efeito sanfona, você se arrisca a ganhar novamente alguns quilos e talvez até muitos mais do que aqueles que você havia perdido.

Você compreendeu bem o método que lhe foi sugerido?

Seu médico deu alguns conselhos, mas você os entendeu bem? Não há algum aspecto que tenha ficado obscuro e que possa vir a ser causa de um erro fatal? Continue a preencher seu formulário alimentar e a verificá-lo com seu médico ou nutricionista. Com toda boa intenção, você se engana em algum ponto e isso basta para bloquear todo o processo. Não hesite em fazer-lhes perguntas sobre noções que ainda lhe pareçam confusas. Certas coisas (como o modo de cozimento ou os molhos), que muitas vezes esquecemos de anotar no formulário alimentar, podem ser a causa da estagnação do peso.

Entradas e saídas estão suficientemente equilibradas?

Esquematicamente, há duas situações:

- Ou você come muito pouco, quer dizer, cerca de 1.750 kcal para as mulheres e cerca de 2.000 kcal para os homens. Nesse caso, não adianta diminuir muito sua dieta alimentar senão você arrisca-se a entrar na espiral do peso sanfona e da restrição cognitiva. Mantenha suas quantidades atuais, mas esforce-se em três direções:
  - Qualitativo: para quantidades iguais, preste mais atenção à escolha de seus carboidratos e de seus lipídeos e enriqueça sua alimentação em fibras.
  - Álcool: suprima totalmente as bebidas que o contêm.
  - Atividade física: incremente sua atividade física e esportiva.
  - Insista no trabalho comportamental que você pode fazer consigo mesmo para conseguir controlar bem as boquinhas intempestivas.
- Ou você cometeu um erro de avaliação em relação a seus aportes calóricos ou seus débitos energéticos. Se, por exemplo, você avalia os primeiros em 2.600 kcal e os segundos em 2.300 kcal, você achou que devia reduzir seu aporte alimentar para 2.000 kcal. Seu peso estanca: verifique suas avaliações. Não se trata de armar-se de uma tabela calórica ou de dedicar-se a cálculos de

farmacêutico, mas passar uma hora analisando com um nutricionista e mostrar-lhe seu formulário alimentar deve fazer você encontrar rapidamente uma solução para o problema!

Tome cuidado também com a quantidade do que você come e com seu comportamento alimentar. Por fim, reforce sua atividade física, porque se aumentar o suficiente seus gastos, você terá então uma margem de manobra maior para comer à vontade, sem jamais ter necessidade de racionar as porções.

Seu aporte de proteínas é suficiente?

Vimos (pergunta de nº 51) que o aporte recomendado de proteínas é de pelo menos 1 grama por quilo de peso corporal por dia. Em certos casos, aumentando esse aporte para 1,2 grama, obtém-se um melhor resultado.

Ora, um dos erros mais comuns em inúmeras jovens que saem de dietas hipocalóricas severas (mas ineficazes) é não somente continuar a se sub-alimentar, mas sobretudo submeter-se a um aporte protéico claramente insuficiente. A.-F. Creff batizou essa situação de "obesidade paradoxal", já que algumas de suas pacientes viam seu peso estagnar apesar dos regimes auto-infligidos de 800 kcal. Paradoxalmente, bastava aumentar sua ração alimentar diária e, sobretudo, recomendar-lhes uma dieta protéica correta para que, para sua grande surpresa, a perda de peso recomeçasse!

À menor dúvida, faça ou peça que façam o balanço protéico de seu dia e, se necessário, corrija seus aportes.

Esse pequeno cálculo indispensável toma apenas cinco minutos de um especialista.

Seus lanchinhos não a estão enganando?

Dois biscoitos no escritório às 10h, uma mordida no doce do colega na lanchonete, um pedaço de queijo enquanto prepara a salada do jantar, um *whisky* à noite, antes de começar a preparar a refeição, alguns canapezinhos na festa de despedida de uma colega, sem esquecer as duas taças de champanhe... são tantas pequenas coisas que, mesmo parecendo bem insignificantes, podem impedi-la de alcançar seus objetivos.

Não confunda tudo!

Sua celulite parece bem refratária? Não se iluda: ela não partirá facilmente e as precauções alimentares provavelmente não triunfarão. Cogite então de se submeter a um tratamento local (claro, é um pouco mais caro...). Informe-se sobre os diferentes métodos que existem e suas eventuais complicações.

Mas não confunda gordura subcutânea difusa e livre (= excesso de peso) com os acúmulos de células adiposas localizadas presos num parênquima fibroso (= celulite).

Se você tem tendência a inchar, também não confunda este excesso de peso aquoso (visível na balança) com um excesso de gorduras. Faça ou refaça uma impedanciometria para conhecer as percentagens dos diferentes componentes de seu organismo. O tratamento pode então consistir numa drenagem linfática, ou numa terapêutica circulatória ou hormonal com fim ginecológico, e não num reforço das medidas dietéticas.

Não se prenda apenas à sua alimentação

Pense nas três palavras chaves do emagrecimento: "alimentação", claro, mas também "movimento" e "equilíbrio".

Você está decidido a por um pouco de movimento na sua vida? Deve-se entender movimento em todos os sentidos...

Agite seu corpo, mas também um pouco sua vida: solidão, casal com dificuldade, tensão na família, perseguição no trabalho, tente arrumar tudo!

Comece por reencontrar algum equilíbrio tentando ser zen. Dedique-se ao yoga ou ao relaxamento; assim, você enfrentará as mudanças desejáveis com distanciamento e serenidade. O prof. A.-F. Creff obrigava todos os candidatos a emagrecimento a fazer relaxamento, do contrário, ele recusava-se a cuidar deles no plano nutricional – e ele certamente tinha razão.

Uma vez com o espírito sereno, o equilíbrio psíquico reencontrado, passe a limpo certas situações que até então você havia deixado deteriorarem-se.

80 O que fazer se meus quilos não me largam?

Comece fazendo o balanço acima; normalmente, isso basta. Se não, interrogue-se um pouco mais...

Você realmente quer emagrecer? Ou o verdadeiro problema é mudar de vida, mais do que buscar desesperadamente diminuir apenas a medida de sua cintura? Se for o caso, encare de frente o problema e vá em frente!

O caso de Manuela

Manuela, 42 anos, 1m65 para 69 quilos; sua massa gorda representa 33% de sua massa corporal. Diretora de empresa, divorciada há dez anos, ela tem um filho militar em Kourou, na Guiana Francesa e há oito anos é amante de um homem casado. Ela não passa sem seus dois whiskies *diários, que toma à noite, quando chega do trabalho.*

Manuela é adepta de dietas, mas seu peso brinca de gangorra há anos. Onde realmente está seu problema? Um dia, tudo torna-se claro! O problema não é seu peso, mas sua relação amorosa, que não evolui. Ela abandona seu amante. Dois meses depois, em plena forma, esplendorosa, sem dieta específica, sem mesmo pensar nisto, Manuela pesa 63 quilos.

Pergunte-se se seus quilos não são seu escudo contra a vida ou contra os outros. Se a resposta for um sim, desista de emagrecer hoje e reserve sua decisão para mais tarde, porque provavelmente é um pouco cedo demais. Não esqueça que existe um momento certo para começar um emagrecimento, que assim transcorrerá em boas condições!

Um medicamento?

Não se deve tomar remédio sem necessidade, menos ainda por que, como vimos (ver pergunta nº 44), os que estão atualmente disponíveis no mercado não são tão confiáveis e têm alguns efeitos colaterais. Dessa maneira, se apesar de seus esforços dietéticos e físicos, você não consegue emagrecer, converse com seu médico e discuta com ele as possibilidades medicamentosas que existem para ajudá-lo.

Peça a opinião de um outro médico

Uma visão diferente de uma situação às vezes traz novos ares num circuito sufocante. Um conselho diferente, uma melhor compreensão mútua, alguns ajustes dietéticos depois de ler seu formulário alimentar pode ser o estalo que repõe em movimento uma situação que parecia estagnada.

Ouvir uma segunda opinião permite às vezes chegar a um outro diagnóstico. Para tanto, mesmo que você tenha, por exemplo, um problema de tireóide, não pense que tudo vai mudar de uma vez só, saiba que as mulheres que apresentam hipotireoidismo (disfunção da glândula tireóide que não produz bastante hormônios tireoidianos) perfeitamente tratadas e equilibradas do ponto de vista hormonal, não necessariamente emagrecem nem um grama. Por quê? Não há explicação, mas, infelizmente, é uma constatação freqüente...

Um empurrãozinho...

Por fim, em última instância, sempre restam os pequenos meios ou as grandes decisões.

- Aumente sua porção de fibras: por que não *psyllium*, que você pode comprar em farmácia (aconselhe-se com seu médico)?
- Suprima o aperitivo da noite. Se você não conseguir, não se envergonhe, fale a respeito com seu médico ou com um especialista em alcoolismo: eles ajudarão.
- Presenteie-se com uma hospedagem num *spa* com opção dietética. Além de relaxante, isso permitirá pensar só em si e discutir com um nutricionista.
- Pense em fazer um retiro num convento ou monastério. Por que não, se a idéia já vem-lhe ocorrendo há tempos? Culinária frugal, calma, reflexão, longe do barulho e do estresse do mundo exterior: tudo isso só pode ser benéfico.
- E se você for fazer um *trekking* no Nepal ou percorrer o Caminho de São Tiago de Compostela durante suas próximas férias? Não esqueça, entretanto, de treinar antes de partir...

Infelizmente, acontece de quilos a mais serem o grito "silencioso" de um traumatismo pesado que a pessoa com excesso de peso jamais ousou confessar a ninguém (estupro, incesto, mulher ou marido espancado(a) etc.). Então, será necessário tomar a decisão, mesmo que seja longa e dolorosa, de consultar um psiquiatra e/ou um juiz

---

81 Que vantagens posso ter ao emagrecer?

Quem apresenta excesso de peso deseja perder o máximo de quilos possível e voltar a um peso "normal", ou pelo menos chegar perto. Antes é preciso fixar-se um objetivo realista, com o risco de ter uma boa surpresa se o resultado superar o previsto!

O essencial, para quem conseguiu emagrecer, é sentir-se melhor consigo mesmo, melhor de cabeça, e não mais sentir o peso do olhar dos outros sobre si. Esse bem-estar reflete-se de maneira positiva na vida cotidiana, a pessoa sente-se mais leve, em todos os sentidos.

Mas se o resultado não está à altura de suas expectativas, é preciso insistir no fato de que, sob o ponto de vista estritamente médico, uma perda de 5% ou 10% do peso inicial já é extremamente vantajosa no plano da saúde e diminui os fatores de risco. Portanto, já é uma conquista.

De fato, uma redução de 10% do peso corporal:

- Melhora a sensibilidade à insulina (a insulinorresistência regride).
- Abaixa em média a glicemia (-50%), o colesterol total (- 10%). O colesterol LDO [ou "mal colesterol" (-15%)] e os triglicerídeos (-30%).
- Aumenta o colesterol HDL [o "bom colesterol" (-8%)].
- Abaixa as cifras de pressão arterial no hipertenso.
- Reduz a massa do ventrículo esquerdo do coração.

Portanto, o risco cardiovascular será igualmente diminuído.

No caso das obesidades mórbidas (IMC de 40 ou mais), realmente perigosas quanto às afecções relacionadas, depois de uma perda de peso de 20 a 30 quilos, 43% dos indivíduos previamente hipertensos e 69% dos que estava diabéticos puderam parar toda terapêutica! A perda de peso melhora também as funções respiratórias e reduz os episódios de apnéia do sono.

Muitos métodos de emagrecimento tem às vezes como resultado significativas perdas de peso, até impressionantes, mas fugidias e nem sempre se está seguro de que atinjam a maior parte da massa gorda. Na verdade, o essencial não é emagrecer, mas antes de tudo, manter o novo peso por longo prazo.

Lembrete

Uma perda de peso mal conduzida pode ser mais nociva do que benéfica se ela leva, por efeito rebote, ao peso sanfona ou se para consegui-la paga-se o preço de complicações mais ou menos graves relacionadas aos efeitos colaterais de medicamentos.

Um emagrecimento, mesmo que ocorra em condições relativamente boas, pode provocar algumas complicações nada desprezíveis:
– Cálculos de vesícula.
– Osteoporose.
– Carências de macro ou micronutrientes se a dieta for mal equilibrada.
– Surgimento de um distúrbio do comportamento alimentar: anorexia-bulimia.

---

82 Como estabilizar meu novo peso?

Para estabilizar seu peso, é preciso primeiramente emagrecer de maneira inteligente, ou seja, evitando multiplicar ao longo dos anos dietas com aportes calóricos drásticos unicamente para entrar no biquíni ou calção no verão! Seguir esse tipo de regime é favorecer a cada vez um retorno da gordura maior e mais rapidamente, já que o organismo põe em ação seu gene da economia.

Deve-se abandonar a idéia de querer emagrecer rápido, mesmo que isso seja o contrário do que se deseja... Só um emagrecimento regular e progressivo pode garantir o sucesso na estabilização mais fácil e mais durável de seu novo peso.

Não esqueça que ganhar peso quer dizer acumular gordura e aumentar a massa magra muscular, para agüentar sua massa gorda excedente. Portanto, durante o emagrecimento diminui a massa muscular, que não precisa mais ser tão forte. Ora, os débitos de repouso são compatíveis com a massa magra e mais particularmente com a massa muscular (ver pergunta nº 24). Com o emagrecimento, sobrevém uma queda desses gastos. Quando uma pessoa obesa perde 10% do peso de seu corpo, segue-se uma diminuição de 16% de seus débitos energéticos diários. Para não ser obrigada a baixar seus aportes alimentares e para equilibrar suas entradas e seus gastos, ela deve manter sua massa muscular. A assídua continuidade da atividade física ou esportiva (agora que o indivíduo está mais leve) é, portanto, fundamental para estabilizar seu peso. Três horas de atividade intensa por semana ou uma hora de atividade de média intensidade (caminhada, escadas, jardinagem) por dia são o mínimo necessário.

Mantenha seus novos e saudáveis hábitos alimentares. Nem pensar em voltar a seus antigos erros, que o fizeram engordar! Caso contrário, como as mesmas causas produzem os mesmos efeitos, seu excesso de peso reaparecerá...

A OMS emitiu alguns conselhos úteis que todos podem seguir para conseguir estabilizar o próprio peso:

- O aporte de gorduras (carne e embutidos gordos, manteiga, leite integral, queijos) não deve exceder um terço da alimentação diária.
- Os carboidratos complexos, com índice glicêmico baixo (massas, feijões, arroz, alimentos integrais, pão e cereais), devem constituir 50% do aporte calórico diário.
- O aporte de fibras deve ser de pelo menos 24 gramas por dia, fornecidos pelos cereais (2 a 3 gramas por porção), arroz inte-

gral (3 gramas para cada 100 gramas de arroz integral cru), os feijões (4 gramas para 100 gramas de lentilhas ou de vagens cruas) e algumas frutas (3 gramas em uma maçã).

- É preciso consumir 300 a 400 gramas de frutas por dia (em média, três frutas grandes).
- É preciso comer pelo menos duas porções de legumes por dia.

Por fim, não menospreze o papel do médico (ou do nutricionista) na estabilização do peso. As consultas devem ser mensais na época do emagrecimento e trimestrais em seguida. Nos intervalos, pode-se trocar faxes, e-mails ou telefonemas. Já foi provado que manter essa relação episódica com seu terapeuta é um elemento decisivo na estabilização ponderal.

CAPÍTULO 5

Quais os melhores cuidados para os períodos de risco?

83 As pessoas engordam na puberdade?

Durante muito tempo, as mães culparam os hormônios pelos quilos excedentes que vieram incomodar suas filhas na puberdade. É nesse período que a silhueta feminina se define. Portanto, é inevitável que ocorra a distribuição da gordura ginecóide, de maneira mais ou menos pronunciada. Tudo dependerá do tipo físico da moça.

Paralelamente, o pico de crescimento característico dessa época às vezes vem acompanhado do aumento do apetite, capaz de favorecer o ganho de peso. No entanto, o desejo inconsciente de exibir um corpo magro pode manifestar-se precocemente, por meio de dietas. A adolescente está, nessa fase, em pleno crescimento e seu esqueleto em processo de ossificação: qualquer desequilíbrio nutricional provocará deficiência de ferro, magnésio, cálcio ou outros micronutrientes que serão a causa imediata de fadiga ou de vulnerabilidade ao estresse, assim como de infecções e de uma futura de fragilidade óssea. Mas, como atirar pedra numa mocinha de 13 anos que inicia um regime quando, na maioria das vezes, ela não faz outra coisa senão imitar as mulheres a sua volta?

Por outro lado, não é raro que, a partir dos 15 anos, algumas adolescentes comecem a tomar pílula. Antigamente, o aumento de peso era freqüentemente associado ao uso de anticoncepcionais mais fortes: a balança mostrava três ou quatro quilos extras já nos dois ou três primeiros meses de tratamento. Hoje, porém, as pílulas apresentam baixa dosagem de estrogênios e os riscos de engordar por causa disso são mínimos. Saiba, contudo, que naquelas que já apresentam excesso de peso, a pílula pode induzir a um aumento anormal da insulina no sangue, o que favorece o acúmulo de gorduras.

As jovens que não tomam anticoncepcionais orais apresentam ciclo menstrual ritmado por flutuações hormonais: essas flutuações têm influência sobre a alimentação. As quantidades ingeridas são, geralmente, corretas na primeira semana do ciclo (a da menstruação), reduzidas na segunda, pequenas no momento da ovulação, mas aumentam significativamente nos oito últimos dias do ciclo. No período que precede a menstruação, observa-se, freqüentemente, pouco interesse da mulher por consumir proteínas, embora haja muita vontade de ingerir açúcar, talvez por causa do papel que o açúcar tem na secreção de serotonina no cérebro: atua como ansiolítico e facilita a liberação de endorfinas, que amenizam as dores menstruais (ver pergunta de nº 26). Isso explica os "ataques de fome" nos dias que precedem a menstruação.

Não é raro constatar também aí um inchaço momentâneo devido à retenção passageira de água. Segundo experiências realizadas, essa tendência alimentar confirma-se durante o período da menstruação, já que ela se caracteriza quase constantemente pela falta de aporte de proteínas, pela redução de magnésio e/ou da vitamina B6. Isso pode explicar por que surge a necessidade de comer chocolate nesse momento, já que se trata de um alimento rico em magnésio.

Mas cuidado: quando já existe obesidade estabelecida na adolescência, ela pode complicar-se por causa de outras afecções além daquelas normalmente associadas a essa fase. Por exemplo: uma adolescente obesa pode sofrer de ovários policísticos (presença de vários cistos nos ovários), causa de esterilidade.

Na condição de pais de adolescentes, vocês devem ficar atentos para a alimentação de seus filhos, para que esta não se desestruture (pular refeição, realizar boquinhas constantemente) e não evolua para uma "delinqüência alimentar" anárquica, em que ele comerá apenas o que desejar e o perigo o espreitará, além do eventual excesso de peso. É aí, sobretudo, que costumam surgir os distúrbios de comportamento alimentar: passam a beliscar enquanto assistem televisão ou desenvolvem compulsão alimentar que pode tanto evoluir para a bulimia com vômitos ou para a anorexia. Não se esqueça de que a prática esportiva exerce papel primordial nessa idade, limitando o ganho de peso entre aqueles que apresentam tendência. Ela ajuda a combater o sedentarismo e permite ao adolescente estruturar-se melhor no momento em que está formando a própria personalidade.

A puberdade provoca menos perturbações no rapaz do que na moça, já que as modificações da forma de seu corpo são menos pronunciadas e ele está menos sujeito a flutuações hormonais cíclicas. Portanto, esse período não é, para ele – ou melhor, para seu peso – um momento particularmente sensível. Ele está em forma, faz esporte, mas o momento crucial para esse equilíbrio, quando ele poderá romper-se, reside na passagem para a vida profissional e para a vida a dois. Se ele já tiver excesso de peso e for sedentário (condição que se intensifica, por exemplo, com a prática assídua de jogar *videogames* ou navegar pela internet), correrá risco de vê-lo aumentar e até mesmo caminhar para a obesidade.

Por fim, é preciso lembrar dos adolescentes diabéticos: entre eles, a prevenção do ganho de peso é feita sob orientações e obediência a regras alimentares adaptadas, aliada a um tratamento com injeções de insulina criteriosamente determinado. A negligência alimentar na puberdade determina que, para equilibrar corretamente o diabetes, aumentem-se as doses de insulina, o que pode levar ao ganho de peso. A prática esportiva é, por isso, também aqui de grande interesse: ao provocar um maior dispêndio de energia, permite que as doses de insulina diminuam.

84 Que cuidados devo ter com meu peso durante e após a gravidez?

Antes de vislumbrar uma gestação, é importante fazer a análise de seu peso e de sua alimentação. O excesso de peso ou a magreza são fatores de esterilidade. O certo seria voltar ao peso ideal, ao mais próximo da normalidade antes de tentar engravidar (IMC entre 20 e 25). Você também deve melhorar seus hábitos nutricionais para evitar que qualquer deficiência ou carência possa comprometer o futuro de seu filho.

Cuidado: dieta = perigo!

Uma em cada três adolescentes está convencida de que tem excesso de peso, mesmo que apresente IMC normal. Uma em cada duas, por outro lado, tem medo de engordar. Esses dados não são muito diferentes dos que se perpetuam entre a população feminina de mais idade... Ora, toda restrição calórica vai provocar retraimento, distúrbios circulatórios e problemas menstruais. Bastam quatro dias de restrição calórica e lipídica para diminuir a secreção dos hormônios que agem sobre os ovários.

Pesquisas sobre ingestão alimentar, realizadas na França (consulte informações sobre pesquisas realizadas no Brasil na página 335), em 1999, por S. Hercberg, revelaram deficiências preocupantes nos aportes nutricionais das mulheres francesas: 30 a 50% das jovens apresentam ingestão de vitaminas B1 e B6 inferior a dois terços das recomendações; 70% apresentam falta de vitamina B9 (deficiência relacionada a malformações de bebês ao nascer). A ingestão de ferro é insuficiente em 66% das mulheres e entre 25 e 60% delas têm carência de cobre; 50 a 80% de zinco, 20 a 40% de magnésio e 8 a 15% de cálcio.

Essa é uma constatação preocupante, sobretudo quando se pretende engravidar! A deficiência de ferro no início da gestação, quando a mulher muitas vezes ainda ignora que está esperando um bebê, triplica o risco de um parto prematuro e de baixo peso da criança ao nascer.

Cuidado: magreza = perigo!

Uma jovem magra demais (IMC inferior a 19) muitas vezes já não menstrua e tem ovulações esporádicas; por isso, ela tem poucas chances de engravidar. Ao prosseguir uma dieta muito restrita, ou se tiver tendência anoréxica, poderá ter carência de vitaminas, minerais (cálcio, ferro) e oligoelementos. É desastroso, e até perigoso, começar uma gestação nessas condições.

Claro que, quando a mulher descobrir-se grávida, ela modificará sua alimentação, mas poderá ser tarde demais. A deficiência de vitamina B9 (ácido fólico) poderá levar ao não-fechamento da medula espinhal do feto. Essa malformação grave, chamada espinha bífida, torna obrigatório o tratamento cirúrgico do recém-nascido e pode ainda deixar-lhe sérias seqüelas.

Além disso, se o peso da mãe permanecer baixo ao longo de toda a gravidez, aumentará o risco de mortalidade do bebê no momento do parto. A criança também poderá nascer prematura ou com peso abaixo do esperado.

Cuidado: obesidade = perigo!

Iniciar uma gestação com um excesso de peso também não é ideal. A obesidade (IMC de 30 ou mais) de uma gestante a expõe a inúmeras complicações:

- Ao longo da gravidez: flebite, embolia pulmonar, hipertensão arterial (HTA), diabetes gestacional, infecções urinárias, cálculos biliares, toxemia gravídica (forte HTA + convulsões antes do parto).
- Durante o parto: traumatismo fetal em caso de parto pelas vias naturais, maior risco operatório em caso de cesariana, intervenção cirúrgica que, no entanto, revela-se às vezes necessária.
- Depois do parto: agravamento da obesidade e da celulite, persistência do diabetes que tenha surgido durante a gestação, varizes, incontinência urinária em conseqüência de distensão do períneo.

Quanto ao bebê, seu peso ao nascer pode ser anormal (muito baixo ou muito alto, superior a quatro quilos) e ele pode sofrer de malformação da medula espinhal. Além disso, o risco de mortalidade desses bebês é maior. Por fim, na idade adulta, eles estarão mais expostos à obesidade e/ou à hipertensão arterial.

Prevenção a ser tomada antes da gravidez

Se você quer engravidar e está acima ou abaixo do peso, deve primeiro voltar ao seu peso ideal (IMC de 20 a 25).

Se você está abaixo do peso, seu médico pedirá exames para eliminar causas orgânicas (hipertireoidismo, câncer, diabetes, aids) e psiquiátricas (anorexia nervosa). Em seguida, ele poderá encaminhá-la a um nutricionista que, após uma avaliação nutricional, prescreverá uma dieta adequada, ajustando o seu peso ao ideal.

Se você está acima do peso ou obesa, seu objetivo será atingir um IMC de cerca de 25, porque durante a gestação não se deve fazer dieta: durante os primeiros meses de gravidez, ao conseguir manter o peso, diminuem os riscos para você e seu bebê, riscos esses que estão relacionados ao excesso de peso.

E se você fuma, também deve cuidar para que o abandono gradual do tabagismo nessa fase tão delicada não leve-a a incorrer no risco de ganhar peso (ver pergunta de nº 87).

Ganho de peso e gravidez

O gasto energético verificado durante toda a gestação é estimado em 80.000 kcal (ou seja, um acréscimo energético médio de 150 kcal por dia durante o primeiro trimestre e de 250 kcal durante os dois seguintes).

Quantos quilos a gestante deve ganhar?

Não há um peso ideal, tudo depende do peso no início da gestação.

- Uma mulher considerada abaixo do peso (IMC inferior a 19) deve ganhar entre 16 e 18 quilos, já que é impossível levar a bom termo uma gestação sem reserva mínima de nutrientes.
- Uma mulher com peso ideal e esbelta (IMC de cerca de 22) pode permitir-se ganhar de 10 a 12 quilos.
- Uma mulher de com peso ideal e normal (IMC de 23-24) deve contentar-se em ganhar cerca de 9 a 10 quilos.
- Uma mulher acima do peso (IMC de 25 a 29) não deve tentar emagrecer no início da gravidez, mas estabelecer a meta de não ganhar mais do que 7 a 8 quilos. Seria um grande erro ganhar

de 15 a 20 quilos, porque, em seguida, isso agravaria seu excesso de peso.

- Uma mulher obesa (IMC de 30 ou mais) deve mesmo assim ganhar de 5 a 6 quilos, mas somente no último trimestre e ainda manter um peso estável ao longo dos seis primeiros meses. No seu caso, ganhar mais de 7 quilos é perigoso.

No início da gestação, se a mulher vomitar muito, às vezes, ocorrerá um emagrecimento transitório. Contudo, isso não compromete o bom desenrolar da gestação, se, em seguida, o ganho de peso for adequado.

Em contrapartida, durante o terceiro trimestre de gravidez, a maioria das gestantes reduz sua atividade física e essa economia de energia pode chegar a 400 kcal por dia. Se sua alimentação permanecer idêntica, isso pode vir a ser um fator de acúmulo de quilos excedentes.

Qualquer ganho de peso acima do ideal no curso da gestação impõe uma investigação de diabetes gestacional (por dosagem da glicemia de jejum e após uma refeição).

Apesar disso, algumas mulheres apresentam maior risco de não ganhar peso suficiente:

- Adolescentes.
- Mulheres magras.
- Mulheres que se autoprescrevem dietas.
- Vegetarianas.
- Usuárias de drogas, álcool, cigarro.
- Pessoas com poucos recursos financeiros.
- Mulheres com um antecedente de parto prematuro, de gestações múltiplas, de retardo de crescimento intra-uterino ou de baixo peso ao nascer.

Todos esses fatores de risco também devem ser cuidadosamente observados.

Alimentação e gestação

Quando se está grávida, não se trata de comer duas vezes mais, mas, sim, duas vezes melhor! Sua alimentação deve ser equilibrada e variada, sem nenhum excedente além daquele que promova o aumento moderado de peso exigido por seu estado. Por isso, você deve ocupar-se em fazer boas escolhas nutricionais.

Qualquer tipo de dieta será proscrita, porque, para o feto, é perigoso restringir os aportes diários a menos de 1.600 kcal e/ou ingerir menos do que 200 gramas de carboidratos por dia.

Reforce sua ingestão alimentar de cálcio e de ferro. Se, depois de analisar os resultados de seus exames de sangue, o médico ou o nutricionista julgar necessário, ele poderá prescrever-lhe complementos nutricionais. Mas evite qualquer automedicação: pode ser perigoso, inclusive porque algumas fórmulas contêm, por exemplo, doses de vitamina A em quantidade excessiva, a qual pode provocar malformação fetal.

Quando vou voltar a meu peso ideal?

O parto ocasiona a perda de cerca de seis quilos, que correspondem ao peso do bebê, da placenta e do líquido amniótico.

Nos dias que se seguem ao parto, a mãe recente ainda continuará a eliminar água, cerca de dois a três quilos. Por fim, sabe-se que o aleitamento é o melhor meio para mobilizar o excesso de gordura ginecóide (ver pergunta de nº 9) e a eventual celulite que se instalou nas nádegas, quadris e coxas, porque a produção de leite envolve gastos calóricos. Quanto mais prolongado for o período da amamentação, maior a queima da gordura ginecóide.

Depois do parto, cuide para não comer as mesmas quantidades de alimentos que você comia durante a gravidez: a partir de então, você tem necessidade de menores aportes calóricos. Cuide para não desestruturar sua alimentação por falta de tempo ou de organização, ainda mais porque levantar-se à noite para dar o peito ou a mamadeira pode desregular o sistema hormonal, o que (assim como para os trabalhadores noturnos) pode tornar-se um fator de aumento de peso ou de freio no emagrecimento.

Não esqueça de fazer sessões de fisioterapia (que são reembolsadas por alguns convênios e seguros de saúde): primeiro, para tratar ou prevenir a incontinência urinária reforçando os músculos daperíneo, que pode ter sido distendido na passagem da cabeça do bebê (sobretudo se não tiver sido seu primeiro parto). Segundo, para retonificar sua parede abdominal.

E atenção para não fazer o contrário: tonifique primeiro o períneo antes de ocupar-se dos músculos abdominais. Porque, se você reforçar seu abdome rápido demais, o aumento da pressão intra-abdominal diante de esforços pode favorecer ou agravar uma possível incontinência urinária.

Se, ao fim de dois a três meses, persistir o excesso de peso, aguarde o fim da amamentação e o retorno das menstruações para empreender uma "dieta", quer dizer, para fazer com que sua ingestão alimentar seja inferior aos gastos calóricos. Não desista muito cedo já que, enquanto suas menstruações não voltarem, suas secreções hormonais estarão muito elevadas, o que pode bloquear a perda de peso.

Para aumentar o gasto energético e recuperar sua musculatura, caminhadas e natação são as atividades mais recomendadas, mas relaxar deitada por uma hora de manhã e uma à tarde é igualmente benéfico: essa posição diminui a atividade da aldosterona (hormônio que retém a água) e permite que você "desinche" mais rapidamente.

De qualquer maneira, para recuperar a forma, dê-se ao menos seis meses. E saiba que algumas modificações da sua silhueta, como uma cintura mais baixa e ancas mais redondas, podem ser definitivas.

85 Como prevenir o aumento de peso na menopausa?

A menopausa caracteriza-se pelo fim do funcionamento dos ovários, o que provoca uma queda das secreções hormonais, já que cessam as secreções ovarianas. Hoje, para amenizar as conseqüências desses déficits hormonais, muitas mulheres, pelo menos no início das respectivas menopausas, empregam um tratamento de reposição hormonal. Isso permite:

- Atenuar as ondas de calor.
- Evitar o ressecamento vaginal que poderia perturbar a vida sexual.
- Diminuir o risco de doenças cardiovasculares.
- Evitar a osteoporose e os riscos de fraturas que ela provoca.
- Limitar as alterações de humor.

A culpa é dos hormônios!

A mulher que engorda depois dos 50 anos de idade tende a colocar a culpa nos hormônios, sejam aqueles que faltam no momento, sejam os que foram prescritos!

De acordo com os estudos realizados pelo dr. D. Elia sobre a evolução do peso das mulheres em menopausa:

Sem tratamento hormonal	Com tratamento hormonal
52% mantêm o peso inalterado	67% mantêm o peso inalterado
44% ganham 4 a 6 quilos	31% ganham 4 a 7 quilos
4% emagrecem	2% emagrecem

Contrariando as idéias comuns, as mulheres que fazem terapia hormonal têm menos problemas de peso!

Emagrecer quando você não toma hormônios

Quanto maior o excesso de peso antes da menopausa, maior o risco de engordar após os 50 anos, já que a taxa de insulina no sangue aumenta. Portanto, é antes do fim das menstruações, quer dizer, antes do início da menopausa, que você precisa dedicar-se ao problema. É mais fácil voltar ao peso ideal lá pelos 45 anos do que aos 50 anos (que é, no Brasil, a idade média em que ocorre a menopausa) ou mesmo depois.

Emagrecer quando você faz um tratamento de reposição hormonal

Já que o risco de engordar é maior sem tratamento, pode-se pensar que começar um tratamento, repondo os hormônios que os ovários não mais produzem (estrogênios e progesterona), seja forçosamente benéfico para o peso. Mas não é tão simples assim, considerando-se os efeitos conhecidos desses hormônios.

De fato:

- Os estrogênios favorecem a localização da gordura na região femoral (nos quadris), a retenção de água e o aumento da massa muscular, assim como a queima das gorduras abdominais.
- A progesterona favorece o acúmulo da gordura na região abdominal, a retenção de água e o aumento da massa muscular.

Parece evidente que, *a priori*, não é fácil emagrecer com um tratamento estroprogestativo, que é ao mesmo tempo propício ao aumento da massa gorda, da massa muscular e da retenção de água. No entanto, o peso médio das mulheres é de 57,1 quilos antes do tratamento e de 56,8 quilos seis meses depois de ele ter sido iniciado. O tratamento de reposição hormonal, portanto, faz com que elas percam em média 300 gramas: é pouco, mas serve para provar que ele não favorece o ganho de peso, como muitas mulheres pensam.

Para obter esse resultado, porém, o tratamento deve ser muito bem concebido pelo ginecologista. Como diz o dr. Elia: "Não há mulher que não suporte a hormonioterapia. Há apenas hormonioterapias mal adaptadas à individualidade de cada mulher. Não se deve esquecer que a overdose ou, ao contrário, a insuficiência de estrogênios pode provocar o aumento de peso."

Há, assim, uma "passagem de liberdade vigiada" entre a dosagem exagerada e a subdosagem medicamentosa. Por isso, um tratamento não-individualizado da menopausa pode fazer engordar. Você também deve encontrar o médico que considere esses dados e prescreva-lhe um tratamento personalizado, com as doses que lhe são necessárias. Todavia, preste atenção ao cigarro: ele anula os efeitos preventivos, no plano cardiovascular, do tratamento de reposição hormonal!

A dietética da menopausa

As orientações alimentares que podem ser dadas à mulher em menopausa são as mesmas que se aplicam a todas as idades da vida, embora com algumas observações:

- Trate de fornecer a seu organismo uma quantidade suficiente de cálcio (de 1.200 a 1.500 miligramas por dia) para prevenir a osteoporose; além disso, como você sabe, o cálcio favorece a perda de peso (ver pergunta de nº 55).
- Preste atenção ao consumo de ferro e de vitamina D.
- Continue mantendo uma ingestão adequada de proteínas, mesmo gostando menos de carne; nesse caso, opte pelo peixe, aves, coelho ou ovos.
- Controle o consumo de vitamina B9 (ácido fólico ou folatos) para limitar as alterações de humor. Você a encontra no levedo de cerveja, no fígado de boi, nas ostras, no agrião, na chicória, no espinafre, no abacate, nos feijões avermelhados.

- Evite os excessos de álcool, que se tornam mais freqüentes nessa época da vida, quer se trate da "bebida social", do aperitivo noturno ou de um alcoolismo solitário e ocultado.

Como administrar os períodos de transição

O desequilíbrio hormonal não resume toda a problemática da menopausa. A vida ao redor também muda e, às vezes, daí ocorrem diversos problemas:

- Tensão gerada pelas mudanças (partida dos filhos, separação conjugal, lutos, desemprego, aposentadoria).
- Estado depressivo.
- Fadiga.
- Insuficiência tireoidiana.
- Maior sedentarismo.
- Dificuldades na vida sexual.

Todas essas perturbações podem fazê-la engordar.

A retomada ou a intensificação da atividade física é essencial para represar a tendência ao aumento da taxa de insulina no sangue (hiperinsulinismo) que se manifesta nessa época da vida e para favorecer a queima da massa gorda que aumenta, enquanto que a massa muscular tende a diminuir.

86 Como lidar com o estresse ou uma depressão sem engordar?

O estresse pode engordar (ver pergunta de nº 19) seja porque deflagra a secreção de certos hormônios ou de certos mediadores químicos no organismo, seja porque induz a transtornos do comportamento alimentar.

A alimentação é sua melhor aliada

- Aumente o consumo de magnésio.

Temos tendência a comer alimentos preparados com farinhas brancas bem refinadas, o que empobrece nossa alimentação em magnésio. Coma mais alimentos integrais.

Magnésio nos alimentos refinados		Magnésio nos alimentos integrais	
Arroz branco	30m g/100 g	Massas integrais	70 mg/100 g
Pão branco	30m g/100 g	Pão com farelo	80 mg/100 g
Massas brancas	52 mg/100 g	Pão integral	90 mg/100 g
		Arroz integral	140 mg/100 g

O consumo médio de magnésio entre as mulheres francesas é de apenas 210 miligramas por dia, enquanto deveria ser de pelo menos 330! Esse aporte insuficiente pode traduzir-se em cansaço, cãibras, hiperemotividade, hiper-reatividade ao estresse e até a crises de espasmos.

Para consumir magnésio em quantidade suficiente: beba achocolatados, coma oleaginosos, leguminosas e alimentos integrais!

Alguns alimentos ricos em magnésio	
Cacau em pó não adoçado	420 mg/ 100 g
Germe de trigo	400 mg/ 100 g
Amêndoas	260 mg/ 100 g
Chocolate com 70% de cacau	200 mg/ 100 g
Feijões	160 mg/ 100 g
Avelãs, nozes	140 mg/ 100 g
Arroz integral	140 mg/ 100 g
Aveia em flocos	130 mg/ 100 g
Lentilhas	90 mg/ 100 g
Pão integral	90 mg/ 100 g
Figos secos	85 mg/ 100 g
Massas integrais	70 mg/ 100 g

- Pense em aumentar sua ingestão de vitamina B6

Fadiga crônica acompanhada de irritabilidade (ou até de uma leve depressão) em mulheres que tomam pílula é freqüentemente causada pela carência de vitamina B6. Essa deficiência pode igualmente causar vertigens, deixar a pele sem brilho e os cabelos oleosos, assim como pode levar a uma maior necessidade de doces (pela falta de serotonina que ele induz). No entanto, segundo o estudo do Val-de-Marne (1988), 85% das mulheres apresentam consumo de vitamina B6 inferior às recomendações nutricionais.

Sabendo que o aporte recomendado é de 2 miligramas por dia, onde encontrá-la?

Alguns alimentos ricos em vitamina B6

Levedo de cerveja	4 mg/ 100 g
Germe de trigo	4 mg/ 100 g
Grãos de soja	1,5 mg/ 100 g
Abacate	0,6 mg/ 100 g
Leguminosas	0,5 mg/ 100 g
Arroz integral	0,5 mg/ 100 g
Peixe	0,4 mg/ 100 g

Se você está nervosa e tensa, faça ioga, relaxamento ou sofrologia (técnica de psicoterapia baseada na reflexão física e mental). Não se torne impotente diante do estresse, como se fosse uma fatalidade.

Só utilize medicamentos ansiolíticos como último recurso e jamais sem orientação médica – e não se esqueça de que alguns engordam.

Se, por outro lado, você sofre de depressão, seu médico (se julgar útil) prescreverá antidepressivos que emagrecem ou, ao menos, que não tenham nenhuma influência sobre o peso.

Se você apresenta transtornos de comportamento alimentar, procure pelas terapias comportamentais (ver pergunta de nº 73) e por especialistas capazes de ajudá-la.

87 Como parar de fumar sem engordar?

Parar de fumar costuma ser um fator que leva ao aumento de peso. Como já foi visto, no entanto, entre as pessoas que obtêm sucesso ao abandonar o tabagismo, somente 25% delas engordam, enquanto 50% mantêm um peso estável e 25% emagrecem.

O que os fumantes comem?

Costumamos ignorar que a maior parte dos fumantes tem uma alimentação bastante específica e que compreende um grande consumo:

- De carnes ensopadas.
- De sal (porque eles têm o paladar prejudicado).
- De café.
- De álcool.

Esse hábito alimentar, que fornece ao organismo excesso de ácidos graxos saturados, favorece o aumento do colesterol.

Paralelamente, os fumantes em geral não ingerem bastante:

- Frutas e legumes.
- Fibras.
- Ferro.
- Cálcio.
- Vitamina B1.
- Vitamina A e betacaroteno.

Essas diferentes carências explicam por que, em parte, além dos vários produtos tóxicos que eles inalam, os fumantes são sensíveis a afecções cardiovasculares e a doenças malignas, visto que ingerem muito poucos antioxidantes.

Como alimentar-se durante o período em que se abandona o cigarro?

Para agir, não espere parar totalmente de fumar nem espere por um eventual excesso de peso. Mais vale sair na frente e, um ou dois meses mês antes da data que você pré-agendou para largar o cigarro, colocar em prática uma alimentação preparatória e preventiva.

Essa alimentação segue os princípios mencionados no capítulo 4 deste livro.

- Não coma forçosamente menos, mas sim melhor, em relação às escolhas dos nutrientes. Sua alimentação não deve ser obrigatoriamente restritiva, mas deve ser seletiva.
- Aumente a ingestão de proteínas vegetais (soja, leguminosas, frutas oleaginosas, alimentos integrais) que compõem suas refeições.
- Aumente o consumo de frutas e legumes (pelo menos seis porções por dia).
- Garanta um bom consumo de vitamina C (fumar um maço de cigarros por dia destrói 50 miligramas de vitamina C). Um fumante deve, portanto, ter um aporte diário de pelo menos 200 miligramas para compensar a perda que seu tabagismo provoca. Quando você estiver preparando alimentos que contêm vitamina C, pense em protegê-los: a vitamina C é muito sensível ao calor (cozimento) e à oxidação pelo ar.

Alimentos ricos em vitamina C

Há 50 miligramas de vitamina C em:

- 25 gramas de kiwi.
- 25 gramas de salsa.
- 50 gramas de pimentão cru.
- 70 gramas de agrião.
- 80 gramas de repolho cru.
- 100 gramas de cítricos (limões, laranjas, tangerinas, morangos).
- 200 gramas de fígado e rins.

- Escolha os lipídeos tendo em vista a prevenção das doenças cardiovasculares (ver pergunta de nº 52).
- Prefira os carboidratos de baixo índice glicêmico, que também asseguram uma prevenção no plano cardiovascular. Tente não cair na compulsão por açúcar: não se trata de substituir os cigarros por balas ou chicletes; se você acha mesmo que isso irá ajudá-lo a passar sem eles, opte pelos "sem açúcar", já que não provocam cáries e limitam o risco de se ganhar peso.
- Evite as bebidas açucaradas (refrigerantes); mas se você tem dificuldade para abandonar o açúcar, escolha as bebidas *light* (com adoçantes intensos).
- Alcalinize sua urina, a fim de corrigir os efeitos metabólicos do estresse, bebendo limonada ou suco de mexerica ou laranja (mas tenha cuidado com o suco de laranja, que, ao contrário, acidifica).
- Coma lentamente, sentado, e mastigue corretamente.

Atenção: fumar é um ato "oral": não substitua o cigarro pela comida para ter a sensação de preencher-se com algo!

CAPÍTULO 6

Os problemas de peso na infância

As crianças são bastante vulneráveis às armadilhas alimentares do meio em que vivem. E como sucumbem facilmente ao apelo da telinha (televisão, *videogame*, internet) – que, inclusive, torna-as sedentárias demais –, não é de espantar que a obesidade infantil aumente constantemente. Tamanha é a sua evolução que hoje a obesidade infantil tornou-se um problema prioritário para a saúde pública!

88 Por que a obesidade infantil tornou-se um problema de saúde pública?

Como definir o sobrepeso e a obesidade na criança?

Dizer que uma criança está com sobrepeso ou obesidade implica levar em conta dois parâmetros: seu Índice de Massa Corporal [ou IMC (ver pergunta de nº 6)] e também sua idade, já que o IMC muda ao longo da infância. O IMC deve sempre ser comparado ao valor de referência para a respectiva idade nas curvas de crescimento do nutricionista ou do pediatra. Essas curvas são diferentes de acordo com o sexo.

Fala-se de sobrepeso entre o percentil 90º e o percentil 97º das curvas de referência, e em obesidade quando está além do percentil 97º. Esses termos matemáticos, um pouco abstratos, são bem simples de serem compreendidos quando se olha para as curvas (ver gráficos a seguir).

Curva de evolução do IMC nos meninos de um mês a 21 anos

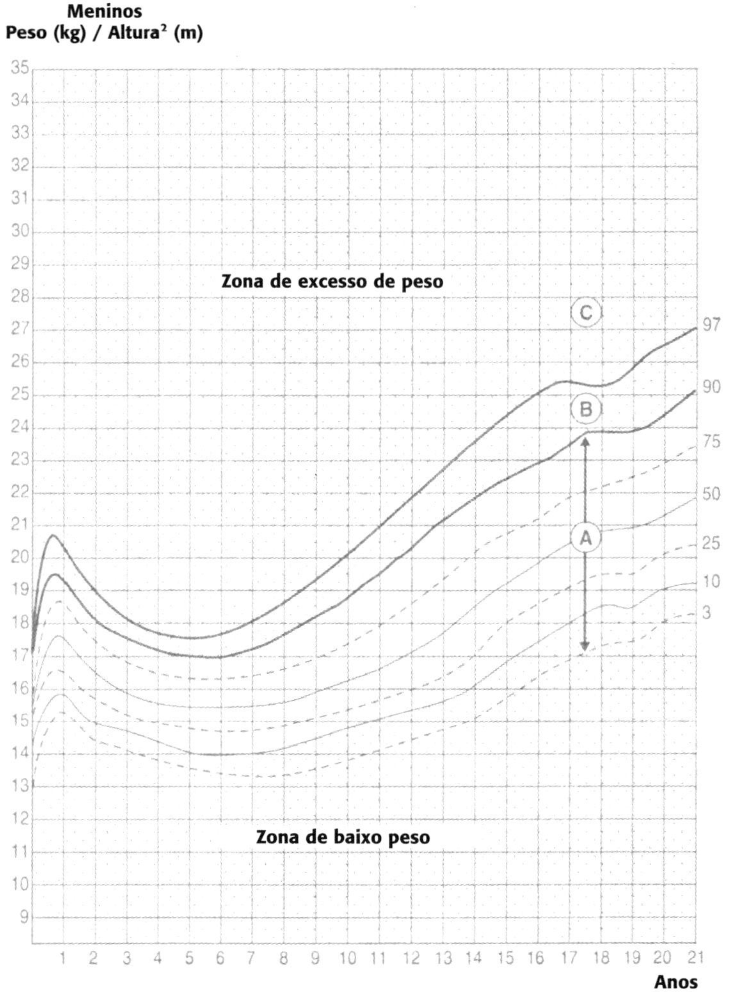

Curva de evolução do IMC nas meninas de um mês a 21 anos

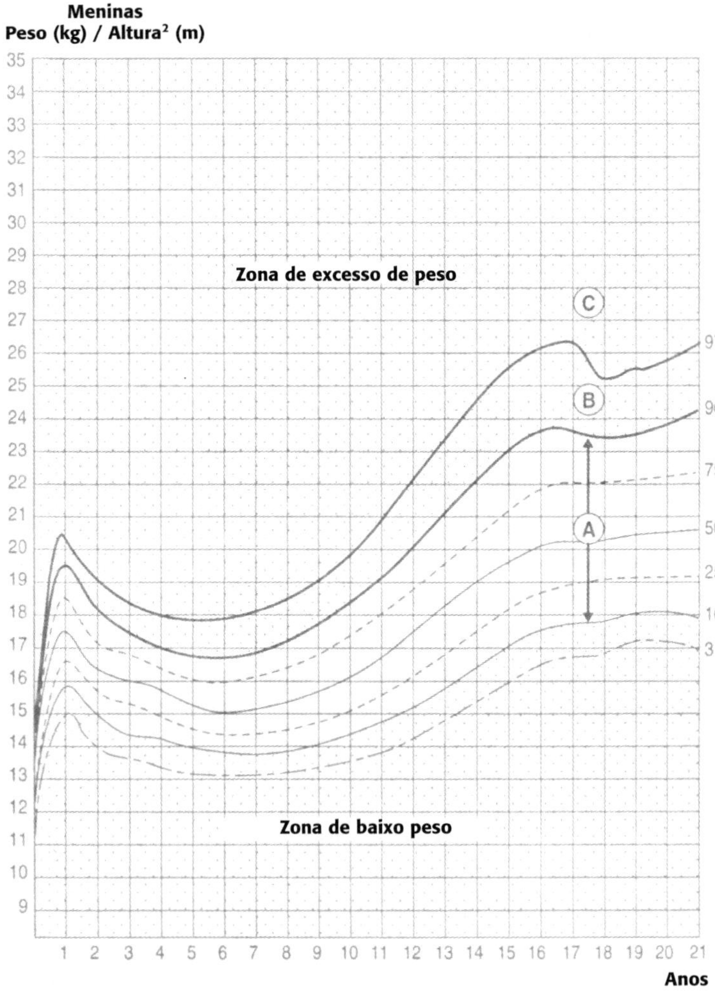

Como utilizar esses esquemas?

Marque no esquema correspondente ao sexo de sua criança o ponto em que se cruzam seu IMC (peso em quilos dividido pela altura em metros ao quadrado) e sua idade.

- **Se o ponto está na zona A:**

Sua criança tem IMC adequado. Continue a observar seu peso, altura e IMC pelo menos duas vezes por ano e anote os valores.

- **Se o ponto está na zona B:**

Sua criança está acima do peso e é bom começar a cuidar desde já, para evitar que se torne obesa. Consulte seu nutricionista ou pediatra. Não se trata necessariamente de emagrecer, mas de pelo menos agir de maneira que o peso da criança fique estável por algum tempo, enquanto ela continua a crescer.

- **Se o ponto está na zona C:**

Sua criança está obesa. É importante que este excesso de peso seja rapidamente cuidado, para evitar que o problema se agrave e apareçam complicações. Consulte seu nutricionista ou pediatra. Ele dará orientações sobre como alimentar sua criança e como aumentar a atividade física.

Como diagnosticar a obesidade da criança?

Na curva de evolução do IMC, você deve verificar qual a posição do ponto que corresponde ao IMC para a idade da criança em questão. Além disso, você deve seguir de perto a evolução dessa curva.

Ela ocorre normalmente em três fases:

- Constata-se um aumento do IMC no primeiro ano.
- Depois há uma diminuição até a idade de 6 anos (a criança cresce mais do que engorda).
- Enfim, há um novo aumento do IMC após essa segunda fase: é o "rebote da adiposidade".

Portanto, é importante anotar os dados e marcar a idade do rebote da adiposidade. Um rebote precoce, antes dos seis anos, pode ser sinal de uma obesidade posterior. Isso deve servir de alerta. Ao menor sinal de elevação da curva, consulte seu nutricionista ou pediatra: ele irá orientar você e sua criança quanto à necessidade de prevenção.

Por que os números atuais são inquietantes?

Segundo um estudo realizado na França (consulte informações sobre pesquisas realizadas no Brasil na página 335) em 2000, entre crianças de 2 a 17 anos (estudo ObEpi 2000), 11% dos meninos e 10,7% das meninas estão acima do peso, aos quais somam-se 2,3% de obesos entre os meninos e 2,5% entre as meninas.

Mas o que mais preocupa é o inexorável crescimento do excesso de peso e da obesidade entre as crianças, ao longo dos anos:

1965	3%
1980	6%
1990	10%
1995	13%
2000	13,3%
2001	16%

É importantíssimo interromper essa progressão se nossas sociedades não quiserem assistir, nos próximos anos, a uma parcela significativa da sua população constituída de adultos que sofrerão de problemas cardiovasculares e de diabetes.

Evidentemente, a França não é o único país a ser atingido. O fenômeno alcança todos os países. De fato, em dez anos, a obesidade infantil aumentou:

- 75% em Cingapura.
- 60% nos Estados Unidos.
- 53% no Japão.
- 21% a 65% na Grã-Bretanha (conforme o sexo e a idade).

89 Quais são as causas da obesidade infantil?

A genética tem algum influência nisso?

O papel da genética na obesidade infantil é inegável, mas não voltaremos a esse ponto, que já foi tema quando abordamos o adulto (ver pergunta de nº 21). A hereditariedade é importante, mas não é tudo, já que o patrimônio genético evolui bem lentamente, em dezenas de anos: não é uma explicação suficiente para justificar o rápido e constante aumento dos casos de obesidade!

Somos forçados a admitir, portanto, que os fatores ambientais são primordiais para compreender essa inquietante evolução.

A ingestão calórica aumentou?

Como acontece com os adultos, todas as pesquisas realizadas com a população francesa evidenciaram diminuição da ingestão calórica (menos 200 a 300 kcal em dez anos) e redução do consumo de gorduras! Entretanto, ao longo desse mesmo período, a freqüência da obesidade só aumentou... Constata-se, assim, na França, o mesmo fenômeno que atinge os Estados Unidos.

Os trabalhos de F. Bellisle e M.-F. Rolland-Cachera mostraram que, efetivamente, não há correlação direta entre a ingestão calórica e o IMC: os jovens que sofrem de obesidade ou de excesso de peso não são necessariamente mais comilões do que os demais.

As pesquisas de consumo são difíceis de serem realizadas porque crianças com excesso de peso têm mais dificuldade para avaliar o que

ALIMENTAÇÃO EQUILIBRADA

A DIETA INFANTIL

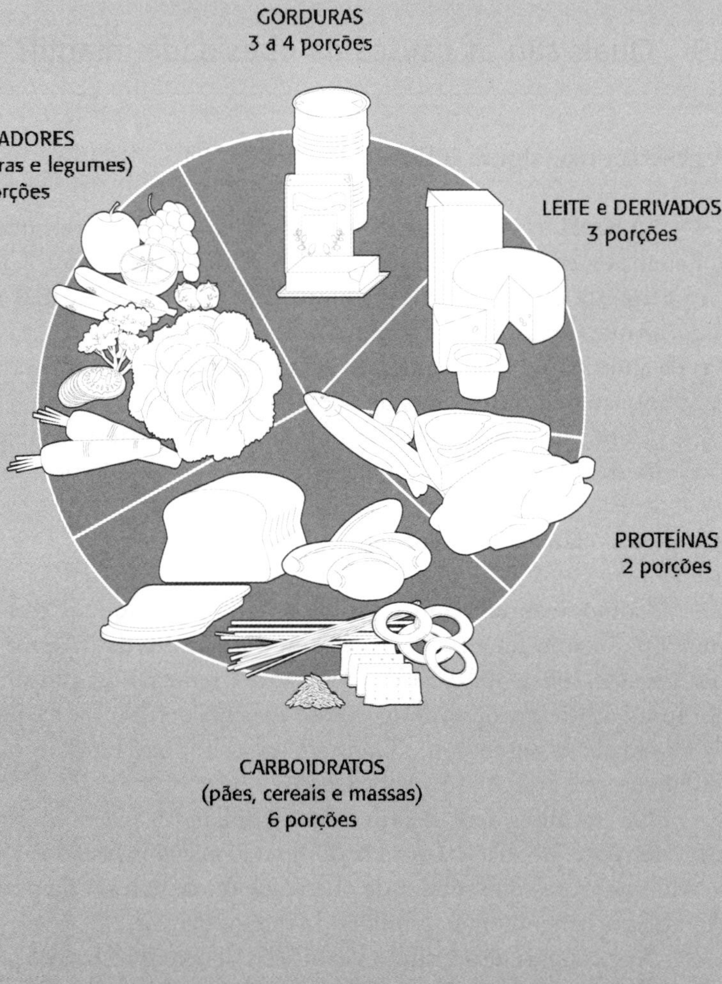

comem do que uma criança magra. Esta última lembra-se de 80% do que comeu, a criança acima do peso lembra-se de apenas 60%... Os balanços alimentares são, portanto, mais difíceis de serem estabelecidos entre crianças acima do peso ou obesas do que entre as outras crianças.

O sedentarismo tem tanta influência?

Se o aumento constante do número de franceses que sofrem de excesso de peso não pode ser imputado ao aumento da ingestão calórica, a causa só pode ser outro componente da balança energética: os gastos. Na verdade, a ingestão alimentar certamente diminuiu, mas os gastos energéticos diminuíram ainda mais!

Melhorias nas condições de vida de nossas sociedades (elevadores, escadas rolantes, transportes motorizados) levaram a um sedentarismo cada vez maior, com gastos físicos bem menores. Já foi comprovado que quanto mais carros uma família possuir, mais elevado é o IMC das suas crianças!

Uma das causas específicas para o excesso de peso da criança é o tempo que ela passa diante da televisão, dos *videogames* e da internet. Já se pode estabelecer uma correlação direta entre o número de horas dedicadas à televisão e o IMC: as crianças que assistem à telinha mais de cinco horas por dia têm 5,3 vezes mais riscos de serem obesas do que as que assistem apenas duas horas. Ainda mais se essas crianças dormem mais tarde do que as demais: a falta de sono, como foi visto, pode ser uma das causas do aumento de peso.

Por fim, outro fator agravante: quando assistem a programas que lhes são destinados, as crianças são bombardeadas por publicidades elogiando produtos que são, na maioria das vezes, deploráveis do ponto de vista nutricional e, portanto, capazes de promover ou agravar sua obesidade.

Qual é o papel dos nutrientes no equilíbrio alimentar?

Parece que, conforme a idade, as proporções de nutrientes indispensáveis variam. Quando ocorre diversificação alimentar, o excesso de proteínas e a insuficiência de lipídeos podem facilitar o aumento de peso. Posteriormente, é a alta ingestão de lipídeos que pode ser responsável por isso, sobretudo se a ingestão de carboidratos complexos for insuficiente.

Os produtos processados que consumimos em quantidade maior do que os produtos naturais têm densidade energética (número de calorias por unidade de peso) elevada. Eles também são mais gordurosos, então, as crianças apreciam ainda mais seu gosto, embora mesmo assim não proporcionem saciedade. Por isso, a criança não consegue satisfazer a sensação de fome consumindo apenas uma pequena quantidade. Logo, ela come mais. A criança é atraída, sobretudo, por alimentos cujo gosto é gorduroso e açucarado (barras de chocolate, biscoitos, tortas etc.). A hiperglicemia é deflagrada por esse grande consumo de açúcar, que aumenta em muito a taxa de insulina no sangue (hiperinsulinemia): é esse aumento que promove o estoque das gorduras que esses alimentos contêm. A pesquisa INCA 1998 (*Enquete Individuelle et Nationale sur les Consommations Alimentaires*) mostrou que, num período de quatro anos, o consumo de pães doces aumentou em 84%!

Atualmente, as crianças têm um hábito também perverso: o de consumir refrigerantes a toda hora. O organismo tem sua maneira de regular as entradas diárias, mas seu sistema de cálculo lida muito mal com o consumo de calorias vindo das bebidas açucaradas consumidas fora das refeições. Elas podem, então, tornar-se causa da obesidade.

O desequilíbrio das refeições tem alguma influência?

É bem provável que sim. Pode-se acusar especialmente:

- O café da manhã excessivamente leve, até inexistente, porque a criança não tem fome ou está atrasada para a escola.

- Os lanchinhos de doces ou de alimentos gorduroso-açucarados no recreio.
- O almoço desprezado porque não agrada.
- O lanche da tarde substituído por uma boquinha em frente à televisão, a qual só acaba na hora do jantar.
- O jantar freqüentemente exagerado, porque as outras refeições foram insuficientes.

Há outros fatores que favorecem a obesidade infantil?

Existem vários:

- O hiperinsulinemia ou o diabetes da mãe durante a gravidez.
- A alimentação muito gordurosa da mãe no final da gravidez; posteriormente, isso provoca na criança uma maior vulnerabilidade ao estresse (causa de obesidade).
- Baixo peso ao nascer ou, ao contrário, peso superior a quatro quilos.
- Aleitamento artificial.
- Atividade do bebê superior à normal, durante as mamadas (mais de 50% de sucção do que os demais).
- Os ácidos graxos poliinsaturados em ômega 6 (mais abundantes nas fórmula dos leites infantis do que no leite materno, o que induz a um aumento do número de células adiposas).
- Diversificação alimentar muito precoce, antes dos quatro meses de idade, acompanhada de excesso de proteínas e de farinhas.
- Baixo consumo de frutas.
- Eventuais distúrbios do comportamento alimentar, particularmente entre adolescentes.
- Puberdade das meninas, que é o período de crescimento da massa gorda.

90 Quais são as complicações da obesidade infantil?

A curto prazo

No caso de uma obesidade moderada, não há complicação maior. No entanto, em comparação com crianças mais magras, as crianças obesas apresentam pressão arterial mais alta e mais elevadas também as taxas de colesterol total, insulina e triglicerídeos, assim como a relação LDL/HDL (ver pergunta de nº 33).

As principais conseqüências da obesidade nessa idade são de ordem psicossocial: baixa auto-estima, transtornos de imagem corporal (sobretudo com a aproximação da adolescência), dificuldades de integração na escola. No adolescente, podem incidir distúrbios do comportamento alimentar (compulsão alimentar, anorexia-bulimia).

No caso de uma obesidade severa, freqüentemente pode-se constatar problemas ortopédicos [deformação dos joelhos, destruição (lise) da cabeça do fêmur], respiratórias (apnéias do sono), cutâneas (estrias roxas) e metabólicas (insulinorresistência, aumento dos lipídeos sangüíneos). Casos de diabetes tipo II cada vez mais freqüentes foram diagnosticados na Grã-Bretanha e nos Estados Unidos entre crianças com IMC entre 26 e 38.

Na França, o professor P. Tounian observou, inclusive, ao realizar ultra-sonografias de crianças vítimas de obesidade severa e com idade média de nove anos, lesões nas paredes das artérias carótidas, assim como uma falha na distensibilidade desses vasos. Casos de morte súbita sem explicação foram descritos entre crianças obesas nos Estados Unidos. Portanto, complicações graves, ainda que não evidentes, existem na criança obesa.

A longo prazo

Essas crianças poderão ter, na idade adulta, risco de mortalidade (sobretudo cardiovascular) de 50 a 80% superior do que o das outras pessoas. O risco será ainda maior para homens do que para mulheres.

A obesidade infantil igualmente aumenta o risco de aparecimento de asma na idade adulta. Por outro lado, a probabilidade de persistência da obesidade na idade adulta aumenta com a idade da criança: de 20 a 50% antes da puberdade, mas de 50 a 70% depois da puberdade.

91 Como a criança e o adolescente vivem seu excesso de peso?

Um adolescente, mesmo que não tenha problemas de peso, apresenta dificuldades em assumir seu "novo" corpo: na França, 75% das meninas e 43% dos meninos gostariam de mudar alguma coisa em seus corpos! 41% das meninas de 11 anos e 50% das de 15 anos querem perder peso.

Entre as adolescentes, 36,4% acham-se gordas, mas somente 19,6% estão realmente acima do peso (quer dizer, têm IMC superior a 24).

Nos Estados Unidos, 40% das meninas com idade de nove e dez anos esforçam-se para perder peso e essa tentativa já é feita por 20% das meninas de seis e sete anos!

Na França, aos 14 anos, uma em cada três adolescente já fez dieta (contra um em cada dez rapazes) e 80% pensam que precisarão fazer um dia (consulte informações sobre pesquisas realizadas no Brasil na página 335)!

Essa mania de fazer dieta preocupa os especialistas, porque há risco de efeitos nocivos:

- Aporte energético insuficiente, o que favorece o aparecimento de anomalias do ciclo menstrual.
- Risco de carência de proteínas, ferro, cálcio, magnésio, zinco.
- Maior recuperação do peso do que se não fosse feita uma dieta (o efeito sanfona).
- Distúrbios do comportamento alimentar: anorexia e/ou bulimia.

Tantas razões deveriam incitar os pais à vigilância. Infelizmente, as mães de inúmeras jovens dão mau exemplo, já que elas próprias vivem em dieta o ano inteiro!

As crianças que simplesmente estão um pouco acima do peso não têm mais problemas psicológicos do que as demais. Em contrapartida, a criança obesa é objeto da estigmatização que conduz a um verdadeiro círculo vicioso. Risos e troças servem-lhe de máscara e permitem que tente integrar-se, apesar das zombarias. Ouvindo gozações de seus colegas, sofre e isola-se. Quanto mais a criança é excluída, mais ela se menospreza e mais adota comportamentos alimentares compensatórios (comer demais ou fazer boquinhas). A discriminação de que é vítima vem tanto dos colegas da sua idade quanto dos adultos.

Todos devem compreender que é preciso romper a solidão da criança obesa e interromper a segregação de que ela é vítima. Mas é preciso também saber detectar a angústia escondida atrás da máscara de criança obstinadamente feliz.

92 O que fazer para prevenir a obesidade infantil?

Os resultados atuais dos tratamentos da obesidade são um pouco decepcionantes.

De fato, um dos últimos estudos realizados para o emagrecimento de um grupo de adolescentes obesos apresentou os seguintes resultados:

- 17% alcançaram IMC normal.
- 33% passaram da obesidade ao simples sobrepeso.
- 50% permaneceram obesos.

Portanto, ficou claro que, apesar das orientações alimentares e do reforço dos exercícios físicos, o atendimento clínico continua difícil. A solução, então, não passa prioritariamente pelo tratamento e, sim, pela prevenção da obesidade – logo, pela sensibilização dos pais, dos educadores e dos médicos para o problema.

Sob essa ótica, as principais recomendações, formuladas por um grupo de médicos especialistas no assunto, para prevenir a obesidade infantil são:

- Seguir atentamente a evolução da curva do desenvolvimento da criança e vigiar a idade do rebote de adiposidade.
- Observar as crianças obesas e assegurar-lhes cuidados o mais cedo possível (aos quatro anos, 50% das crianças estão acima do peso, mas somente 5% delas são conduzidas à consulta).
- Promover o aleitamento materno.
- Aperfeiçoar o acréscimo de ácidos graxos dos leites da primeira idade.
- Exercer controle rigoroso sobre as mensagens publicitárias dos produtos alimentares com alta densidade calórica e exigir uma descrição compreensível dos componentes dos produtos em seus respectivos rótulos.
- Assegurar a educação nutricional na escola.
- Equilibrar a alimentação evitando os lanchinhos, especialmente com produtos gordurosos e açucarados, que devem ser substituídos por frutas.
- Ensinar as crianças a tornarem-se consumidores esclarecidos e críticos.
- Combater o sedentarismo (televisão, videocassete etc.) e estimular o esporte na escola e em família, mas também a atividade física no dia-a-dia.

- Lutar contra a estigmatização da criança obesa.
- Desenvolver pesquisas sobre a epidemiologia da obesidade (fatores de aparecimento, freqüência, distribuição na população, evolução, meios para sua prevenção), sobre aprendizado do gosto, o comportamento alimentar, o estresse, o tecido adiposo e sobre os sinais na gravidez que permitem prever a obesidade e o impacto dos fatores que intervêm durante a vida fetal e a primeira infância.

93 A criança deve fazer dieta de restrição calórica?

Claro que não! O organismo da criança está em pleno crescimento e o adolescente vai sofrer profundas mutações corporais: nada de instituir, nesse período da vida, uma dieta hipocalórica, que será origem de racionamentos e até de deficiências.

Você deve dar uma boa educação nutricional a seu filho, para que ele se alimente melhor sem, com isso, diminuir seus aportes.

Dê conselhos positivos em vez de ditar proibições ou satanizar certos alimentos...

Não existem alimentos proibidos e outros permitidos. Ao contrário, trata-se de ensinar às crianças como fazer combinações com alimentos de alta densidade calórica e, particularmente, com alimentos gorduroso-açucarados ou açucarados (refrigerantes). Elas podem consumi-los, mas episodicamente e em quantidades razoáveis, sabendo dosar os excessos.

Atenção especial deve ser dada aos consumos alimentares realizados fora das refeições e, sobretudo, diante da televisão. É preciso evitar o desequilíbrio alimentar (pular refeição) ou as eternas boquinhas feitas no lugar da refeição com hora certa, sentado à mesa, com calma e sem televisão. Devemos cuidar para que a merenda escolar seja de boa qualidade e evitar que as crianças comam pouco ou mal ao meio-dia. A obesidade cresce mais rapidamente, como vimos, também entre os adultos e entre a população carente.

Se sua criança está acima do peso – e mesmo que não esteja! –, a primeira coisa a fazer é voltar a uma alimentação equilibrada, distribuída em quatro refeições, com porções adequadas à criança. Tudo o que for consumido deverá ser, assim como no caso dos adultos, anotado num diário alimentar examinado a cada consulta.

Deve-se também conseguir que as refeições sejam variadas e com vasta escolha de alimentos, a fim de aumentar progressivamente a parcela de frutas e legumes (ricos em antioxidantes que protegem as artérias) que ela consome. Felizmente, a repulsa que as crianças demonstram em relação a certos pratos geralmente desaparece lá pelos sete anos de idade.

Por fim, inicie suas refeições pelos alimentos que provocam maior saciedade: sopas, legumes, feculentos. Dessa maneira, a criança vai saciar-se mais rapidamente.

Em muitos casos, é mais importante fazer a criança manter o peso enquanto sua altura aumenta do que fazê-la emagrecer.

As opções para a dieta que compõem suas refeições devem ser feitas à base de uma alimentação equilibrada, mas não devem induzir nem à fadiga, nem à fome, nem à frustração. Devem, sim, fornecer ao organismo da criança os nutrientes necessários a seu crescimento.

Por outro lado, nenhum medicamento deve ser prescrito à criança ou ao adolescente.

Uma vez que a criança tenha voltado a um IMC considerado normal (IMC inferior a 25), surge o problema da manutenção do peso. No adolescente, manter ou não o emagrecimento depende diretamente da maneira como ele percebe seu corpo "gordo" e seu corpo em mutação, da intensidade de seu investimento e dos valores que projeta. Se a carga afetiva investida nas antigas formas arredondadas for muito importante, a perda de peso poderá ser muito mal vivida e levar à depressão nervosa ou a uma recaída com retorno ao "casulo" da obesidade protetora.

Por fim, só é possível manter o peso se a criança continuar a ter uma atividade física regular e aprender a modificar seus hábitos alimentares, se ela escutar melhor seu próprio corpo e souber diferenciar fome de apetite.

94 Qual o papel das bebidas?

As únicas bebidas indispensáveis para a criança são a água e, quando pequeno, o leite (o qual, aliás, pode ser consumido ainda muito tempo depois em razão de seu aporte de cálcio).

Sempre deve-se preferir a fruta, com sua polpa (fonte de fibras solúveis) ao suco de fruta. A não ser que sejam sucos de fruta prensada ou sucos 100% puros, feitos da própria fruta, já que fornecem vitaminas e não têm adição de açúcar, portanto, têm pouca influência sobre o peso, mesmo satisfazendo o desejo de doce.

O café e o chá não têm nem valor calórico nem interesse nutricional. Se não for acrescentado açúcar, eles não serão nocivos ao peso da criança; contudo, um consumo exagerado de cafeína ou de teína é desaconselhável nessa idade.

O chocolate em pó não-adoçado e desengordurado constitui, com leite semidesnatado (que fornece os lipídeos necessários à criança) uma boa bebida para o café da manhã e o lanche.

As bebidas verdadeiramente problemáticas são aquelas que irromperam no universo das crianças e dos adolescentes há algumas décadas: os refrigerantes e outras bebidas muito açucaradas que são normalmente consumidas às refeições e fora delas. Saiba que um litro e meio de uma bebida cola contém cerca de 35 colheres de chá de açúcar! O que é, no mínimo, inquietante, ainda mais porque quando essas bebidas são ingeridas fora das refeições seu aporte calórico não é levado em conta pelo organismo, que, então, não diminui o consumo alimentar na refeição seguinte. Seu aporte calórico soma-se, portanto, a tudo o que é consumido paralelamente, durante ou fora das refeições.

Entre adolescentes, surge ainda um outro problema, cujas conseqüências são ainda mais graves (consulte informações sobre pesquisas realizadas no Brasil na página 335). É o consumo de bebidas alcoólicas:

- Em 1998, uma pesquisa do *Comitê d'Education Français pour la Santé – CEFS* (Comitê Francês de Educação para a Saúde) revelou que 25% dos rapazes e 12,5% das moças ingerem álcool pelo menos uma vez por semana. Entre os rapazes, 37,5% deles já estiveram bêbados dos 15 aos 16 anos de idade e 68,% dos 18 aos 19 anos.
- Em 1999, uma sondagem do IFOP (instituto francês de pesquisa de opinião) perguntou: "Você se embebedou no último mês?". A resposta: 21% dos rapazes e 11% das moças disseram que sim.

Além dos riscos que se associam ao álcool – violência, acidentes, tentativas de suicídio, relações sexuais impostas e alcoolismo –, ele contém 7 kcal por grama. Cada copo de bebida alcoólica contém cerca de 10 gramas de álcool, ou seja, um total de 70 kcal. Beber álcool até ficar bêbado, o que muitos adolescentes fazem freqüentemente no final de semana, traz um aporte calórico significativo, o qual não é utilizado pelos músculos, transformando-se e acumulando-se sob a forma de gordura. Esses comportamentos de risco também podem causar excesso de peso. Até mesmo porque numerosas bebidas servidas nas casas noturnas associam açúcar e álcool.

95 Qual a importância da atividade física?

É óbvio que ela permanece fundamental, ainda mais porque as quantidades nutricionais diárias recomendados para a pessoa obesa são hoje calculadas em função do nível de atividade física da pessoa em questão (ver pergunta de nº 20). Não se deve, absolutamente, dispensar da ginástica a criança com excesso de peso: ela deve praticar, de acordo com suas possibilidades, as mesmas atividades que seus colegas de turma.

Seria importante integrar, ao horário escolar, mais aulas de esportes do que existem hoje, além de providenciar fora da escola lugares onde as crianças possam jogar à noite e nos dias de folga. Isso vale para todas as crianças.

O mesmo vale para o adulto (ver pergunta de nº 77): as atividades esportivas que exigem resistência devem ser privilegiadas (bicicleta, patinação, natação, *jogging*, caminhadas, remo). Para aproveitar ao máximo, deve-se praticá-las atingindo 50 ou 60% da intensidade máxima de esforço de que se é capaz. Para tanto, na vida cotidiana, não se deve desprezar nenhuma ocasião para a criança aumentar sua atividade física: ir a pé para a escola, usar escadas, sair para passear com o cachorro, fazer jardinagem, ajudar nas tarefas domésticas ou em outras diferentes tarefas etc.

Para a criança que começa um esporte, o ideal é que vocês, pais, pratiquem a mesma atividade que ela ou assistam a suas aulas, para motivá-la. Saibam que há menos obesos entre os filhos de pais ativos: 70% das crianças que praticam um esporte fora da escola têm pelo menos um dos pais atleta, enquanto que esse número cai para 15% entre os pais de crianças obesas.

Os estudantes que fazem educação física, independentemente de idade ou sexo, têm um gasto energético acrescido já que, façam o que fizerem, eles queimam mais calorias do que os não-esportistas. A razão está no aumento do seu metabolismo basal: para um IMC idêntico, os mais atléticos têm massa muscular superior à das crianças não-esportistas da mesma idade (em média mais seis quilos de músculos para os meninos e mais 2,5 quilos para as meninas).

Além disso, o treinamento facilita a mobilização das gorduras e melhora sua utilização como combustível pelos músculos. As crianças (muito) esportistas estão menos sujeitas, portanto, aos riscos de apresentar uma obesidade do que as demais.

Contudo, na criança ou no adolescente com IMC adequado, o esporte praticado em nível competitivo pode trazer efeitos negativos, induzindo a uma restrição cognitiva (pode-se constatar, por exemplo, durante um estudo com um grupo de ginastas que, ao longo de um ano, 38,5% tinham se submetido a uma dieta contra 18% do grupo de controle), origem de distúrbios do comportamento alimentar, especialmente entre bailarinas, ginastas, patinadoras e praticantes de esportes que têm categorias com base no peso (como o judô).

Uma última observação: entre as crianças que estão acima do peso, não se deve avaliar o resultado da atividade física e do esporte apenas em razão da evolução do peso, mas acompanhar igualmente – e principalmente — a diminuição da massa gorda (por meio da impedanciometria) e das taxas de lipídeos no sangue (caso elas estejam altas no início).

11% dos chinesinhos de Xangai são obesos. Suas famílias não hesitam em pagar o equivalente a uma semana de salário de um funcionário para enviar, por sete dias, seus filhos a colônias de férias chamadas "acampamentos de sofrimento", onde são induzidos a suar "sangue e água"...

---

96 É necessário um atendimento psicológico?

Não é algo sistemático, mas pode mostrar-se indispensável em caso de não-adesão da criança à alimentação proposta ou se os resultados forem insuficientes. Pode-se optar entre diversas formas de acompanhamento terapêutico:

- Psicoterapia de apoio: visa implementar a motivação e melhorar a adesão às orientações alimentares. Essa forma de psicoterapia exige consultas regulares. Destina-se à criança e a seus pais (em particular à mãe). No contexto do balanço inicial, o terapeuta muitas vezes efetuará um teste de personalidade como o Roschach (teste durante o qual a criança comenta pranchas de manchas coloridas que lhe são apresentadas).

- Técnicas cognitivas e comportamentais: baseiam-se na hipótese de uma excessiva sensibilidade da criança à disponibilidade de produtos alimentares, à sua diversidade e a seu gosto agradável, o que levaria a um consumo exagerado. Após análise detalhada dos conhecimentos e comportamentos da criança, são postos em prática um autocontrole baseado num questionário alimentar e um controle das estimulações alimentares, que são desviadas para atividades gratificantes pouco ou nada comparáveis com o ato de comer (as quais ocupam prazerosamente a criança que a pratica, fazendo com que ela não coma tanto ou desvie sua atenção para uma atividade mais cativante).
- Técnicas familiares: podem ser motivadas porque a família não se mostrou interessada na perda de peso da criança ou esta resistiu à mudança de hábitos alimentares, ou, ainda, porque a criança ou outros membros da família sofreu de evidentes distúrbios de comportamento alimentar.
- Psicoterapias analíticas: seu objetivo é fazer brotar conflitos do inconsciente, dos quais a obesidade é apenas uma expressão. Elas só podem ser realizadas quando a criança é suficientemente crescida para exprimir-se livremente.

97 Que papel desempenha a família?

O papel da família é obviamente essencial. A criança deve sentir que tem apoio, ajuda, mas também que é responsabilizada. As intervenções dos pais devem ser positivas e não repressivas.

Se o peso da criança realmente exigir que se empreenda um esforço para emagrecer, é preciso garantir, assim que a idade permita, sua própria cooperação, após tê-la convencido das razões para este esforço e da necessidade de perder peso. Quase sempre os pais estão ausentes na hora do almoço e do lanche, mas é inútil controlar e reduzir drasticamente os aportes do café da manhã e do jantar simplesmente porque aí sim estão presentes para vigiar! A criança, então, transgredirá sistematicamente as regras estabelecidas pelos pais durante a refeição na escola ou no lanche ou, ainda, vai fazer boquinhas entre as refeições.

Um longo estudo realizado com a população de duas cidades do norte da França, Fleurbaix e Laventie, mostrou que as crianças que receberam uma educação nutricional na escola são capazes de transmitir a seus pais as mensagens nutricionais adequadas que aprenderam. Pode-se, então, efetuar uma mudança progressiva do hábito alimentar familiar, o que melhora o IMC e o estado de saúde de toda a família, quaisquer que sejam as idades de seus membros.

Por fim, se a criança apresenta distúrbios do comportamento alimentar relacionados a conflitos familiares, uma terapia de família será necessária.

98 É preciso separar a criança da família?

Essa solução é, às vezes, útil quando falta apoio familiar (refeições inalteradas) ou em caso de problemas familiares graves (que podem ser o ponto de partida da obesidade da criança).

Nesses casos, existem internatos especializados, onde a criança permanece alguns meses, ou até um ano escolar, para seguir uma terapia de grupo que associe a alimentação adaptada a noções sobre dietas e culinária equilibrada, à retomada da atividade física e esportiva e ao prosseguimento da escolaridade normal.

99 Que tipo de educação nutricional a escola deve promover?

Seria necessário:

- Desenvolver programas práticos de educação nutricional, que sejam lúdicos e interativos – quem sabe, por exemplo, sob forma de *softwares* atraentes.
- Integrar a história da alimentação e dos costumes culinários ao ensino de Literatura e de História.
- Desenvolver o estudo da nutrição nos cursos de Ciências.
- Instaurar cursos de culinária nas escolas.
- Instituir oficinas de nutrição.
- Envolver ainda mais os médicos na informação nutricional.
- Reconhecer a função educadora das lanchonetes da escola e melhorá-las, em colaboração com nutricionistas.
- Formar as crianças para torná-las consumidores informados e críticos.
- Regulamentar a propaganda nutricional das indústrias de agroalimentação nos estabelecimentos de ensino e nos clubes esportivos e estabelecer, em conjunto com o Ministério da Educação, um código de boa conduta.
- Proibir máquinas de alimentos e de bebidas nas escolas.

100 Quem deve ser envolvido nesse esforço?

Inúmeras pessoas devem engajar-se não somente no tratamento da obesidade infantil (ou do adulto), mas sobretudo na sua prevenção. É o que faz o *Programme Nationale Nutrition Santé* – PNNS (Programa Nacional de Nutrição para a Saúde), da França, que mobiliza:

- Pais
- Professores
- Educadores
- Assistentes sociais
- Nutricionistas
- Clínicos gerais
- Pediatras
- Médicos nutrólogos
- Psiquiatras e psicoterapeutas
- Médicos do trabalho
- Médicos dos conselhos das seguradoras de saúde.
- Pesquisadores.
- A população como um todo.

Todos devem sentir-se motivados e preocupados com a obesidade, que se tornou um drama humano atual e futuro, um problema prioritário de saúde pública.

Podemos constatar, em resumo, que o mundo vive em pleno paradoxo: algumas populações perecem por falta de comida suficiente, outras tornam-se doentes como conseqüência de abusos praticados à mesa ou por não saber alimentar-se criteriosamente.

A obesidade, que, no início, exigia simples cuidados estéticos dentro de uma sociedade voltada para a "aparência", tornou-se uma verdadeira "doença da civilização", a qual, aliás, chamaríamos melhor de "doença da decadência", já que suas complicações (afecções cardiovasculares, diabetes, câncer) dizimam as populações e não somente nos países ricos.

Essa calamidade, que já se tornou um problema real de saúde pública, exige dos diferentes atores da sociedade uma rápida tomada de consciência, sem a qual não se poderá impedir que essa "pandemia", tão cara às vidas humanas, venha no futuro pesar ainda mais no orçamento já bastante debilitado da Previdência Social.

A longevidade global, seja dos franceses seja dos brasileiros, vem aumentando. Para aproveitar convenientemente essa prorrogação do tempo de vida, porém, é preciso não deteriorar a própria qualidade da vida que se leva, com prejuízos físicos ou intelectuais. O médico não deve mais contentar-se em alongar ou prolongar a existência de seus pacientes com tratamentos, mas deve potencializar o capital humano e interessar-se tanto pela saúde como pela doença. Isso exige uma verdadeira estratégia de prevenção, que se mostrará inevitavelmente rentável em todos os planos.

Brillat-Savarin escreveu na sua *Fisiologia do gosto*: "O animal alimenta-se, o homem come, só o homem de espírito sabe comer".

Meu desejo, com esta obra, é fazer dos leitores "homens e mulheres de espírito" e não comedores desorientados ou consumidores subservientes.

Informações sobre algumas pesquisas realizadas no Brasil*

Pesquisa sobre a aumento de peso da população.

Dados comparativos de dois inquéritos nacionais ENDEF, em 1975, e PNSN, em 1989, sobre aumento de peso da população, revelaram acréscimo de 56,3% nos homens e 39,7% nas mulheres em relação ao sobrepeso; e de 92,0% nos homens e 69,6% nas mulheres para a obesidade.

Entre 1974 e 1989, a proporção de pessoas com excesso de peso aumentou de 21% para 32%. Dentre as regiões do país, o Sul apresenta as maiores prevalências de obesidade, sendo essas semelhantes e, até mesmo superiores, a países desenvolvidos. A evolução da ocorrência de obesidade nesse período, em relação ao sexo, dobrou entre os homens (de 2,4% para 4,8%), enquanto que entre a população feminina o aumento da obesidade também foi significativo (7% para 12%). Os determinantes da maior freqüência de obesidade entre as mulheres são ainda desconhecidos.

(GIGANTE, Denise P. et al. "Prevalência de obesidade em adultos e seus fatores de risco". *Rev. Saúde Pública*, jun 1997, vol.31, n. 3, p.236-246).

Pesquisa sobre a à relação tabagismo e obesidade

Estudo realizado pelo setor de Psicologia do Hospital do Coração (HCor), de São Paulo, em 2002, constatou que mulheres fumantes não abandonam o vício por medo de engordar. O estudo foi realizado com um grupo de aproximadamente 100 pacientes com idade entre 27 e 72 anos que passaram por tratamento para parar de fumar. O medo de engordar na abstinência é um obstáculo para 90% das mulheres na hora de deixar de fumar.

***Fonte:** consultoras Tânia Rodrigues e Heloísa Guarita.

Estudos do Ambulatório de Tabagismo do Instituto do Coração do Hospital das Clínicas, em São Paulo, indicam que o ex-fumante engorda, normalmente, de dois a três quilos nos primeiros meses. Pode chegar a seis quilos no primeiro ano e a dez quilos em cinco anos.

Pesquisa sobre a atividade física e sedentarismo

A Secretaria de Saúde do Estado de São Paulo solicitou ao Centro de Estudos do Laboratório de Aptidão Física de São Caetano do Sul (Celafiscs) que desenvolvesse um programa para promover saúde através da atividade física. A iniciativa teve apoio do *Center for Disease Control*, dos Estados Unidos; do *Health Education Authority*, da Inglaterra e do *Institute for Aerobic Research*, de Dallas, Texas.

O programa "Agita São Paulo" foi lançado em dezembro de 1996 com dois objetivos básicos: incrementar o conhecimento da população sobre os benefícios da atividade física e aumentar o envolvimento da população com a atividade física. Sua proposta básica visava elevar a atividade física de cada pessoa, incentivando-as a praticar 30 minutos de atividade física por dia, na maior parte dos dias da semana (se possível todos), fazendo três sessões de 10 minutos ou duas de 15 minutos. Podem ser atividades físicas moderadas, realizadas de forma contínua ou acumulada.

Um estudo realizado no Celafiscs, em 2002, avaliou o nível de atividade física (NAF) da população do estado de São Paulo. Foram entrevistados 2001 indivíduos de 14 a 77 anos de idade (953 sexo masculino e 1.048 do feminino), em julho de 2002.

Considerados insuficientemente ativos (sedentário e irregularmente ativo) compreenderam 45,5% dos homens, 47,3% das mulheres e 46,5% da amostra total. A prevalência de sedentários alcançou 9,7% entre homens, 8,0 entre as mulheres e 8,8% do grupo todo.

Os resultados demonstraram similaridade entre os gêneros, sendo que 54,5% e 52,7% de homens e mulheres foram considerados ativos e muito ativos, respectivamente. Quando analisados por região, as pessoas do litoral foram consideradas mais ativas (66,5%) que as do interior (53,4%) e as da área metropolitana (39,4%). A porcentagem de indivíduos ativos foi maior entre aqueles que conheciam o programa Agita São Paulo (54,2%) do que entre aqueles não conheciam o programa (31,9%).

A conclusão do estudo foi a seguinte: a prevalência de sedentarismo ainda é alta e deve ser prevenida por meio de campanhas populacionais com abordagens modernas.

Pesquisa sobre a percepção de mulheres em relação à própria imagem

Realizada pelo Instituto Jaime Troiano, a pesquisa sobre a imagem que as mulheres têm de si mesmas, quando apresentam idade entre 20 e 45 anos, das classes A e B de São Paulo, verificou o seguinte: de cada dez entrevistadas, nove declaram-se profundamente insatisfeitas com o próprio corpo.

"Se a senhora pudesse mudar alguma coisa em sua aparência, o que mudaria?", quiseram saber os pesquisadores. Mais da metade delas gostaria de bater os olhos no espelho e encontrar uma imagem bem mais esguia do que a real. Quase 60% das entrevistadas alegaram fazer dieta para perder peso, uma em cada quatro submete-se a tratamentos médicos para emagrecer, muitos deles à base de anfetaminas. Uma em cada cinco entrevistadas disse já se ter submetido a intervenções cirúrgicas na forma de plásticas ou lipoaspirações.

Pesquisa relacionada à cirurgia de estômago

De acordo com os dados coletados pelo Instituto Garrido (Centro médico paulistano especializado em cirurgia de redução do estômago), 8% dos pacientes operados não atingem a taxa de sucesso, que é 30% de perda de peso total dentro de um ano. Já aqueles que têm resultados satisfatórios, ficam em torno de 10%.

Pesquisa sobre obesidade no Brasil

No Brasil, a obesidade tem índice cada vez maior atingindo atualmente cerca de 70 milhões de brasileiros (40% da população). No entanto, de acordo com a Abeso (Associação Brasileira para a o Estudo da Obesidade), esse aumento deve-se principalmente ao numero cada vez mais elevado de aportes calóricos proveniente de um maior consumo de gorduras. Segundo a Organização Pan-Americana de Saúde (OPAS), a obesidade aumentou 40% nas crianças e adolescentes do Brasil em apenas duas décadas.

Pesquisa sobre peso e gestantes

No Brasil, a revisão realizada por Vannucchi *et al.* (1992), e posteriormente por Szarfarc *et al.* (1995), mostraram que as prevalências de anemia em gestantes, embora muito diferentes nas diversas regiões do país e nas diferentes décadas, são muito elevadas (28 a 38% na década de 1970; 14 a 65% na década de 1980 e 29 a 52% na década de 1990), constituindo uma das mais importantes deficiências nutricionais, ao lado da desnutrição protéico-energética (Batista Filho & Ferreira, 1996).

Pesquisa sobre obesidade em crianças

O crescimento da obesidade de crianças brasileiras é proporcional ao dos Estados Unidos, embora o número de crianças com sobrepeso ainda seja bem menor. Um estudo divulgado pelo *Jornal Americano de Clínica Nutricional* revelou que os índices de sobrepeso e obesidade infantil no país triplicaram nas últimas três décadas.

A pesquisa foi coordenada pelo professor Carlos Augusto Monteiro, do Departamento de Nutrição da Faculdade de Saúde Pública da Universidade de São Paulo (USP), em parceria com Youfa Wang, da Universidade da Carolina do Norte, nos Estados Unidos. Os pesquisadores analisaram os índices de obesidade nos quatro países mais populosos do mundo: Estados Unidos, Rússia, China e Brasil. Por aqui, foram comparados dados do IBGE (Instituto Brasileiro de Geografia e Estatística) de 1975 e 1997. O percentual de crianças com peso excessivo durante esse período passou de 4,1% para 13,9%.

A pesquisa considerou crianças entre seis e nove anos e adolescentes de dez a 18 anos. Nos Estados Unidos o índice pulou de 15, 4% para 25,6% e na China de 6,6% para 7,7%. O único país em que se verificou queda foi a Rússia (15,6% para 9%). As mudanças nos hábitos alimentares e sedentarismo justificam o crescimento nos índices de obesidade no país.

Outra pesquisa, desta vez realizada apenas no Brasil, na cidade do Rio de Janeiro, com uma amostra de sete mil crianças entre seis e 15 anos, encontrou-se 38% de obesos.

Pesquisa sobre o peso dos adolescentes

No Brasil, a PNSN (Pesquisa Nacional de Saúde e Nutrição), de 1989, mostrou que entre os adolescentes a prevalência de sobrepeso é importante, sendo que meninas moradoras na região Sul do país e com renda familiar *per capita* acima de 2,2 salários mínimos apresentavam índice de massa corporal (IMC) maior do que o das meninas americanas avaliadas pelo NHANES (*Second National Health and Nutrition Examination Survey*.

Pesquisa relacionada a adolescentes e consumo de álcool

De acordo com o Cebrid (Centro Brasileiro de Informação sobre Drogas), o consumo freqüente de álcool (de pelo menos 20 dias por mês) entre adolescentes de 10 a 12 anos, em 1997, era de 8,4%; de 13 a 15 anos, de 37, 4% e de 16 a 18 anos de 36,4%. Além disso, o primeiro contato com a bebida ocorre, em média, aos 11 anos de idade. De acordo com pesquisas realizadas pelo Cebrid, 35% de jovens entre 12 e 17 anos já consumiram álcool.

APÊNDICE

Guia prático

Glossário

ACIDENTES CARDIOVASCULARES. Inflamações das paredes interiores das artérias e veias (endotélio) que podem obstruir a passagem da corrente sanguínea, causando enfarte do miocárdio, acidente vascular cerebral (derrame) e doença arterial periférica.

ACIDENTE VASCULAR CEREBRAL (AVC). Derrame cerebral. É provocado por obstrução (trombose ou embolia) ou rompimento de vasos cerebrais, causando isquemia ou hemorragia. Caracteriza-se por alterações da consciência, paralisias e problemas hemorrágicos.

ÁCIDOS GRAXOS (MONOINSATURADOS/ POLIINSATURADOS). Gorduras presentes nos alimentos, divididas em dois grupos: ácido linolêico (ou ômega-6) e ácido linolênico (ou ômega-3).

AÇÚCARES COMPLEXOS. Carboidratos formados por mais de três moléculas de glicose (cadeia longa), o que determina uma absorção mais lenta quando ingeridos.

AÇÚCARES SIMPLES. Carboidratos compostos de uma ou duas moléculas, são açúcares de absorção rápida, como, por exemplo, a glicose ou açúcar de mesa.

ADIPÓCITOS. Células que armazenam gorduras; células adiposas.

AET. Sigla de aportes alimentares totais

ALCOOLISMO. Uso abusivo ou nocivo de álcool que leva a uma série de problemas de saúde.

ALDOSTERONA. Hormônio que ajuda a reter água.

ALIMENTOS FECULENTOS. Vegetais à base de amido como batata, mandioca, cara e inhame.

ALIMENTOS FUNCIONAIS. Alimentos que apresentam em sua composição substâncias não classificadas como nutrientes, mas com grande potencial antioxidante, anticancerígeno ou de alguma forma benéficos à saúde.

AMANTEIGADOS. Biscoitos, bolachas e bolos à base de manteiga.

AMENORRÉIA. Ausência de menstruação.

AMINOÁCIDOS. Elementos básicos da composição das proteínas.

ANOMALIAS DE FUNCIONAMENTO CORPORAL. Excesso ou insuficiência de secreções hormonais ou de mediadores químicos.

ANOREXIA NERVOSA. Transtorno do comportamento alimentar caracterizado por uma avaliação equivocada da própria imagem corporal. Medo exagerado de engordar e uma recusa persistente em se alimentar.

ANSIOLÍTICO. Medicamento utilizado para tratar a ansiedade.

APNÉIAS DO SONO. Interrupção da respiração durante o sono e que geralmente acomete quem sofre de obesidade. As apnéias representam um perigo para a saúde, principalmente quando são freqüentes.

APORTES CALÓRICOS (INGESTÃO). Quantidade ingerida de calorias provenientes dos alimentos.

ARTROSE. Enfermidade não inflamatória de uma articulação e que pode levar a dificuldade de movimentação.

ATEROMA. Placa fibrolipídica circunscrita, que se deposita na parte interna da parede de uma artéria, podendo induzir um risco vascular.

AUTOMEDICAÇÃO (AUTOPRESCRIÇÃO). Medicar-se por conta própria, sem prescrição médica.

BIORRITMO. Ciclos biológicos (físico, emocional e intelectual) do ser humano.

BULIMIA. Comportamento que se caracteriza por episódios recorrentes de ingestão de grandes quantidades de alimentos em curto período de tempo, seguidos por estratégias inadequadas para evitar o aumento de peso, como auto-indução ao vômito, uso de laxantes e diuréticos e prática de exercícios vigorosos (comportamentos compensatórios).

CARBOHYDRATE CRAVING. Transtorno alimentar caracterizado pela carência de serotonina cerebral, que provoca alterações do humor associadas a desejos ou necessidades urgentes de ingerir doces e salgados de forma compulsiva.

CELULITE ADIPOSA. Ocorre quando as células adiposas crescem e têm seu funcionamento perturbado. A gordura mole é abundante.

CELULITE ENDURECIDA. Ocorre quando os tecidos tornam-se fibrosos, quer dizer, endurecem.

CELULITE INFILTRADA. Ocorre quando distúrbios circulatórios venosos e linfáticos predominam.

CORPOS CETÔNICOS. Substâncias produzidas a partir da queima de gorduras e eliminadas pela respiração (hálito cetônico) e pela urina (cetonúria). São elas: acetona, ácido aceto-acético e ácido beta-hidóxibutílico. Sua quantidade no sangue é baixa, a não ser em jejum prolongado ou no caso do diabetes mellitus.

CORTISOL. Principal hormônio produzido pelas glândulas supra-renais. Participa da resposta endócrina ao estresse e favorece o depósito de gordura na região abdominal visceral.

CORTISONA. Substância antiinflamatória e antialérgica. É proveniente de hormônios produzidos pelo próprio organismo. Utilizada em doenças como artrite, asma, estados alérgicos, esclerose múltipla. Deve ser utilizada sob rigoroso controle médico, pois provoca retenção de líquidos, edema e gastrite e ainda agrava o diabetes, a osteoporose, o glaucoma e a catarata.

DENSITOMETRIA ÓSSEA. Exame radiológico, indolor, que permite avaliar densidade dos ossos e eventual perda de massa óssea. É utilizado para diagnosticar osteoporose.

DER. Sigla para débito energético de repouso. Corresponde ao gasto de energia diário para manter as funções vitais do metabolismo.

DESCOMPENSAÇÃO PSIQUIÁTRICA. Desequilíbrio ou descontrole psíquico causado por fatores externos ou internos, muito comum após o parto (depressão pós-parto) ou pós-operatório.

DET. Sigla para débito energético total. Corresponde ao gasto de energia diário por pessoa para exercer todas as funções vitais, trabalho e atividade física.

DHA. Ácido docosahexaenóico, encontrado principalmente na porção fosfolipídica do cérebro humano (massa cinzenta e sinapse) e também nos diversos tecidos corporais.

DIABETES. Doença que se caracteriza pelo aumento das taxas de glicose no sangue. Divide-se em diabetes de tipo I e II.

DIETA. Do latim *diaeta* (modo de vida). Ingestão de alimentos habituais, ou aquela que se faz visando preencher as necessidades específicas de um indivíduo, incluindo ou excluindo certos itens de sua alimentação.

DIETAS ENTERAIS E PARENTERAIS. Enterais são ministradas com o uso de sondas. Parenterais são aplicadas através de cateter venoso.

DIETAS HIPERPROTÉICAS. Dieta rica em proteínas.

DIETA HIPOCALÓRICA. Dieta balanceada com restrição de calorias.

DISPNÉIA. Dificuldade de respiração que provoca maior esforço respiratório.

DISTRESS. Mau estresse, que induz um ganho de peso compensatório.

DISTRIBUIÇÃO ANDRÓIDE DE GORDURA. Concentração de gorduras no ventre, mais característica em homens, mas pode ocorrer em mulheres após a menopausa.

DISTRIBUIÇÃO GINECÓIDE DE GORDURA. Concentração de gorduras preferencialmente nas coxas e quadris

DISTÚRBIOS DE COMPORTAMENTO ALIMENTAR. Classificação genérica onde se incluem anorexia, bulimia, entre outros.

DOENÇAS CARDIOVASCULARES. Dividem-se em doenças do coração (ou cardíacas) e doenças da circulação (ou vasculares). Entre as doenças do coração, estão enfarte agudo do miocárdio, insuficiência cardíaca e coronariopatia. Entre as doenças da circulação, estão insuficiência arterial periférica, aneurisma da aorta abdominal, embolia pulmonar, arterite, varizes, trombose mesentérica e a trombose venosa profunda.

DOENÇA DE CUSHING. Hipersecreção de hormônios hipofisário e supra-renais que induz obesidade andróide.

DRENAGEM LINFÁTICA. Método terapêutico utilizado em medicina estética, fisioterapia e angiologia para redução dos edemas venosos e linfáticos. Pode ser realizada manualmente ou com aparelhos, sendo particularmente indicada no tratamento da celulite.

EMAGRECIMENTO TRANSITÓRIO. Redução episódica do peso, geralmente relacionada a situações particulares, como o início da gestação, quando é causada, por exemplo, por excesso de vômitos.

EMBOLIA PULMONAR. Obstrução causada por coágulo (trombo), que se desloca pela veia até o pulmão, impedindo a passagem de sangue pela artéria.

ENDERMOLOGIA. Massagem terapêutica praticada por fisioterapeutas, com um aparelho chamado Cellu M6.

ENDORFINAS. Substâncias similares à morfina, fabricadas pelo cérebro, que proporcionam sensação de bem-estar e euforia.

ESTEATOSE HEPÁTICA. Depósitos gordurosos no fígado.

ESTROGÊNIOS. Hormônios sexuais femininos. O estradiol e a estrona são produzidos pelos ovários desde o início da puberdade até a menopausa.

EUSTRESS. Estresse benéfico que pode ser ocasionado por uma grande alegria, o nascimento de um filho ou qualquer outra experiência emocionante e excitante.

EXCESSO DE PESO. Quando o índice de massa corporal (IMC) fica acima de 25. (ver cálculo do IMC).

GLÂNDULAS ENDÓCRINAS. Órgãos onde são produzidos os hormônios, que influenciam a adiposidade corporal. As mais importantes são a hipófise (que controla o funcionamento das outras glândulas), a tireóide, as supra-renais, os testículos, os ovários e o pâncreas.

GLICEMIA. Medida da taxa de açúcar no sangue.

GLICÍDIOS. Também chamados de carboidratos ou açucares mais amplos. Nutrientes que servem como combustível energético para o corpo. São encontrados em feculentos, cereais, açúcar e mel.

HDL. Sigla de *High Density Lipoprotein*, ou seja, lipoproteínas de alta densidade, comumente chamado de bom colesterol.

HIPERCOLESTEROLEMIA. Aumento da taxa de colesterol no sangue.

HIPERFAGIA. Ingestão excessiva de alimentos.

HIPERGLICEMIA. Glicemia elevada ou aumento excessivo da taxa de glicose no sangue.

HIPERINSULINISMO. Excessivo aumento da taxa de insulina no sangue deflagrado por consumo exagerado de açúcar.

HIPERLIPIDEMIA. Excesso de gorduras no sangue: seja de colesterol, triglicerídeos ou ambos. É muito freqüente nas obesidades do tipo andróide.

HIPERLORDOSE LOMBAR (OU ESCOLIOSE). Agravação de anomalias das curvas da coluna vertebral.

HIPERTENSÃO. Elevação anormal da pressão. Termo geralmente utilizado para designar a hipertensão sangüínea ou arterial.

HIPERTROFIA. Quando as células adiposas ficam mais cheias de gorduras

HIPOCALEMIA. Taxa baixa de potássio sangüíneo.

HIPÓFISE. Glândula situada na base do cérebro. Secreta FSH, LH, prolactina e TSH (Hormônio Tireóide Estimulante).

HIPOTIREOIDISMO. Disfunção que faz com que a glândula tireóide produza quantidades de hormônios tireoidianos abaixo dos valores necessários, levando à diminuição do metabolismo (conjunto de processos físicos e químicos necessários à manutenção da vida no organismo; fenômenos de produção de energia e substâncias pelas células a partir dos alimentos).

HIRSUTISMO. Pilosidade exagerada.

HOMEOPATIA. Especialidade médica que busca equilibrar o organismo utilizando medicamentos preparados com substância do reino vegetal, animal e mineral e seguindo o princípio da cura pelo semelhante.

HORMÔNIO. Substâncias que exercem função reguladora do organismo.

HORMÔNIOS TIREOIDIANOS. Hormônios sintetizados pela tireóide. Os principais são a triiodotironina (T3) e a tiroxina (T4).

IMC. Sigla de Índice de Massa Corporal. É calculado dividindo o peso da pessoa (em quilos) pela sua altura (em metro) elevada ao quadrado (P/A^2).

IMPEDÂNCIA BIOELÉTRICA OU BIOIMPEDÂNCIA. Método que consiste em empregar corrente elétrica de baixa densidade para analisar a composição corporal, em especial a massa magra, a massa gordurosa e a quantidade de água corporal.

INCONTINÊNCIA URINÁRIA. Falta de controle sobre as vias urinárias (retenção ou liberação).

ÍNDICE GLICÊMICO. Mede as alterações no nível de glicose sanguínea provocadas pela ingestão de hidratos de carbono.

INSULINA. Hormônio que permite a penetração e o aproveitamento da glicose pelas células favorece o ganho de peso e bloqueia o emagrecimento.

JEJUAR. Abster-se de comer e beber, de ter relações sexuais etc.

KCAL. Quilocaloria. É a energia química armazenada nos alimentos; energia necessária para elevar em um grau centígrado a temperatura de um quilograma de água.

LDL. Sigla de *Low Density Lipoprotein*, ou seja, lipoproteínas de baixa densidade. Mais comumente chamado de Colesterol ruim.

LEPTINA. Hormônio auto-regulador da massa gorda.

LIPÍDEOS. Gorduras. Macronutrientes presente nos alimentos; protegem órgãos vitais, formam substâncias de reserva energética; presente em óleos, manteigas e carnes gordas.

LIPODISTROFIA. O mesmo que celulite.

LIPOGÊNESE. Síntese (fabricação) de gorduras (a partir de gorduras e/ou de outros nutrientes)

LIPOPROTEÍNA. Conjunto dos lipídeos transportados no sangue ligados às proteínas.

MASSA GORDA. Conjunto das gorduras do organismo.

MASSA MAGRA. Conjunto formado pelos músculos, esqueleto, vísceras e líquidos do organismo.

MESOTERAPIA. Técnica de tratamento que consiste em injetar-se, diretamente no local onde a ação é desejada, substâncias que favorecem a queima de gordura e melhora a circulação. Muito utilizada em medicina estética para tratamento da celulite e da gordura localizada.

METABOLISMO CELULAR. Reações químicas das células.

MIXEDEMA. Doença que resulta da deficiência na produção de tiroxina, hormônio da tireóide.

MORBIDADE. Índice estatístico que relaciona o número de casos de uma doença (qualquer doença) e a população. Por extensão, é o risco de uma doença ocorrer numa população. Numa população de obesos, a morbidade á maior (para osteopatias, para hipertensão arterial etc)

NUTRÓLOGOS E NUTRICIONISTAS. Nutrólogo (ou nutrologista) é o médico que se ocupa da nutrição sob aspectos, normais, patológicos e terapêuticos. Nutricionista são profissionais da saúde que, geralmente, trabalham com educação alimentar de pessoas sadias ou portadores de patologias.

OBESIDADE/EXCESSO DE PESO. Situação em que o IMC é igual ou superior a 25.

OBESIDADE ABDOMINAL PROFUNDA. Excesso de gordura que se acumula profundamente em torno das vísceras.

OBESIDADE HIPERPLÁSICA. Multiplicação das células adiposas.

OBESIDADE HIPERTRÓFICA. Distensão das células adiposas, que se enchem de gordura.

OBESIDADE PARADOXAL. Situação em que não se emagrece mais, apesar de um aporte calórico muito baixo.

OBESIDADE MÓRBIDA. Doença que afeta pessoas com IMC igual ou maior que 40. Tem essa denominação porque tem alto índice de complicações e elevada mortalidade.

OBSTIPAÇÃO. Condição em que o ritmo intestinal é irregular e a consistência das fezes é geralmente endurecida e ressecada.

OLIGOELEMENTOS. Substâncias que ativam as enzimas para que defendam o organismo, agindo como antioxidantes. Entre eles estão o selênio, cobre, zinco, o manganês, as vitaminas C e E, assim como o betacaroteno (que se transforma em vitamina A no organismo) e os polifenóis presentes no chá e no vinho.

OMS. Organização Mundial da Saúde.

OSTEOPOROSE. Perda óssea patológica, acelerada e desproporcional. Caracteriza-se pela fragilização dos ossos, que se tornam menos densos, o que faz com que se fraturem facilmente. Atinge uma entre quatro mulheres com idade entre 65 e 75 anos, e uma em cada duas após os 75 anos de idade. Pode ser prevenida através de um "freio" à perda óssea natural. A osteoporose de tipo I atinge mulheres entre 51 e 75 anos, incidindo mais na coluna, o que leva a dores nas costas e deformidades posturais. A de tipo II atinge homens e mulheres depois dos 70 anos e afetada sobretudo a bacia, o ombro e o joelho.

OVÁRIO POLICÍSTICO. Ovário com cistos que causam desequilíbrio hormonal, podendo levar à falta de ovulação, ciclos menstruais irregulares e infertilidade.

PALATABILIDADE. Sensação prazerosa que o alimento provoca ao ser ingerido. Possui um componente que já nasce com a pessoa, mas também pode ser influenciada por condicionamento e aprendizado

PANDEMIAS. Doença (infecciosa ou não) que atinge a maior parte dos povos do planeta.

PÃO *PUMPERNICKEL* E PÃO *SCHWARTZBROT.* Pães de tipo alemão, preparados a partir de farinha integral e trazem grãos ainda inteiros, conservando a casca do trigo.

PARÂMETROS SANGÜÍNEOS. Glicemia (taxa de açúcar no sangue), insulina, colesterol total, colesterol LDL, triglicerídeos e ácido úrico.

PESO DE EQUILÍBRIO. Peso ideal de acordo com cálculo de IMC e situação onde peso está adequado à sensação de equilíbrio físico e emocional individual.

PICO GLICÊMICO. Alta taxa de glicose no sangue verificada após refeição contendo carboidratos.

PREGAS CUTÂNEAS. Medidas feitas em algumas partes do corpo (abdome, costas, braço, coxa) verificadas com o auxílio de um aparelho tipo "pinça", chamado adipômetro, que quantifica a gordura corporal.

PROGESTERONA. Hormônio sexual feminino, secretado pelo ovário após a ovulação, a fim de preparar a camada do útero (endométrio) para a implantação do ovo fecundado.

PROTÍDEOS. Proteínas. Macronutriente encontrado nos alimentos. Promovem o crescimento formando novas enzimas, hormônios e células; principais fontes são as carnes, aves, peixes, leite e seus produtos derivados, ovos, leguminosas.

PUBERDADE. Etapa do desenvolvimento em que começam a ser produzidos os hormônios das gônadas (ovários e testículos). É comum esta fase coincidir com o início de um quadro de obesidade, possivelmente por efeitos metabólicos dos hormônios sexuais.

QUILOJOULES. Unidade internacional oficial para quantificar a energia.

REGIME HIPOCALÓRICO. Dieta em que o aporte calórico diário é reduzido.

RESSECAMENTO VAGINAL. Resulta das transformações causadas pela insuficiência de estrogênio, em conseqüência de doenças infecciosas e metabólicas, por uso exagerado de absorventes internos. Ocorre também no climatério e pós-menopausa. O muco vaginal desaparece e a parede mucosa vaginal torna-se mais fina, menos elástica e mais frágil

SACIEDADE. Período durante o qual não se tem vontade de comer. Depende principalmente do nível energético da refeição e de sua natureza líquida ou sólida

SEROTONINA. Neurotransmissor de importância fundamental no controle do comportamento alimentar. A deficiência de serotonina está implicada na origem de diversos transtornos alimentares, como a bulimia nervosa e as compulsões alimentares.

SISTEMA VEGETATIVO. Sistema que regula a intensidade de alguns funcionamentos metabólicos.

SOBRECARGA PONDERAL. Excesso de peso.

SOFROLOGIA. Técnica de psicoterapia baseada na reflexão física e mental.

SPAS. Clínicas de repouso e tratamentos de perda ou recuperação de peso.

TERAPIA GENÉTICA. Terapia que consiste em devolver a um gene que é fator de uma doença específica, sua forma "normal" (ou seja, inofensiva), associando-lhe um gene artificial.

TERMOGÊNESE. Energia necessária para oxidar e armazenar os nutrientes ingeridos (proteínas, lipídeos, carboidratos), a fim de responder às necessidades do organismo.

TERMOGÊNESE FIXA. Energia necessária à função digestiva.

TERMOGÊNESE INDUZIDA FACULTATIVA. Energia que permite "desperdiçar", aumentando ligeiramente o calor do corpo, o excedente energético absorvido ao comer.

TERMORREGULAÇÃO. Manutenção da temperatura do corpo

TOFU. Queijo de soja

TRH. Tratamento de Reposição Hormonal, prescrito por médicos.

TRICÍCLICOS. Antidepressivos, com três atuantes em sua fórmula.

TRIGLICERÍDEOS. Componentes da chamada "gordura do sangue". O aumento do triglicérides geralmente se associa ao excesso de ingestão de carboidratos, que estão presentes nos cereais, massas, açúcares e bebidas alcoólicas.

TRIPTOFANO. Precursor bioquímico da serotonina.

Endereços úteis

Hospitais localizados nas capitais do país que realizam cirurgia bariátrica (digestiva)*

Disque Saúde – Ministério da Saúde: 0800-611997

ALAGOAS

Hospital Memorial Arthur Ramos
Rua Hugo Correia Paes, 253
Cep. 57.050-730 – Maceió
Tel. (82) 338-1144

BAHIA

Hospital da Cidade
Rua Saldanha Marinho, 88
Cep. 40.320-010 – Salvador
Tel. (71) 380-8600

Hospital Salvador
Rua Caetano Moura, 59
Cep. 40.210-341 – Salvador
Tel. (71) 339-3000

Hospital São Rafael
Av. São Rafael, 2.152
Cep. 41.256-900 – Salvador
Tel. (71) 399- 6111

CEARÁ

Hospital das Clínicas
Rua Capitão Francisco Pedro, 1.290
Cep. 60.430-370 – Fortaleza
Tel. (85) 281-4755

Hospital Geral Dr. Cesar Cals
Av. do Imperador, 545
Cep. 60.015-052 – Fortaleza
Tel (85) 488- 2600

DISTRITO FEDERAL

HBDF – Hospital de Base do Distrito Federal
SMHS Quadra 101, Asa Sul
Cep. 70.330-150 – Brasília
Tel. (61) 325-5050

GOIÁS

Hospital e Maternidade Jardim América
Rua C-148 854
Cep. 74.000-000 – Goiânia
Tel. (62) 259-7900

* **Fonte:** Ministério da Saúde, no site portal.saude.gov.br/saude/

Hospital Neurológico
Praça T-18, 140
Cep. 74.210-250 – Goiânia
Tel. (62) 250-3100

PARÁ

D. Luiz I
Av. Generalíssimo Deodoro, 868
Cep. 66.055-240 – Belém
Tel. (91) 224-2587

Instituto Ofir Loyola
Av. Magalhaes Barata, 992
Cep. 66.000-000 – Belém
Tel. (91) 219-1509

PARAÍBA

Hospital Newton Lacerda
Rua Monsenhor Walfredo Leal, 512
Cep. 58.020-540 – João Pessoa
Tel. (83) 221-4887

PARANÁ

Hospital da Cruz Vermelha
Av. Vicente Machado, 1.310
Cep. 80.420-011 – Curitiba
Tel. (41) 232- 6622

Hospital das Clínicas
Rua General Carneiro,181
Cep. 80.060-900 – Curitiba
Tel. (41) 360-1819

Hospital Nossa Senhora Das Graças
Rua Alcides Munhoz, 433
Cep. 80.810-040 – Curitiba
Tel. (41) 335-2121

PERNAMBUCO

Complexo Hospitalar Hope-Esperanca
Rua Antonio Gomes de Freitas, 265
Cep. 50.070-480 – Recife
Tel. (81) 3302-2020

Hospital das Clínicas
Av. Professor Moraes Rego, s/nº
Cep. 50.740-900 – Recife
Tel. (81) 3453-4015

Hospital Oswaldo Cruz
Major Codeceiro, s/nº
Cep. 50.000-000 – Recife

Real Hospital Português
Av. Portugal, 163
Cep. 52.010-010 – Recife
Tel. (81) 3416-1122

PIAUÍ

HTI
Rua Lucidio Freitas, 2.070
Cep. 64.003-110 – Teresina
Tel. (86) 221-3399

MATO GROSSO

Hospital Santa Rosa
Rua Adel Maluf, 119
Cep. 78.040-360 – Cuiabá
Tel. (65) 618-8000

Santa Casa de Misericórdia de Cuiabá
Praça do Seminário, 141
Cep. 78.015-400 – Cuiabá
Tel. (65) 624-4222

MATO GROSSO DO SUL

Hospital Regional de Mato Grosso do Sul
Av. Engenheiro Luthero Lopes, 36
Cep. 79.084-180 – Campo Grande
Tel. (67) 378-2500

Hospital Universitário Maria Aparecida Pedrossian
Av. Senador Felinto Muller, s/nº
Campus Universitário
Cep. 79.080-090 – Campo Grande
Tel.(67) 3453-0000

Santa Casa
Rua Eduardo Santos Pereira, 88
Cep. 79.002-250 – Campo Grande
Tel. (67) 321-5151

MINAS GERAIS

Hospital Belo Horizonte
Av. Antonio Carlos, 1.694
Cep. 31.210-010 – Belo Horizonte
Tel. (31) 3449-7074

Hospital das Clínicas da UFMG
Av. Alfredo Balena, 110
Cep. 30.130-100 – Belo Horizonte
Tel. (31) 3248-9300

Hospital Governador Israel Pinheiro
Al. Ezequiel Dias, 225
Cep. 30.130-110 – Belo Horizonte
Tel. (31) 3237-2100

RIO DE JANEIRO

Hospital Adventista Silvestre
Ladeira Dos Guararapes, 263
Cep. 22.241-220 – Rio De Janeiro
Tel. (21) 2556-0212

Hospital Municipal do Andaraí
Rua Leopoldo, 280
Cep. 20.541-170 – Rio de Janeiro
Tel. (21) 2575-7000

SMS Rio Hospital de Ipanema
Rua Antonio Parreiras, 67
Cep. 22.411-020 – Rio de Janeiro
Tel. (21) 2287-2322

RIO GRANDE DO NORTE

Natal Hospital Center
Av. Afonso Pena, 754
Cep. 59.020-100 – Natal
Tel. (84) 616-1000

Papi – Pronto-Socorro e Clínica Infantil de Natal
Av. Afonso Pena, 766
Cep. 59.020-100 – Natal
Tel. (84) 220-4404

Unicor – Unidade Cardiológica
Rua Auris Coelho, 235
Cep. 59.075-050 – Natal
Tel. (84) 206-9595

RIO GRANDE DO SUL

Hospital São Lucas da PUCRS
Av. Ipiranga, 6.690
Cep. 90.610-000 – Porto Alegre
Tel. (51) 3320-3000

SÃO PAULO

Hospital Bandeirantes
Rua Galvão Bueno, 257
Cep. 01.506-000 – São Paulo
Tel. (11) 3277-2277

Hospital das Clínicas da FMUSP – Instituto do Coração (Incor)
Av. Dr Enéas de Carvalho Aguiar, 44 e 255
Cep. 05.403-000 – São Paulo
Tel. (11) 3069-5219 e 3069-6000

Hospital do Coração – SP
Rua Desembargador Eliseu Guilherme, 123
Cep. 04.004-030 – São Paulo
Tel (11) 388-76611

Hospital do Mandaqui
Rua Voluntários da Pátria, 4.301
Cep. 02.401-400 – São Paulo
Tel.(11) 6959-3611

Hospital do Servidor Público Estadual Fco. Morato de Oliveira
Rua Pedro de Toledo,1.800
Cep. 04.029-000 – São Paulo
Tel. (11) 5088-8000

Hospital Geral e Maternidade Santa Marina
Av. Santa Catarina, 2.775
Cep. 04.378-500 – São Paulo
Tel. (11) 5563-5000

Hospital IGESP
Rua Silvia, 276
Cep. 01.331-010 – São Paulo
Tel. (11) 3147-6345

Hospital Israelita Albert Einstein
Av. Albert Einstein, 627/701
Cep. 05.651-901 – São Paulo
Tel. (11) 3747-1233

Hospital Metropolitano
Rua Marcelina, 441
Cep. 05.044-010 – São Paulo
Tel. (13) 677-2000

Hospital Paulistano
Rua Martiniano de Carvalho, 741
Cep. 01.321-001 – São Paulo
Tel. 3016-1000

Hospital Santa Helena São Paulo
Rua São Joaquim, 36
Cep. 01.508-000 – São Paulo
Tel. (11) 3340-8011

Hospital Santa Marcelina
Rua Santa Marcelina,177
Cep. 08.270-070 – São Paulo
Tele. 6170-6000

Hospital São Joaquim – Beneficência Portuguesa
Rua Maestro Cardim, 769
Cep. 01.323-001 – São Paulo
Tel. (11) 253-5022

Hospital São Paulo – Unidade I
Rua Napoleão de Barros, 715
Cep. 04.024-002 – São Paulo
Tel. (11) 5572-1922

SERGIPE

Clínica e Hospital São Lucas
Av. Cel. Stanley Silveira, 33
Cep. 49.015-400 – Aracajú
Tel. (79) 212-8888

TOCANTINS

Hospital Comunitário de Palmas
504 Sul, Lote 01, Alameda 01, 01
Antiga Arse 51
Cep. 77.130-240 – Palmas
Tel. (63) 214-1424

Na Internet

NO BRASIL

ABC da Saúde
http://www.abcdasaude.com.br/

Abeso – Associação Brasileira para o Estudo da Obesidade
www.abeso.org.br

Agência Nacional Vigilância Sanitária
www.anvisa.gov.br

AIDS
http://www.aids.gov.br

Alimentação e Nutrição
http://www.saude.gov.br/sps/areastecnicas/carencias/index.html

Alimentos Funcionais
www.alimentos-funcionais.com

Anatomia vascular
www.anatomiavascular.med.br/index.htm

Área Técnica de Dermatologia Sanitária
http://www.saude.gov.br/sps/areastecnicas/atds/home.htm

Área Técnica de Pneumologia Sanitária
http://www.saude.gov.br/sps/areastecnicas/atps/home.htm

Assistência Farmacêutica
http://www.saude.gov.br/sps/areastecnicas/farmaceutica/assist.htm

Associação Médica Brasileira
http://www.amb.org.br/site/index.php3

Associação Paulista de Medicina
www.apm.org.br

Banco de Trabalho – Saúde da Família
http://dtr2001.saude.gov.br/sidots -

Bireme – Biblioteca Virtual em Saúde
www.bireme.br/

Centro Médico de Assistência Integrada
www.cemai.com.br/

Conselho Federal de Farmácia
www.cff.org.br

Conselho Federal de Enfermagem
www.portalcofen.gov.br

Conselho Federal de Medicina
http://www.portalmedico.org.br/

Conselho Federal de Odontologia
www.cfo.org.br

Conselho Federal de Nutricionistas (CFN)
www.cfn.org.br

Conselho Federal de Psicologia
www.pol.org.br

Conselho Regional de Nutricionistas – 3ª Região (CRN-3 – MS, PR, SP)
www.crn3.org.br

Conselho Regional de Nutricionistas – 4ª Região (CRN-4 – MG, ES, RJ)
www.crn4.org.br

Conselho Regional de Nutricionistas – 6ª Região (CRN-6 – AL, PB, PI, MA, RN, CE, Fernando de Noronha, PE)
www.crn6.org.br

Coordenação Geral de Planejamento, Informação e Avaliação de Ações Estratégicas
www.saude.gov.br/sps/menu.htm

Coordenação Geral da Política de Recursos Humanos
http://www.saude.gov.br/sps/depart/sitecgprh/default.htm

Coordenação Nacional do Plano de Reorganização da Atenção à Hipertensão Arterial e ao Diabetes Mellitus
http://www.saude.gov.br/sps/areastecnicas/cnhd/home.htm

Departamento de Atenção Básica – PACS/PSF
http://www.saude.gov.br/psf/index.htm

Departamento de Ciência e Tecnologia
http://www.saude.gov.br/sps/areastecnicas/ctecnologia/home.htm

Disciplina de Endocrinologia e Metabologia – Página dos Residentes – FMUSP
www.usp.br/fm/endoresidentes

Escola Paulista de Medicina
www.unifesp.br

Faculdade de Saúde Pública – USP
www.fsp.usp.br/FSP.HTM

Fundação das Casas de Misericórdia, Hospitais e Entidades Filantrópicas do Estado de São Paulo
www.fesehf.org.br

Fundação Oswaldo Cruz
www.fiocruz.br/

Hospital das Clínicas da Faculdade de Medicina da Universidade de São Paulo
www.hcnet.usp.br/

Instituto de Nutrição e Tecnologia dos Alimentos
www.inta.cl

Instituto do Coração
http://www.incor.usp.br

Instituto para Desenvolvimento da Saúde
http://ids-saude.uol.com.br/

Jornal da Associação Médica Brasileira
www.amb.org.br/inst_jamb.php3

Medicamentos Genéricos
www.medicamentogenerico.org.br

Ministério da Previdência e Assistência Social
http://www.mpas.gov.br/

Nossa Saúde
www.nossasaude.com

Obesidade Mórbida Nunca Mais
www.obesidademorbidanuncamais.com.br/hopu.htm

Obsidiana – Portal feminino da América Latina
obsidiana.cidadeinternet.com.br/

Portal de Nutrição Clínica
www.nutritotal.com.br

Revista de Psicologia Catharsis
http://www.revistapsicologia.com.br/

Revista da Associação Médica Brasileira
www.amb.org.br/inst_ramb.php3

RGNutri – Identidade em Nutrição
www.rgnutri.com.br/

Saúde do Adolescente e do Jovem
www.saude.gov.br/sps/areastecnicas/adolescente/home.htm

Saúde Bucal
www.saude.gov.br/sps/areastecnicas/Bucal/principal.htm

Saúde da Criança
www.saude.gov.br/sps/areastecnicas/scriança/criança/hpcriança.htm

Saúde da Mulher
www.saude.gov.br/sps/areastecnicas/mulher/mulher.htm

Saúde do Trabalhador
www.saude.gov.br/sps/areastecnicas/trabalhador/home.htm

Secretaria de Políticas de Saúde
http://www.saude.gov.br/sps

Site da Homeopatia Brasileiro
www.homeopathicum.com/

Sociedade Brasileira de Angiologia e Cirurgia Vascular
www.sbacvrj.com.br/

Sociedade Brasileira de Clínica Médica
www.sbcm.org.br/

Sociedade Brasileira de Nutrição Clínica
www.sbnc.ntr.br

NIB – Núcleo de Informática Biomédica
http://www.nib.unicamp.br/svol/index.htm

Programa de Interiorização do Trabalho em Saúde
http://dtr2002.saude.gov.br/Pits/index.html

Projeto Promoção da Saúde
www.saude.gov.br/sps/areastecnicas/Promocao/home.htm

Scientific Electronic Library Online
www.scielo.br

Tabela de calorias
http://www.nib.unicamp.br/svol/caloria.htm

Tratamento clínico para insuficiência venosa
www.meiaelastica.com.br/

Variz
www.variz.com.br

Varizes.med
http://www.varizes.med.br

NO EXTERIOR

American Cancer Society
www.cancer.org/docroot/home/index.asp

American Dietetic Association
www.eatright.org

Association for Morbid Obese Support
www.obesityhelp.com/morbidobesity

Ciberdiet
www.cyberdiet.com

Crohn´s and Colitis Foundation of America
www.ccfa.org/

Dietwatch
www.dietwatch.com/

European Association for the Study of Obesity
www.iaso.org/oonet/easo

Foro Latinoamericano de Nutrição
latinut.net

Food and Drug Administration
www.fda.gov

Health World Online
www.healthy.net/

International Association for the Study of Obesity
www.iaso.org

International Obesity TaskForce
www.iotf.org

National Library of Medicine
http://www.ncbi.nlm.nih.gov/entrez/query.fcgi

North American Association for the Study of Obesity
www.naaso.org

Obesity Research
www.obesityresearch.org

Obesity Surgery Journal
www.obesitysurgery.com/

Organização Pan-americana de Saúde
www.opas.org.br/

Organização Mundial de Saúde
www.who.int

Prodoctor
www.prodoctor.net/

Scientific American
www.sciam.com/

The Journal of the American Medical Associatio
jama.ama-assn.org

The Lancet Publishing Group
www.thelancet.com/

The New England Journal of Medicine
content.nejm.org/

World Health Organization-Nutrition
www.who.int/nut/

Emagrecimento – 100 perguntas e respostas foi composto em Garamond, Formata e Bell Gothic, com 368 páginas no formato 14 x 21 centímetros e fotolitos da FTW. O miolo foi impresso em papel offset de $75 g/m^2$; a capa, em triplex $250 g/m^2$. A impressão e o acabamento foram feitos em São Paulo/SP, pela Cromosete Gráfica e Editora Ltda., para a *Larousse do Brasil*, em outubro de 2003.